F

24125

LOIX
PÉNALES.

LOIX PÉNALES,

DÉDIÉES

A MONSIEUR,

FRERE DU ROI.

Par M. Dufriche de Valazé.

A ALENÇON;

De l'Imprimerie de MALASSIS le jeune, Imprimeur du Roi
& de Monsieur, Frere du Roi, Place du Cours.

M. DCC. LXXXIV.

A MONSIEUR,

FILS DE FRANCE,

FRERE DU ROI,

MOnseigneur,

Puisque vous daignez agréer l'hommage de mon travail, j'ose prédire aux hommes que mes veilles leur seront utiles, & je bénis

cette circonstance qui me met
à portée de vous assurer &
la soumission entiere & du
profond respect avec lesquels je
suis,

Monseigneur,

Votre très-humble & très-
obéiffant ferviteur,
DUFRICHE DE VALAZÉ.

DISCOURS

PRÉLIMINAIRE.

C'EST par l'étendue & la population d'un pays qu'on peut estimer ses facultés : ses Loix politiques sont la manière de les mettre en usage : les Loix civiles de ses habitans indiquent le genre de vie qu'ils menent : leurs Loix criminelles, & sur-tout leurs Loix pénales devraient donner une juste idée de leurs mœurs ; alors les annales des peuples, séparées de leurs Codes, ne seraient plus que le tableau chronologique de leur durée, & le récit des événemens qui les auraient fait briller quelques instans d'une lumière plus vive que les autres sur la scène du monde. Ce serait dans leurs Codes qu'il faudrait s'instruire de leur esprit ; & la réunion de ces mêmes Codes serait l'histoire la plus exacte & la plus fidelle de l'esprit humain en général : on y verrait ses progrès & ses chûtes : ce fil à la main, l'homme attentif sentirait la nécessité des révolutions des Empires : le passé renaîtrait pour lui tel qu'il fut, si

A

toutefois il faifait concourir les caufes phyfiques
à revivifier le tableau.

Le Philofophe, après avoir ainfi fatisfait fa
curiofité fur les objets les plus intéreffans pour
l'homme, ferait à porté: de juftifier cette même
curiofité, fur l'inutilité de laquelle les gens oififs
prononcent avec affurance.

Mais dans le temps qui fut, comme dans celui
qui eft, fi l'on a cru néceffaire de lier aux mœurs
les Loix qui doivent en dépendre, nul ne s'eft
trouvé le courage d'en faire le rapprochement,
ni la patience de les unir enfuite par des nœuds
durables. Les Loix fe trouvent faites fans aucun
égard aux hommes qui leur font foumis; elles
conviendraient autant à ceux qui ne doivent jamais les connaître. Faites pour un fiècle, elles
fe perpétuent pendant cent générations, & fouvent c'eft dans l'hiftoire des peuples qui ne fubfiftent plus, qu'on va rechercher celles qui manquent; leur exiftence paffée eft un titre fuffifant
pour les adopter.

Cette conduite eft-elle réellement l'effet de
la pareffe des hommes, ou croient-ils leurs Loix
plus que leurs mœurs conformes à la morale
univerfelle? Alors il faudrait applaudir à l'idée
vafte & magnifique de cette conformité, & voir
fi elle eft bien établie, afin de laiffer fubfifter

les Loix telles qu'elles font, dans l'attente de la réformation néceffaire des mœurs , ou afin de les fupprimer , & d'y en fubftituer d'autres.

La morale univerfelle eft la fomme des règles de conduite que la faine raifon prefcrit aux hommes , les uns à l'égard des autres.

La raifon eft l'expérience mife à profit.

Les expériences qui fervent à former notre raifon font prifes de nos rapports avec les chofes & avec les perfonnes.

Ces rapports font prefqu'auffi anciens les uns que les autres ; car fi les premières fenfations que l'enfant éprouve au fortir de l'amnios, lui font occafionnées par les chofes , fes appetits le ramenent auffi-tôt fur le fein de fa mere ; il y puife le feul aliment qui convienne à fes fibres molles & délicates, & fon cœur s'y exerce aux premier fentimens de l'amour ; il apprend enfuite avec fon pere ce que c'eft que la reconnaiffance & le refpeɛt.

Ses affeɛions ne font pas long-temps bornées au cercle étroit de fa famille : la compaffion , l'humanité qui lient notre bien-être à celui des hommes en général, & leurs douleurs aux nôtres, donne lieu à la bienfaifance ; l'amitié lui fuccède ; l'amour , enfant du défir , vient enfuite exercer fon empire & multiplier les objets d'attachement.

A ij

Ces fentimens, leur fouvenir, & celui de leurs effets, & la valeur reconnue des chofes par leurs rapports avec nous, forment un corps d'idées dont la combinaifon la plus jufte eft la faine raifon.

L'effet de cette combinaifon eft de diriger nos actions vers un bien commun, le nôtre & celui de nos femblables, & de nous prefcrire vis-à-vis d'eux des règles de conduite, dont la fomme, ainfi que je l'ai dit, eft la morale univerfelle.

Tant que les idées acquifes furent en petit nombre, leur combinaifon fut facile, & les règles qu'elle prefcrivit furent d'une pratique auffi certaine qu'aifée.

Mais par la multiplication de nos rapports, la fomme de nos idées s'accrut fi prodigieufement, que leur combinaifon jufte devint un travail pénible; & notre intérêt devint fi preffant, qu'il fit bientôt lui feul toute l'occupation du plus grand nombre des hommes, fans aucun égard à celui des autres.

Alors la morale univerfelle ne fut plus à la portée de tout le monde, & fut même impuiffante pour diriger ceux qui pouvaient la comprendre.

C'eft à cette époque qu'il faut rapporter l'origine des Loix. Elles n'auraient jamais été imaginées, si le mal eut toujours été inconnu; elles ne furent faites que pour le réprimer & en arrêter les progrès.

Les premières Loix furent donc des Loix prohibitives du mal. Ce furent les Loix criminelles, qui comportent nécessairement les Loix pénales; c'est uniquement de ces dernières dont nous allons nous occuper.

Le Code criminel était dans la morale universelle & dans le cœur de l'homme; mais il fallait créer le Code pénal qui n'existait nulle part; & pour que cette production ne fût pas monstrueuse, il fallait l'accommoder à la nature de l'homme, à celle de la société, à la valeur des choses, & à la gravité de chaque action.

Ici l'ordre général devait recevoir des exceptions; des différences devaient y être marquées suivant les sociétés & suivant les lieux où les mêmes choses n'ont pas une valeur égale: ces différences devaient être prises de la morale particulière à chaque peuple.

La morale particulière d'un peuple est la somme des règles de conduite que la raison prescrit à chaque individu de ce peuple vis-à-vis de ses concitoyens, comme homme & comme citoyen du même État.

La morale particulière d'un peuple est donc la morale universelle modifiée par la nature du climat, par les productions du pays, & par la nature du Gouvernement.

Que de choses devaient concourir à la perfection du Code pénal de chaque peuple ! Aussi voyons nous que les Grecs, policés depuis plus de 900 ans, n'en avaient point encore. Les peines étaient chez eux à l'arbitrage des juges. Zaleucus, Législateur des Locriens fut le premier qui en fixa, pour chaque crime, l'espèce & la durée.

Avant de considérer l'influence de ces rapports particuliers sur les Loix pénales, jettons un coup d'œil sur ceux qu'elles doivent avoir avec la morale universelle.

Les sociétés sont entr'elles dans le même cas que des hommes libres qui n'appartiendraient à aucun Gouvernement ; leurs principes de conduite sont les mêmes : la morale universelle est le seul guide qu'ils reconnaissent.

La société formée pour l'avantage de chacun de ses membres, a de nouvelles règles de conduite relatives à cette fin.

La société attaquée par un de ses membres, doit tenir vis-à-vis de lui une conduite raisonnée sur la morale universelle & l'intérêt public.

L'intérêt public lui prescrit de la sévérité.

La morale univerſelle lui preſcrit de la modé‑
ration.

Le réſultat de la combinaiſon de ces deux cau‑
ſes eſt une ſévérité circonſcrite par la néceſſité.

Tel eſt le ſyſtéme général des Loix pénales.

On ne l'a pas conçu, & on s'en eſt écarté dès
les premiers temps ; on a continué de s'en écar‑
ter, en prenant des routes oppoſées à celles qui
avaient été ſuivies d'abord ; & enfin on eſt re‑
venu inutilement aux idées anciennes ſur l'incon‑
vénient deſquelles le temps avait étendu ſes voiles
obſcurs.

Les rapports particuliers n'ont pas peu con‑
tribué à détourner l'attention des idées ſimples
& générales.

Les Loix pénales ont varié comme la formé
des Gouvernemens. Ces variations ont été très‑
ſenſibles chez les Romains. M. de Monteſquieu
les y a fait remarquer. L'exemple qu'il a choiſi
étoit le plus frappant, car le Gouvernement de
Rome a éprouvé tous les changemens poſſibles,
& preſque toujours d'une manière bruſque &
tranchante.

Ces variations ſont très‑ſenſibles entre deux
États dont l'un eſt Républicain & l'autre Mo‑
narchique. Dans un État populaire, le mépris
qui ſuit une mauvaiſe action prive un citoyen

de l'espérance des emplois , & il pouvait prétendre à tous; ainsi dans cet État une mauvaise action est tellement punie par l'opinion , que dans bien des cas on peut se passer d'autre peine. La Loi Valérienne n'en décerna point d'autre contre le Magistrat qui ne faisait pas état de l'appel au peuple , que de le déclarer méchant.

Dans un État Monarchique , le sentiment de honte qu'excite une mauvaise action , est bien aussi fort que dans un État Populaire; mais la honte ne comporte pas des suites aussi sensibles ; puisque dans une Monarchie les emplois honorables ne sont pas faits pour tout le monde, ou du moins ce serait folie au plus grand nombre d'y prétendre ; ce qui fait que la Loi doit y prononcer plus de peines, & des peines plus sévères que dans une République.

Le système général des Loix pénales est encore modifié différemment , suivant les climats & les productions de chaque pays.

Ces rapports particuliers, qu'il fallait faire rentrer dans les rapports généraux, sont devenus plus d'une fois le seul ou le principal objet, & alors la Législation pénale a été défectueuse.

D'un autre côté les mœurs particulières sont quelquefois mauvaises, parce qu'elles ont des principes qui ne valent rien, & qui les forcent à

fortir de la morale univerſelle. Les mœurs d'un eſ-
clave familiariſé avec ſa chaîne ne ſauraient être
bonnes ; & ſi elles ſervent de baſe à une Légiſla-
tion pénale, c'eſt un ouvrage monſtrueux.

C'eſt donc la morale univerſelle qui doit être
toujours la baſe des Loix pénales : il eſt parcon-
ſéquent des règles certaines & communes pour
uger celles de toutes les nations.

Ainſi par-tout où la ſévérité eſt inutile, la
Loi pénale qui la preſcrit eſt mauvaiſe.

La ſévérité eſt inutile, quand la fin qu'elle
ſe propoſe peut être obtenue ſans elle.

La fin qu'elle ſe propoſe eſt la ſûreté & la
tranquillité publiques.

Cette expoſition des vrais principes ſuffit pour
juſtifier mon travail, & doit prouver à tous les
hommes qu'il n'eſt point de nation qui ne doive
faire des changemens à ſon Code pénal. La ma-
chine du Gouvernement ne peut qu'y gagner.
Quand les Souverains pourront juſtifier leur autorité par des raiſons priſes dans la nature des
choſes , & que les peuples feront convaincus
que pour être heureux, ils ne ſauraient ſuivre
de route plus ſûre que celle qui leur eſt ouverte,
& dans laquelle on cherche à les contenir, l'ordre ſera facilement conſervé ou rétabli.

O vous ! qui ne voyez dans les coupablos

qu'une portion de l'humanité indigne de vos regards, fouvent parce que le hazard des circonſtances vous a heureuſement éloignés de l'idée
d'un grand nombre de crimes, deſcendez en
votre cœur, & ſi vous y trouvez un vice, jugez
alors combien le crime eſt facile à certaines
claſſes d'hommes. Si le criminel ne vous intéreſſe
pas lui-même, ſongez au cri de ſes enfans, de
ſa femme, de ſes pères ou de ſes frères, & vos
larmes couleront amères ſur le traitement qu'on
lui fait ſubir: cependant ſi vous perſiſtez encore
à repouſſer la pitié qui ne vous demande pas
entièrement grace, mais ſeulement de la modération dans ces peines; ſi vous vous croyez obligé de refuſer la juſtice à celui qui fut injuſte,
ſongez aux innocens que l'erreur des hommes a
rangé dans tous les temps au nombre des coupables & voyez que leur conſidération doit toujours laiſſer un moyen de réparer l'erreur d'un jugement criminel, ce qui ne ſe peut plus après
la mort ou la mutilation.

Homme cruel par une erreur que vous prenez pour la vérité, vous êtes indigne du ſiècle
où vous vivez, de ce ſiècle où le cri de l'humanité ſe fait entendre de toutes parts, & où
l'on commence à voir que la raiſon n'eſt que
l'accord parfait de l'eſprit & du cœur; de ce

fiècle où la Philofophie s'affied fur les Trônes
du monde; vous êtes indigne de vivre dans un
ays dont le Chef Augufte n'a pas dédaigné
'abbaiffer des regards de pitié fur ces mêmes
ommes auxquels vous refufez la vôtre, & qui
ient d'abolir des tourmens honteux & reconnus
nutiles; vous êtes incapable de fentir la beauté de
'ordre & de l'accord parfait qui doit fubfifter entre les chofes naturelles & les chofes d'inftitution.

C'eft cet accord parfait entre les Loix pénales, la nature de l'homme, celle de la fociété,
les avantages qu'elle procure, la nature & la
gravité des crimes qui fait l'objet de l'Ouvrage
que je propofe au public.

La réunion & la confidération de ces rapports font la bafe d'une fcience que j'ofe encore
croire nouvelle, je veux dire celle de la Légiflation. Cette fcience peut être divifée en quatre
parties comme les Loix dont elle fe propofe
l'établiffement.

La premiere partie a pour objet les Loix politiques; la feconde regarde les Loix civiles, la troifième les Loix criminelles, la quatrième les Loix pénales.

M. de *Montefquieu*, au pied de la ftatue
de qui chaque Écrivain politique doit dépofer
un laurier, a configné dans un Ouvrage im-

mortel la plupart des différens rapports qu'ont entr'elles les Loix pofitives, & ceux qu'elles ont avec l'ordre d'inftitution qui fe trouve établi. Mais fon Ouvrage devait avoir une bafe connue & indépendante du temps & des circonftances, qui lui aurait fourni des rapports plus certains que les autres, des rapports néceffaires, & fur lefquels il aurait pu indiquer des réformations ; alors il aurait créé une fcience qui aurait eu des principes conftans, defquels tout doit dépendre, & auxquels tout doit être rapporté. Les principes font les chofes naturelles qu'on ne peut changer, & fur lefquels on doit par conféquent accommoder les chofes d'inftitution. Ce grand Homme n'a fait que les entrevoir, elles ne font point entrées dans fon plan : dirai-je ce que je penfe ? Il les a même quelquefois contrariées. Étaient-elles trop fimples pour qu'il s'y arrêtât, & croyait-il indigne de fon efprit pénétrant de rechercher la vérité fi près de lui ? Les axiomes de la Géométrie élémentaire font plus fimples encore que les premières vérités qu'il avait à pofer ; & ces axiomes font la clef des plus étonnantes découvertes. C'eft le compas qui fert à mefurer l'étendue, & la Géométrie n'eft que la connaiffance de l'ufage de ce compas.

M. de *Beccaria*, dans fon excellent Traité des

élits & des Peines, a suivi une marche plus
onforme à mes idées ; mais son Livre est
op court, même pour le titre qu'il porte ; il
est bien davantage pour tout ce que l'Auteur
voulu y dire & qui est perdu pour la mul-
tude. Chaque page de ce petit traité mériterait
n commentaire peut-être aussi gros qne le Livre
ême. Les idées générales sont faciles à trouver,
se présentent toujours avec pompe, ce qui
es rend si communes ; mais les idées de détail
emandent plus de méditation , & sont bien
oins brillantes. Les unes sont des hazards heu-
eux, les autres sont le fruit de longues réflexions;
pour les faire goûter , il faut conduire le
ecteur par des chemins tortueux, qui n'offrent
ul agrément , & où l'on se sent resserré par
des bornes très-étroites.

La science de la Législation (*) reste donc
mparfaite, ou plutôt elle est encore à son au-
ore ; tandis qu'une infinité de sciences de pur
grément sont approfondies, & qu'on a écrit à
eur occasion plusieurs ouvrages élémentaires.

(*) On ne confondra pas la science de la Législation , avec
la science des Loix. L'une est jusqu'à un certain point indépendante de l'autre. A la rigueur on peut être Législateur , sans
aucune connaissance des Loix. On peut être Légiste, sans aucune
connaissance de la science de la Législation.

Cette idée me confond & met mon esprit dans un état de stupeur. Que dire à des hommes qui se refusent autant à la raison ? Laissons faire au temps une révolution nécessaire au bonheur des hommes. L'esprit de ce siècle autorise à la prévoir ; cependant tâchons de la faciliter ; cette noble ambition est permise à nos efforts.

Cet Ouvrage est divisé en six Livres.

On verra dans le premier, la nature & l'analyse des actions humaines susceptibles de moralité : ce sont des vertus, des devoirs, des vices ou des crimes.

Celles qu'il importe principalement de connaître pour la fixation des Loix pénales sont les crimes ; cependant elles intéressent toutes le Législateur : leur réunion forme le tableau fidele de l'homme : leur opposition & leur comparaison fixe d'une manière plus sensible qu'une définition générale, la nature des unes & des autres ; ce rapprochement de nos rapports est une image que le Souverain doit toujours avoir sous les yeux, afin de diriger ses opérations sur cet ensemble & sur chacune de ses partiés ; & cette image peut devenir la leçon la plus utile aux hommes, le Code de morale & de Législation le plus clair & le moins long.

L'opposition & la comparaison des vertus,

des devoirs, des vices & des crimes, fe trouvent faites dans des tableaux que je fuis bien éloigné de croire parfaits; cette tâche n'eft qu'accidentelle à mon objet principal, qui eft la fixation des Loix pénales, fur les rapports que j'ai établis; ce qui fait que je me fuis moins attaché à l'analyfe des vertus, des devoirs & des vices dont un grand nombre fe trouve omis. Je n'ai eu d'égard à ces actions, qu'autant qu'elles pouvaient être mifes en oppofition ou en comparaifon avec les crimes : mais dans ce cas j'ai fait mon poffible pour completter le tableau.

J'ai divifé par claffes toutes les actions humaines. J'ai divifé les claffes par genres ; & dans l'examen des genres, j'ai fait remarquer les efpèces : puis les tableaux repréfentent les crimes particuliers à chaque genre.

Je compte huit claffes différentes des actions humaines.

1º Celles qui concernent le Gouvernement ou le corps politique , je les nomme actions politiques.

2º Celles qui concernent l'homme en général, abftraction faite de fes qualités de membre du corps politique , je les nomme actions d'homme-à-homme.

3º Celles qui concernent l'homme dans fes

rapports avec les actions civiles, je les nomme actions civiles.

· 4° Celles qui font relatives à la Cité où il a fixé fa demeure, je les nomme actions municipales.

5° Celles qui réfultent d'une affociation particulière faite dans l'État fans une relation néceffaire à l'État, je les nomme actions de fociété particulière.

6° Celles qui font uniquement relatives aux membres naturels de la famille, je les nomme actions de domefticité naturelle.

7° Celles qui font uniquement relatives aux membres naturels & accidentels de la famille foumife aux inftitutions fociales, je les nomme actions de domefticité civile.

8° Enfin, celles qui peuvent naître des profeffions différentes des hommes, & qui font en fi grand nombre que je ne fais que les indiquer ; d'ailleurs les crimes de cette claffe rentrent néceffairement dans l'une ou dans l'autre des claffes ci-deffus énoncées ; les actions de cette claffe font nommées actions de profeffion.

Après avoir donné un exemple des actions humaines dans chacune de ces claffes, je paffe à l'examen des genres.

Les actions politiques font de trois genres diftingués par leur objet.

1° Elles concernent la constitution de l'État.

2° Les personnes de l'État.

3° Les sujets de l'État avec un rapport sensible à l'ordre politique. Je donne un exemple de chacun de ces genres.

Je fais ensuite un tableau des crimes de chacun de ces genres, que je mets en opposition avec les vertus & les devoirs, & en comparaison avec les vices du même genre.

Après avoir épuisé les rapports de l'homme avec le Gouvernement, je passe à l'examen des actions d'homme-à-homme; j'en compte sept genres : je donne un exemple des actions humaines propres à chacun de ces genres.

Cette division par genre est prise de la diversité des objets de notre attachement & de nos besoins.

L'ordre y est conservé suivant les degrés de notre attachement & de nos besoins.

Le premier genre est celui des actions qui concernent la vie.

Le second des actions qui concernent la liberté.

Le troisième est celui des actions qui concernent l'amour consacré par les cérémonies du mariage.

Le quatrième genre comprend les actions relatives à l'état des hommes.

Le cinquième, celles relatives à l'honneur.

Le sixième, celles relatives à la fortune.

B

Le septième celles relatives au repos.

Chacun de ces genres fournit un tableau de crimes, de vices, de devoirs & de vertus.

Les cinq autres classes n'offrent chacune qu'un tableau.

L'homme ainsi développé à tous les termes de la civilisation, il s'agissait d'assigner aux classes & genres des actions de la même nature, le rang qui leur convenait : c'est ce que j'ai fait dans le second Livre, mettant par ce moyen les hommes à portée de préférer les vertus les plus utiles & les devoirs les plus nécessaires, & leur montrant quels sont les vices qu'ils doivent le plus détester. Je conserve aux crimes l'ordre de gravité qui se trouve établi dans le premier Livre, par l'ordre dans lequel les classes & les genres y ont été présentés ; mais cet ordre cesse quand il s'agit des vertus, des devoirs & des vices.

Le troisième Livre est l'examen moral & politique de la gravité de chaque crime particulier. Ils n'y sont cependant pas tous compris ; j'ai cru que ce serait un travail inutile, & qu'il fallait dans un Ouvrage de cette espèce, éviter les longueurs. Il faut instruire les hommes en peu de mots, car leur attention a des bornes très-étroites, & quand on conseille une nouvelle Législation, il ne faut pas dégoûter les

dépofitaires de l'autorité, par des détails peut-
être minutieux que l'efprit faifit de lui-même,
& dont le fentiment ne fait que s'attiédir par
leur lecture.

J'explique dans ce Livre ce qui conftitue la
gravité du crime en général ; ainfi l'on connaît
déja la nature & la gravité des crimes, qui font
deux des chofes avec lefquelles les Loix pénales
ont des rapports néceffaires.

Il vaudrait certainement mieux empêcher les
crimes que de les punir. Le quatrième Livre
indique des moyens pour les prévenir ; on y
trouve fur chaque genre des idées générales relatives à ce fujet ; & à leur fuite, des idées particulières fur chaque crime particulier.

Le cinquième Livre contient l'analyfe des
rapports naturels de l'homme qui ont amené la
civilifation, l'origine, la nature & les progrès
de la fociété. On y verra le développement de cette
vérité , que nos obligations fociales prennent
leur origine dans notre intérêt à la fociété, &
qu'elles doivent être en proportion directe avec
lui : d'où il fuit que les Loix pénales qui furent
faites lors de la naiffance des fociétés, où l'intétêt
était très-vif, ne conviennent plus au temps
préfent, où l'intérêt primitif eft prefque nul
pour le plus grand nombre , & n'eft remplacé

B ij

que par des motifs qui ne peuvent pas lui être comparés.

Les voies ainsi préparées pour arriver à la fixation des Loix pénales, je commence le sixième Livre par un court exposé de leur origine, de leur sévérité, de leur dégénération, & de leur rétablissement dans l'ancienne sévérité.

Ensuite je passe à l'examen de celles qu'il faut conserver en y faisant quelques changemens. Je fais voir la nécessité de rejetter la peine de mort fondée sur les qualités morales de l'homme, & sur la nature de la société qui ne doit admettre que des peines prises des choses.

Cependant pour obtenir la sûreté & la tranquillité publiques, on est forcé d'ajouter aux peines civiles des peines corporelles; mais seulement celles relatives à la liberté, qu'il ne faut pas laisser aux méchans. La privation perpétuelle de la liberté comporte nécessairement la condamnation aux travaux publics.

J'examine ensuite les rapports nécessaires des Loix pénales, & l'influence de ces rapports sur elles.

J'en conclus un ordre de tableaux pour les peines, conforme à celui des tableaux des crimes; j'en conclus pour chaque genre de crime une peine fondamentale, dont les modifications doivent être relatives à la gravité particulière de chaque crime. A la suite du tableau des peines fondamentales, viennent lestableaux particuliers dans lesquels j'oppose toujours le crime à la peine.

La nécessité de proportionner la peine à la gravité des crimes, ne permet pas de punir l'infraction des Ordonnances faites pour prévenir les crimes, de la même peine que ces crimes; c'est ce que j'observe dans un Chapitre particulier, où j'indique l'espèce de peine qui convient à cette infraction.

Je détermine dans le Chapitre trentième de ce Livre, quels font les rapports que j'ai cru devoir établir entre les peines que j'indique & l'état civil des personnes.

Je fais voir dans le Chapitre trente-unième, qu'il ne faut point différencier les peines des Nobles & celles des non Nobles, quoique les premiers foient plus punissables que les autres dans le cas du même crime, parce que par les peines des choses, le rapport de la peine à l'intérêt, est aussi juste qu'il puisse être.

Je finis ce Livre par rejetter les asyles ainsi que l'abolition des crimes, & par rendre à la Loi qui autorise le Souverain à faire grace, le vrai fens qu'elle doit avoir.

Puisse mon travail être utile aux hommes, & ne pas me faire d'ennemis; ie crois n'en point mériter. B iij

LOIX PÉNALES.

LIVRE PREMIER.

DES ACTIONS HUMAINES.

CHAPITRE PREMIER.

Divifion Générale des Actions Humaines.

'HOMME eſt le ſujet ſur lequel s'exercent les Loix pénales. Le crime en général eſt la cauſe de ces Loix : c'eſt ſur les crimes particuliers qu'il faut les modifier : leur fin eſt la ſûreté & la tranquillité publiques.

Pour connaître l'homme il faut connaître ſes actions ; c'eſt d'après elles qu'on peut le juger.

A

Pour obtenir la sûreté & le repos publics, il faut connaître & empêcher les actions qui pourraient les troubler. Ce font les actions de l'homme qu'il faut détailler avant tout, pour parvenir à la fixation des Loix pénales.

Parmi ces actions(*), qui fervent toutes à établir le caractère originel & factice de l'homme, ce font les crimes qui doivent particulièrement fixer notre attention, puifque leur analyfe, en contribuant à nous le faire connaître, nous apprend auffi ce qui peut troubler la fûreté & le repos publics.

J'appelle crime une action méchante, ou contraire aux Loix, dont l'effet eft de porter le défordre parmi les hommes. Ordinairement il a fa fource dans la violence des paffions : il peut la prendre dans le vice.

J'appelle vice la haine conftante du bien, ou l'indifférence abfolue pour le bien. Le vice doit être confidéré comme l'oppofé de la vertu.

J'appelle vertu l'habitude libre & conftante (**) des actions ou des intentions utiles aux hommes

---

(*) J'omets celles qui ne fuppofant point de moralité, n'ont point de rapport aux Loix.

(**) Une action vertueufe n'eft donc pas une vertu, & ne conftitue point un homme vertueux : de même une action vicieufe ne conftitue pas un homme vicieux.

avec la confcience de leurs effets. La vertu fuppofe toujours l'obfervation des devoirs.

J'appelle devoir l'obligation de conformer fa
conduite aux Loix & à fa confcience.

CHAPITRE II.

Division générale des Vertus, des Devoirs,
des Vices & des Crimes.

POUR faire une revue exacte de tous les crimes, & sur-tout pour les ranger dans l'ordre qui
leur convient, il faut les mettre en opposition
avec les vertus & les devoirs, & en comparaison
avec les vices : c'est rendre complet le tableau
de l'homme ; on en est plus à portée d'apprécier
leur gravité ; & plus on approfondira cette matière,
plus on aura droit d'espérer la découverte de leurs
préservatifs.

Afin de faire marcher de niveau ces actions
dont il faut peser l'importance, je vais d'abord
les classer, après-quoi je les diviserai par genre,
& j'en ferai remarquer les différentes espèces.

Prenons les vertus pour exemple de la division par classes.

On peut être utile aux hommes sans distinction,
ou à une société seulement. Telle est la division
générale des vertus.

Les vertus relatives aux hommes sans distinction
seront appellées vertus naturelles ou d'homme-à-
homme.

Les vertus uniquement relatives à quelques fociétés, font différentes fuivant la nature des fociétés : delà les vertus que je nomme politiques : elles
ont pour objet le maintien de la conftitution
de chaque État.

Les vertus civiles qui font celles de l'homme
confidéré comme citoyen.

Chaque État indépendamment de fa conftitution a des Loix particulières uniquement relatives aux citoyens.

Les vertus civiles confiftent dans les moyens
de refferrer ces Loix, ou de les perfectionner,
en s'efforçant de procurer de plus en plus aux
citoyens les avantages qu'ils peuvent en attendre.

Enfuite les vertus que je nomme municipales,
qui n'ont pour objet que l'avantage d'une Cité.

Les vertus de fociété particulière, qui n'ont
de rapport qu'à une affociation faite entre quelques fujets de l'État, ou autres, en vue de leur
intérêt.

Les vertus de domefticité naturelle, qui n'ont
de rapport qu'entre les membres naturels de la
famille.

Les vertus de domefticité civile, qui font relatives aux membres naturels & accidentels de
la famille.

Enfin les vertus de profeffion, qui font fans

nombre, & qu'il faut par conséquent abandonner au sentiment journalier, sans entreprendre de
les indiquer.

On peut nuire dans les mêmes cas & dans les
mêmes rapports où l'on peut être utile, & dans
les mêmes cas aussi il est des devoirs à remplir.
Il y a donc des crîmes, des vices & des devoirs
politiques, d'homme-à-homme, civils, municipaux, de société particulière, de domesticité
naturelle & civile, & de profession. Les crimes,
les vices & les devoirs de cette dernière classe,
rentrent dans l'ordre général, dont les divisions
particulières, quoique séparées entr'elles, tiennent
au tout par toutes leurs parties ; ainsi les actions
relatives à cette classe n'ont pas besoin d'un article séparé.

Fixons par des exemples la nature de ces actions
en général, & leurs rapports ; c'est la marche
que nous suivrons toujours en descendant du
général au particulier.

VERTU d'Homme-à-Homme.	DEVOIR d'Homme-à-Homme.	VICE d'Homme-à-Homme.	CRIME d'Homme-à-Homme.
Exposer sa vie pour sauver celle de son semblable.	S'employer à la conservation de celui dont on voit la vie en danger.	Demeurer tranquille spectateur des peines ou du danger de son semblable.	Tuer un Homme.

VERTU politique.	DEVOIR politique.	VICE politique.	CRIME politique.
Exposer sa vie pour la conservation des Loix de son Pays.	Se conformer à l'ordre politique.	Mépriser la constitution de son Pays.	Conspirer contre son pays.

VERTU civile.	DEVOIR civil.	VICE civil.	CRIME civil.
Éclaircir la Loi.	Se conformer à la Loi.	Embarrasser & cacher le vrai sens de la Loi.	Fabrication de Jugemens.

VERTU Municipale.	DEVOIR Municipal.	VICE Municipal.	CRIME Municipal.
Fonder des Hôpitaux, Écoles publiques, des prix pour la vertu ou les talens, donner des fonds aux Hôtels-de-Ville.	Occuper les Charges publiques relatives à ces établissemens.	Se souftraire de manière ou d'autre à l'exercice de ces charges.	Dissiper les revenus de ces fondations.
VERTU de société particulière.	DEVOIR de société particulière.	VICE de société particulière.	CRIME de société particulière.
Sacrifier quelques-unes de ses prétentions particulières au bien de la communauté.	Ne point partager dans l'affaire commune ses intérêts de celui de ses associés.	Défaut de vigilance & d'activité.	Négligence préjudiciable des affaires de la communauté, quand on s'est chargé de leur régie.
VERTU de domesticité naturelle.	DEVOIR de domesticité naturelle.	VICE de domesticité naturelle.	CRIME de domesticité naturelle.
Sacrifier sa vie pour l'utilité ou la conservation de ses père, mère, femme ou enfans.	Travailler pour fournir le nécessaire à sa famille.	Abandonner sa famille à ses besoins.	Refuser aux siens la subsistance dont ils manquent.

VERTU de domesticité civile.	DEVOIR de domesticité civile.	VICE de domesticité civile.	CRIME de domesticité civile.
Confoler par des manieres douces ceux qui nous fervent du malheur de leur condition.	Être jufte avec fes Serviteurs.	Être dur avec eux.	Les maltraiter.

CHAPITRE III.

Division des Vertus, des Devoirs, des Vices & des Crimes politiques en différens genres.

LES actions du sujet relatives à la constitution, soit vertus, devoirs, vices ou crimes, sont de trois genres distingués par leur objet.

Les premières n'ont en vue que la constitution de l'État.

Les secondes regardent les personnes de l'Etat.

Les troisièmes sont relatives aux Sujets de l'Etat, & ont en même temps un rapport si sensible avec l'autorité publique, qu'il a fallu les ranger au nombre des actions relatives à l'Etat.

VERTU politique du premier genre.	DEVOIR politique du premier genre.	VICE politique du premier genre.	CRIME politique du premier genre.
Sacrifier son bien pour le maintien de la constitution.	Contribuer selon ses facultés aux dépenses de l'État.	Solliciter & obtenir sur un faux exposé la diminution des charges que l'on doit à l'Etat.	Distraire les revenus de l'État.

Vertu

VERTU politique du second genre.	DEVOIR politique du second genre.	VICE politique du second genre.	CRIME politique du second genre.
Dévouement aux personnes constituées en dignité.	Civilité & soumission à l'égard de ceux qui sont les dépositaires de l'autorité.	Arrogance vis-à-vis des grands.	Injure faite ou dite aux personnes constituées en dignité, en haine de leurs fonctions.

VERTU politique du troisième genre	DEVOIR politique du troisième genre	VICE politique du troisième genre	CRIME politique du troisième genre
Adoucir par des manières compatissantes la rigueur de la Loi.	Juger d'après la Loi.	Mêler de la dureté de caractère aux Jugemens prononcés par la Loi.	Outrepasser dans les Jugemens la rigueur de la Loi.

C

CHAPITRE IV.

Tableau des Vertus, des Devoirs, des Vices
& des Crimes politiques du premier genre.

SI la constitution d'un Etat est telle qu'il en résulte le bonheur de tous ses membres, il ne saurait moralement & politiquement se commettre de plus grands crimes dans l'Etat que ceux qui tendent à détruire sa constitution : mais que la félicité publique soit opérée ou non, il ne peut pas politiquement y avoir de plus grands crimes que ceux qui tendent à détruire l'ordre public. Je les appelle crimes politiques du premier genre ou crimes contre l'Etat. Il n'en est donc point contre lesquels l'autorité publique doive sévir plus rigoureusement : il en résulte qu'il n'en est point dont il soit plus intéressant de fixer le genre & les espèces. Puissai-je le faire assez exactement pour ne plus laisser lieu à la supposition de crimes de lèse-Majesté.

VERTUS politiques du premier genre.	DEVOIRS politiques du premier genre.	VICES politiques du premier genre.	CRIMES politiques du premier genre.
Expofer fa vie pour la confervation des Loix politiques de fon pays.	Se conformer à l'ordre politique. Contribuer à la défenfe de fon pays.	Méprifer la conftitution de fon pays. Vivre oifif au fein de fon pays.	Confpirer contre fon pays. Lui fufciter des ennemis étrangers. Donner accès à l'ennemi dans fon pays.
	Garder le fecret de l'Etat.	Laiffe entrevoir aux autres qu'il eft un fecret dans l'Etat, & les mettre par là dans le cas de le rechercher.	Vendre le fecret de l'Etat. Le publier par négligence. Abandonner à l'ennemi un pofte intéreffant par indifférence ou par crainte.
Se charger d'emplois fubalternes pour avoir le droit d'être utile, quand on était avant cela dans un pofte fupérieur, mais où on ne ferait point occupé pour l'heure. Engager fa liberté pour le foutien de fon pays.	Garder fon emploi tout le temps qu'on peut être utile.	Refufer un emploi dans lequel l'on pourrait être utile.	Quitter fon emploi dans le temps où l'on peut être utile, & quand on ne peut être remplacé. Défertion des Troupes. Confeiller la défertion. Porter les armes contre fon pays.

VERTUS politiques du Premier genre.	DEVOIRS politiques du premier genre.	VICES politiques du premier genre.	CRIMES politiques du premier genre.
Consacrer ses veilles aux soins du Gouvernement. Sacrifier sa fortune pour le maintien du Gouvernement. *Cette vertu a ses nuances, puisque sans faire le sacrifice entier de sa fortune, on peut donner plus qu'on ne doit à l'Etat, ce qui est toujours une action vertueuse, & dont l'habitude ou la volonté constante est une vertu.*			Ecrire contre le Gouvernement. Imprimer & distribuer ces écrits. Voler ou dissiper les revenus de l'Etat. Contrefaire les sceaux & marques royales dont l'apposition ne se fait qu'après une perception de deniers. Fabrication de fausse monnoie ou altération de la vraie.
	Contribuer suivant ses facultés aux dépenses de l'Etat.	Solliciter sur un faux exposé la diminution des impositions que l'on doit à l'Etat.	Refus de payer les impositions. Usurpation de titres de noblesse & autres marques honorifiques.
Parler avantageusement de l'Etat, dans la vue d'encourager les autres à s'y attacher ou à le défendre.	Se taire sur les vices de la constitution politique de son pays, à moins qu'on n'en parle au Législateur.	Préférer toute autre constitution à celle de son pays.	Engager les sujets de l'Etat à renoncer à leur pays, & à s'établir ailleurs.

CHAPITRE V.

Tableau des Crimes politiques du second genre.

LE Gouvernement est l'assemblage des moyens qui concourent à opérer la sureté & la tranquillité publiques. Ceux chargés de mettre ces moyens en usage sont les personnes de l'Etat: leur conservation doit faire un objet particulier de soins pour le Gouvernement.

1º Parce que ce sont leurs occupations utiles qui leur font des ennemis & des envieux, & qu'alors, s'ils n'étaient pas particulièrement protégés, ils abandonneraient des soins si périlleux, & le Gouvernement cesserait.

2º Par une juste reconnaissance de leur travail.

3º Par l'attente de leurs succès, & les espérances que l'on fonde sur eux.

4º Par une prédilection particulière qui naît de ces rapports.

Il suit de cet exposé qu'on peut commettre des crimes de deux espèces contre les personnes de l'Etat:

1º Les crimes politiques, proprement dits, qui sont ceux commis en haine des fonctions.

2º Ceux qui sont commis contre ces personnes sans aucun égard à leurs fonctions, qui rentrent

C iij

dans la claffe des crimes d'homme-à-homme, &
qui n'intéreffent plus particulièrement le Gouvernement, que par les motifs que nous venons
de détailler.

Ces crimes font plus ou moins graves, felon
que les perfonnes de l'Etat ont des emplois plus
ou moins importans ; ce qui donne occafion à
une divifion des perfonnes de l'Etat.

Ce font des Magiftrats qui forment le corps
de l'Etat, ou des Guerriers qui le protégent.

C'eft fur-tout cette Perfonne Augufte qui réunit
comme Chef de l'Etat toutes les parties de l'autorité ; & c'eft auffi toute fa famille, pour les préten-
tions qu'elle peut exercer juftement dans l'avenir.

Ce font enfin ceux qui exécutent les ordres
des Magiftrats & les bas-Officiers qui comman-
dent fous l'autorité de leurs Chefs ; mais ces deux
dernières claffes ne peuvent être rangées au nombre des perfonnes de l'Etat, que pendant la durée
de leurs fonctions.

Cependant quelqu'intérêt que faffent naître les
premières claffes de ces citoyens utiles, nous ne
rangerons au nombres des crimes politiques que
ceux commis contre leur vie, leur liberté & leur
honneur, excepté ce qui concerne le Souverain,
renvoyant aux crimes d'homme-à-homme ceux
commis contre leur fortune, afin de ne pas
multiplier les exceptions.

VERTUS politiques du second genre.	DEVOIRS politiques du second genre.	VICES politiques du second genre.	CRIMES politiques du second genre.
S'expofer à la mort pour le falut de fon Souverain.	Refpecter le Souverain.	Éviter les occafions de témoigner du refpect au Souverain.	Attenter à la vie du Souverain; à faliberté, à fon bonheur, à l'état ou à la vie de ceux qui peuvent avoir des droits à la Couronne.
Contenir le peuple dans l'obéiffance aux Loix.	S'y conformer.	Voir naître une fédition & ne pas en informer les Magiftrats.	Sédition. Rébellion.
	Prêter mainforte à la Juftice quand on en eft requis.		Refus de prêter main-forte à la Juftice. Brisdesprifons. Facilité donnée aux prifonniers de s'évader. Evafion des galères ou de tout autre lieu de correction ou de fureté. Injure faite ou dite aux perfonnes conftituées en dignité, en haine de leurs fonctions,
Dévouement aux perfonnes conftituées en dignité.	Civilité & foumiffion à l'égard de ceux qui font les dépofitaires de l'autorité.	Arrogance vis-à-vis des grands.	pendant l'exercice de leurs fonctions, fans aucun égard à leurs fonctions, & hors de leurs fonctions.

CHAPITRE VI.

Tableau des Crimes politiques du troisième genre, ou contre les Sujets de l'Etat.

CES crimes ont un rapport immédiat avec le Gouvernement, en ce qu'ils sont commis par usurpation de l'autorité, par excès dans l'exercice de l'autorité, ou par mépris de l'autorité, ce qui forme les différentes espèces, & ce qui fait leur différence d'avec les crimes d'homme-à-homme. Ces derniers annoncent bien à la rigueur le mépris de l'autorité qui prohibe toutes sortes de crimes en général ; cependant ils y ont un rapport moins sensible que les crimes politiques du troisième genre, & la nuance qui les partage méritait d'être remarquée ; on la saisira facilement en lisant le tableau.

VERTUS politiques du troisième genre	DEVOIRS politiques du troisième genre	VICES politiques du troisième genre	CRIMES politiques du troisième genre
Pardonner des torts à ceux qui, par leur emploi & leurs talens font particulièrement utiles à l'État, afin de ne pas exposer l'État à les perdre par un jugement flétrissant.	Se contenter des réparations ordonnées par la Justice dans le cas d'injures reçues.	Donner occasion aux querelles, par de mauvais rapports.	Appeller en duel son supérieur, son égal ou son inférieur.
Appaiser les querelles.	Instruire le Magistrat des querelles qu'on prévoit avoir des suites funestes.	Taire au Magistrat les querelles naissantes, les publier ailleurs.	Conseiller ou faciliter le duel. Usurper le droit d'infliger des peines, d'emprisonner; s'ériger en Juge & employer des voies rigoureuses pour faire adopter ses décisions.
Adoucir par des manières compatissantes la rigueur de la Loi.	Juger d'après la Loi.	Mêler de la dureté de caractère aux Jugemens prononcés suivant la Loi.	Outrepasser dans ses jugemens la rigueur de la Loi. Faire punir des innocens par haine ou par négligence dans l'examen de leurs procès.

VERTUS politiques du troisième genre.	DEVOIRS politiques du troisième genre.	VICES politiques du troisième genre.	CRIMES politiques du troisième genre.
	Poursuivre les crimes dénoncés.	Publier qu'on doit faire arrêter quelqu'un, & le mettre par-là dans le cas de s'enfuir.	Taire les crimes dénoncés. Concussion. Maltraiter sans nécessité l'homme qu'on arrête par ordre de la Justice. Rendre plus dure qu'il n'est ordonné la captivité de ceux qui sont soumis à notre garde.
Reconnaître & réparer ses torts.	Se conformer aux décisions de la Justice.	Eluder à force de chicanes la réparation de ses torts.	Continuer, au mépris d'un Jugement, l'oppression encommencée. Infraction du ban.
Préférer la chose confiée par Justice à la sienne propre.	La garder & soigner comme si elle était à soi.	La négliger.	Détériorer, ou s'approprier la chose commise à sa garde par l'autorité de la Justice.

CHAPITRE VII.

Division des Vertus , des Devoirs , des Vices
& des Crimes d'Homme-à-Homme en leurs
différens genres.

LES actions humaines de cette claſſe peuvent
les comprendre toutes, hormis les actions politiques du premier genre.

Cependant, dans la claſſe précédente, j'ai fait
deux genres des actions qui pouvaient appartenir
à l'une & à l'autre claſſe, afin de déterminer tous
les rapports des actions puniſſables, & d'amener la
proportion des peines non-ſeulement à la méchanceté des actions, mais encore à leur influence. Cette même raiſon m'a fait faire d'autres
claſſes qui pourraient également rentrer dans
celle-ci.

Les actions d'homme-à-homme ſont de ſept
genres.

Les premières concernent la vie.

Les ſecondes, la liberté.

Les troiſièmes, le bonheur.

Les quatrièmes, l'honneur.

Les cinquièmes, l'Etat.

Les ſixièmes, la fortune.

Les ſeptièmes, le repos.

VERTU d'Homme-à-Homme du premier genre.	DEVOIR d'Homme-à-Homme du premier genre.	VICE d'Homme-à-Homme du premier genre.	CRIME d'Homme-à-Homme du premier genre.
Exposer sa vie pour sauver celle de son semblable.	S'employer à la conservation de celui dont on voit la vie en danger.	Demeurer tranquille spectateur des peines ou du danger de son semblable.	Tuer un Homme.
VERTU d'Homme-à-Homme du second genre.	DEVOIR d'Homme-à-Homme du second genre.	VICE d'Homme-à-Homme du second genre.	CRIME d'Homme-à-Homme du second genre.
Protéger la liberté des hommes, leur aider à la recouvrer quand ils l'ont perdue.	Respecter la liberté d'autrui.	Laisser dans l'esclavage ceux qu'on peut en retirer par un simple acte de sa volonté; ou en publiant leur captivité.	Vendre ou acheter quelqu'un pour l'esclavage.
VERTU d'Homme-à-Homme du troisième genre.	DEVOIR d'Homme-à-Homme du troisième genre.	VICE d'Homme-à-Homme du troisième genre.	CRIME d'Homme-à-Homme du troisième genre.
Rapprocher des époux qui paraissent s'éloigner.	Respecter l'union conjugale.	Brouiller les époux.	Débaucher pour le compte d'autrui une femme mariée.

VERTU d'Homme-à-Homme du quatrième genre.	DEVOIR d'Homme-à-Homme du quatrième genre.	VICE d'Homme-à-Homme du quatrième genre.	CRIME d'Homme-à-Homme du quatrième genre.
Employer fa fortune & fon crédit à rétablir une perfonne injuftement privée de fon état.	Rendre à un père fon fils égaré.	Abandonner un enfant egaré fans le prendre fous fa garde, jufqu'à ce qu'on le réclame.	Enlever un enfant.

VERTU d'Homme-à-Homme du cinquième genre.	DEVOIR d'Homme-à-Homme du cinquième genre.	VICE d'Homme-à-Homme du cinquième genre.	CRIME d'Homme-à-Homme du cinquième genre.
Porter refpect aux Hommes.	Agir dans tous les cas avec modération & décence vis-à-vis de fes femblables.	Répandre du ridicule fur quelqu'un.	Frapper ou faire frapper quelqu'un.

VERTU d'Homme-à-Homme du fixième genre.	DEVOIR d'Homme-à-Homme du fixième genre.	VICE d'Homme-à-Homme du fixième genre.	CRIME d'Homme-à-Homme du fixième genre.
Goûter du plaifir à voir les autres dans l'aifance.	Refpecter les propriétés de chacun.	Envier le bien d'autrui.	Commettre un vol.

VERTU d'Homme-à-homme du septième genre,	DEVOIR d'Homme-à-Homme du septième genre.	VICE d'Homme-à-Homme du septième genre.	CRIME d'Homme-à-Homme du septième genre.
Veiller à l'entretien de la paix publique & du repos particulier.	Mener une vie paisible & nullement à charge à ses voisins.	Étourdir ou distraire ses voisins par un bruit inutile qui les incommode.	Troubler les assemblées publiques, soit en voulant y être admis par force, soit par un tumulte indécent.

CHAPITRE VIII.

Tableau des Crimes d'Homme-à-Homme, du premier genre.

EN vain la nature a mis l'homme sous la garde de la pitié ; son cri perçant est devenu importun , '& la main naturellement secourable de l'homme s'est armée d'un poignard destructeur. Quand l'humanité, source de toutes les vertus, est devenue impuissante pour empêcher l'effusion du sang, qu'il a été heureux de pouvoir compter sur la protection de la Loi !

Toute espèce d'attentat contre la vie des hommes est un crime d'homme-à-homme du premier genre. Il n'est pas nécessaire que la mort s'en soit ensuivie , il suffit qu'elle ait pu être occasionnée.

On peut attenter à la vie par le poison, par le feu, par le fer ou tout autre arme meurtrière. Telles sont les grandes divisions des crimes contre la vie, sur chacune desquelles nous avons quelques observations à faire.

Les crimes de poison & d'incendie sont ce qu'il y a de plus détestable dans ce genre ; ils annoncent un projet atroce & des moyens affreux de l'exécuter. Les ténèbres épaisses dans lesquelles le coupable s'enveloppe en commettant ces crimes contre lesquels il n'y a point de défense, ajoutent encore à l'horreur qu'ils inspirent. Que l'homme est devenu méchant & redoutable !

On appelle simplement homicide l'action de celui qui fait périr un homme par le fer, ou de tout autre manière que par le poison & par le feu.

L'homicide doit être divisé en homicide casuel;

Homicide arrivé par négligence;

Homicide volontaire non prémédité;

Homicide dans le cas d'une défense légitime;

Guet-à-pens.

Assassinat.

L'homicide casuel ne saurait être mis au nombre des crimes, mais seulement au rang des accidens; puisqu'il arrive sans que la volonté ni la négligence de celui qui l'a commis y aient aucune part. On peut mettre dans ce nombre les homicides commis par les furieux, par les foux & par les enfans en qui on ne peut supposer de mauvaise intention.

L'homicide arrivé par négligence est une faute grave & non pas véritablement un crime, puisqu'il manque de ce qui caractérise le crime; je veux dire la méchanceté; c'est l'effet d'un vice, mais d'un vice si funeste qu'il mérite châtiment.

L'homicide

L'homicide dans le cas d'une défénse légitime mérite une discussion plus détaillée. Quiconque est attaqué par des voleurs dans sa personne ou dans ses biens, peut leur donner la mort, sans danger d'être repris, car il est dans le même moment le seul juge & le seul défenseur de ses droits: mais s'il est engagé dans une querelle qu'on lui a suscitée, il s'agit de savoir si, pour en sortir, avec sureté, il a fallu qu'il mette ses ennemis à mort, autrement il s'est rendu coupable & doit être puni.

L'homicide volontaire non prémédité est l'effet d'un sentiment rapide qui nous porte aux derniers excès vis-à-vis de quelqu'un ; comme lorsqu'un mari surprend sa femme en adultère, & qu'il la tue, ainsi que celui qui le déshonore, cette action beaucoup trop violente a toujours été excusée : mais on ne souffre pas, & l'on ne doit pas souffrir toute autre espèce d'homicide volontaire non prémédité.

L'homicide de guet-à-pens consiste dans le dessein formé de tuer quelqu'un, & dans les mesures prises pour l'exécuter.

L'assassinat est l'action de certaines personnes qui se sont engagées à tuer quelqu'un pour satisfaire la vengeance d'un autre. Ainsi dans l'assassinat il y a deux sortes de coupables : le premier moteur & les agens : il est difficile de dire quel est le plus lâche & le plus punissable d'entr'eux.

D

VERTUS d'Homme-à-Homme du premier genre.	DEVOIRS d'Homme-à-Homme du premier genre.	VICES d'Homme-à-Homme du premier genre.	CRIMES d'Homme-à-Homme du premier genre.
Expofer fa vie pour fauver celle de fon femblable.	S'employer à la confervation de celui dont on voit la vie en danger.	Demeurer tranquille fpectateur des peines ou du danger d'autrui.	Poifon. Incendie. Affaffinat. Homicide de guet-à-pens. Homicide volontaire non prémédité. Homicide caufé par un animal domeftique. Homicide arrivé par négligence, comme d'un enfant qu'on aurait laiffé fe noyer ou fe brûler faute de foin. Occafionner un avortement. Mutiler un Enfant.
S'appliquer à la recherche des remédes falutaires aux hommes.	Soulager quand on le peut, les maux des malades.	Connaître un remédo & le taire.	Faire empirer les maux des malades par des drogues nuifibles. Empêcher par force les fecours de la Médecine.

VERTUS d'Homme-à-homme du premier genre.	DEVOIRS d'Homme-à-Homme du premier genre.	VICES d'Homme-à Homme du premier genre.	CRIMES d'Homme-à-Homme du premier genre.
			Allumer la nuit des feux trompeurs sur les grèves de la mer ou dans des lieux périlleux, pour y attirer & faire perdre les navires.

CHAPITRE IX.

Tableau des Crimes d'Homme-à-Homme du second genre, ou des Crimes contre la liberté.

Qu'y a-t-il de plus cher aux hommes que la liberté ? Qu'y a-t-il dont ils doivent regretter plus amèrement la perte, quand tout les y rappelle ?

Mais pour être libre, faut-il fendre l'air avec la légéreté d'un oiseau ? Non sans doute.

Faut-il traverser les forêts avec la vitesse du cerf ? Non encore.

Faut-il vaincre l'obstacle des mers & des fleuves avec la facilité de leurs habitans naturels ? Non.

Faut-il pouvoir être en divers lieux en même temps ? Cela est impossible.

Faut-il ne pas cesser d'être sain & agile dans la vieillesse comme dans la jeunesse ? Cela n'est pas encore possible.

La liberté qui consiste dans la faculté d'agir a donc des bornes & des restrictions dans l'ordre naturel.

Voyons si elle n'en a point dans l'ordre moral, c'est-à-dire dans le rapport de nos actions avec les hommes.

Sous ce rapport, la liberté confiste-t-elle dans la faculté de pouvoir déplacer un homme pour se mettre à son lieu? Mais dans ce cas une partie des hommes serait essentiellement libre, & l'autre essentiellement soumise & esclave. Puisque la liberté est un des attributs de l'humanité en général, elle ne confiste point dans cette faculté privative.

La liberté dans l'ordre naturel & moral confiste donc dans la faculté d'user de ses forces naturelles pour se procurer ce qu'on défire, sans rien entreprendre sur la liberté d'autrui; c'est-à-dire sans nuire aux moyens qu'autrui emploie pour se procurer le bonheur.

Pour savoir être libre, il faut donc non-seulement connaître ce qu'on défire, mais encore ce que les autres défirent : or cette connaissance nous est détaillée par les Loix. Ainsi les Loix font ou doivent être le livre long-temps médité qui nous apprend à être libres en respectant la liberté des autres.

Après avoir fixé le sens du mot liberté, recherchons les crimes qu'on peut commettre contre ce droit universel & le plus précieux de tous.

VERTUS d'Homme-à-Homme du second genre.	DEVOIRS d'Homme-à-Homme du second genre.	VICES d'Homme-à-Homme du second genre.	CRIMES d'Homme-à-Homme du second genre.
Protéger la liberté des hommes, & leur aider à la récouvrer quand ils l'ont perdue.	Respecter la liberté d'autrui.	Laisser dans l'esclavage ceux qu'on peut en retirer par un simple acte de sa volonté, ou en publiant leur captivité.	Vendre quelqu'un pour l'esclavage. Acheter quelqu'un pour l'esclavage. Enchaîner quelqu'un ou le retenir loin de tout secours. Déserter un homme dans une île ou ailleurs. Enlever par force une fille ou un jeune homme. Forcer quelqu'un à signer un engagement dans les troupes. Forcer quelqu'un à signer un contrat, une obligation ou une décharge.

CHAPITRE X.

Tableau des Crimes d'Homme-à-Homme du troisième genre, ou contre le bonheur.

TANT de choses contribuent au bonheur de l'homme, qu'il semblerait que ce tableau devrait être infini.

Le bonheur est la somme des plaisirs; cependant nous ne le considérons ici que comme l'ouvrage de l'amour.

L'amour est un sentiment impérieux & universel; c'est par lui que nous sommes; c'est par lui que seront nos neveux; c'est lui qui fait toute l'occupation & toute la félicité de la jeunesse, le repos de l'âge mur & la consolation de nos dernières années.

L'amour est donc un bien & le plus grand des biens dans l'ordre naturel & moral; mais il peut occasionner des abus dans l'ordre politique, abus d'autant plus terribles qu'il est extrême dans les moyens dont il se sert. Il n'est point de barrières quelqu'effrayantes qu'elles puissent être qu'il ne tente de franchir.

En l'encourageant on a donc senti la nécessité de lui donner un frein, & de l'amour soumis à

D iv

des combinaisons politiques, on a vu naître une communauté d'intérêts & de soins, une transmission bien ordonnée de la propriété, & le repos domestique.

Pour obtenir avec certitude ces effets, il a fallu punir ceux qui contrevenaient aux conventions en vertu desquelles les époux, comme époux, ont droit de demander la protection des Loix, & ceux qui troublaient le bonheur qu'on attendait de ces conventions.

De-là deux espèces de crimes contre le bonheur des hommes, considéré comme l'ouvrage de l'amour consacré par les formalités prescrites. Ceux commis par les négligences des formalités prescrites pour les mariages, d'où résulte la nullité de ces mariages, & ceux contre la paix & le bonheur des ménages : ceux de cette dernière espèce peuvent être commis par les personnes conjointes, ou par d'autres, ce qui sera détaillé dans la liste de ces crimes : nous en commencerons le tableau comme nous avons fait jusqu'ici par les plus graves, descendant par degrés à ceux qui le sont le moins.

VERTUS d'Homme-à-Homme du troisième genre.	DEVOIRS d'Homme-à-Homme du troisième genre.	VICES d'Homme-à-Homme du troisième genre.	CRIMES d'Homme-à-Homme du troisième genre
Rapprocher des époux qui paraissent s'éloigner.	Respecter l'union conjugale,	Brouiller des époux.	Débaucher pour le compte d'autrui une femme mariée, l'enlever par force, lui faire violence, l'enlever de son consentement.
		Tourner en ridicule la fidélité conjugale,	Adultère commis par la femme.
			Adultère commis par le mari.
			Enlevement d'une fille contractée.
	Se conformer aux Réglemens faits pour la sureté des mariages.		Mariage d'un mineur fait sans l'autorisation de ses parens.
			Défaut de publication de bancs.
			Mariage fait malgré une opposition & avant qu'elle soit levée en Justice.

CHAPITRE XI.

Tableau des Crimes d'Homme-à-Homme du quatrième genre, ou contre l'état des hommes.

L'ÉTAT des perſonnes conſiſte dans les droits & prérogatives de leur naiſſance. Le leur diſputer eſt une action civile. Le leur ravir de force, par adreſſe ou par négligence, ſe ſubſtituer à leur place, eſt une action criminelle.

On voit par cet expoſé qu'on peut commettre des crimes de quatre ſortes contre l'état des perſonnes.

1° Leur ravir leur état par force.

2° Par adreſſe.

3° Par oubli.

4° On peut ſans aucun égard à la perſonne ſe ſubſtituer à ſa place pour jouir de ſes avantages & en priver ceux à qui ils ſeraient dévolus par ſa mort.

VERTUS d'Homme-à-Homme du quatrième genre.	DEVOIRS d'Homme-à-Homme du quatrième genre.	VICES d'Homme-à-Homme du quatrième genre.	CRIMES d'Homme-à-Homme du quatrième genre.
Employer sa fortune & son crédit à rétablir une personne injustement privée de son état.	Rendre à un père son fils égaré.	Abandonner un enfant égaré, sans le prendre sous sa garde jusqu'à ce qu'on le réclame.	Enlever un enfant, changer un enfant en nourrice.
	Conserver, autant qu'il est en soi, l'ordre naturel & civil.	Indifférence sur l'état des personnes.	Substituer un enfant à un autre mort en nourrice. Naissance d'un enfant celée. Soustraction des registres de naissance. Falsification de ces registres. Omission d'inscription sur ces registres.
	Rendre à ceux qu'ils intéressent, des papiers de famille.	Garder des papiers de famille utiles aux autres & inutiles à soi-même.	Enlèvement de papiers de famille. Falsification ou altération de ces papiers. Supposition de personnes.

CHAPITRE XII.

Tableau des Crimes d'Homme-à-Homme du cinquième genre, ou contre l'honneur.

L'HONNEUR eſt le droit que l'on a à l'eſtime publique. Ce droit eſt fondé ſur nos vertus & ſur notre exactitude à remplir nos devoirs. Il eſt des vertus & des devoirs communs à tous les hommes qui doivent être, & qui ſont les premiers motifs déterminans de l'eſtime publique ; mais elle eſt encore relative aux devoirs particuliers à chaque perſonne.

Ces derniers devoirs ſont différens : 1° ſuivant le ſexe : 2° ſuivant la profeſſion.

L'honneur peut être attaqué par des écrits ou des paroles qui ſuppoſent des vices ou des crimes, ou par des actions dont l'infamie devrait retomber ſur ceux qui les commettent, mais qui par un injuſte préjugé, couvrent de honte ceux qui en ſont l'objet, & les expoſent au mépris de la multitude aveugle.

VERTUS d'Homme-à-Homme du cinquième genre.	DEVOIRS d'Homme-à-Homme du cinquième genre.	VICES d'Homme-à-Homme du cinquième genre.	CRIMES d'Homme-à-Homme du cinquième genre.
Porter les femmes à la pudeur.	Respecter la pudeur.	Tourner la pudeur en ridicule.	Débaucher un fille pour le compte d'autrui.
			Faire violence à une fille.
			Conduire une femme ou une fille dans un lieu de débauche.
			Faire, commander, imprimer, afficher ou distribuer des chansons ou écrits injurieux sur l'honneur des femmes ou des filles.
Excuser les faiblesses du sexe.	Ne point dire sans nécessité ce qu'on fait d'injurieux à l'honneur d'une veuve ou d'une fille.		Inventer & dire des choses injurieuses à l'honneur des femmes & des filles.
			Ravir la pudeur d'une fille sous la fausse promesse de l'épouser.

VERTUS d'Homme-à-Homme du cinquième genre.	DEVOIRS d'Homme-à-Homme du cinquième genre.	VICES d'Homme-à-Homme du cinquième genre.	CRIMES d'Homme-à-Homme du cinquième genre.
Porter respect aux hommes.	Agir dans tous les cas avec modération & décence vis-à-vis de ses semblables.	Répandre du ridicule sur quelqu'un. Ne pas arrêter des bruits injurieux à l'honneur de quelqu'un, quand on a la certitude de leur fausseté.	Frapper ou faire frapper quelqu'un. Faire, commander, imprimer, afficher, ou distribuer des chansons ou écrits calomnieux sur l'honneur des hommes. Inventer des fables injurieuses, & les publier. Faire des tableaux ou emblèmes injurieux à certaines personnes. Mettre un écriteau ou certaines autres choses au dos de quelqu'un, qui en le faisant remarquer, le rendent un objet ridicule, & l'exposent au mépris.

CHAPITRE XIII.

Tableau des Crimes d'Homme-à-Homme du sixième genre, ou contre la fortune.

L'INDUSTRIE eſt la mere de toute ſociété. La propriété a fait naître la Loi ; car il s'agiſſait bien moins dans l'origine de pourvoir aux querelles perſonnelles qui ſe réglaient par l'inſtinct, que d'aſſurer la propriété, ſource de nouveaux rapports imprévus, qui étendaient l'exiſtence de l'homme & le rendaient ſenſible dans les choſes qui lui étaient étrangères & dont il était ſouvent forcé de s'éloigner.

La vie nous eſt, ſans contredit, plus chère que les *choſes*, mais elle eſt bien moins ſouvent expoſée, & il nous eſt bien plus facile de la défendre. Ainſi la Loi dut conſidérer les *choſes* plutôt que la vie. C'eſt à leur occaſion que les hommes ſe ſont réunis ; c'eſt leur jouiſſance qui les tient encore maintenant rapprochés : ôtez les choſes, les hommes vont ſe diſperſer auſſi-tôt : car loin d'avoir des motifs de réunion, ils en auront d'éloignement, puiſque les *choſes* ſont la cauſe de la ſociété & du Gouvernement, & que leur jouiſſance & leur conſervation en eſt la fin. Le vol a donc toujours été, & eſt encore le crime le plus directement oppoſé à l'établiſſement & au maintien de la ſociété. Il n'eſt point de peuples qui n'aient ſenti cette vérité importante(*), *furtum autem capitale crimen apud majores fuit ante pœnam quadrupli.*

Le vol eſt commis par violence, par abus de confiance, ou par filouterie.

Il ſe fait des choſes ordinaires, ou de celles confiées à la garde publique. Il ſe fait dans des lieux ordinaires, ou dans des lieux privilégiés, comme dans les Egliſes où les idées qui nous occupent doivent nous diſtraire pleinement des ſoins relatifs à notre intérêt temporel, comme dans les Maiſons Royales ou de Juſtice, qu'on peut regarder comme le centre de la ſureté, & que le reſpect dû aux Puiſſances doit rendre des aſyles inviolables.

Ces différentes eſpèces dans le genre ſeront aſſez ſenſibles dans la table des vols, pour qu'il nous ſuffiſe ici de les avoir indiquées. On y verra auſſi le recélement & les facilités de tout genre accordées aux voleurs.

---

* Capitula ex Iſodori junioris Hiſpalenſis Epiſcopi étimologiarum, lib. 5.

Vertus

VERTUS d'Homme-à-Homme du sixième genre.	DEVOIRS d'Homme-à-Homme du sixième genre.	VICES d'Homme à-Homme du sixième genre.	CRIMES d'Homme-à-Homme du sixième genre.
Goûter du plaisir à voir les autres dans l'aisance, & la leur procurer.	Respecter les propriétés.	Envier le bien d'autrui.	Voler avec attrouppement, & à main armée dans les maisons & sur les grandschemins. Sans attrouppement & à main armée. Piraterie. Vol de cordages & autres ustenciles d'un vaisseau. Vol domestique avec effraction, & à main armée. Sans effraction & sans armes. Livrer à l'ennemi un vaisseau dont on a la conduite, ou le faire méchamment échouer. Banqueroute frauduleuse. Vol de bes-

E

VERTUS d'Homme-à-Homme du fixième genre.	DEVOIRS d'Homme-à-Homme du fixième genre.	VICES d'Homme-à-Homme du fixième genre.	CRIMES d'Homme-à-Homme du fixième genre.
			tiaux dans les pâturages, d'arbres dans les pépinières ou ailleurs, de bleds dans les champs, avant ou durant la moiſſon, de foin dans les prés, de poiſſon dans les étangs, viviers, reſervoirs ou parcs de pêcheurs ſur le bord de la mer.
			Vol de grains ou de farines par les meûniers dans leurs moulins.
Protéger ceux qu'on dépouille injuſtement.	Exactitude à rendre les choſes confiées.	Négligence du dépôt.	Violation du dépôt néceſſaire ou volontaire.
			Filouterie dans les Egliſes, dans les maiſons Royales, dans les maiſons particulières ou ail

VERTUS d'Homme-à-Homme du sixième genre.	DEVOIRS d'Homme-à-Homme du sixième genre.	VICES d'Homme-à-Homme du sixième genre.	CRIMES d'Homme-à-Homme du sixième genre.
	Dénoncer à la Justice les auteurs d'un vol.	Taire les auteurs d'un vol.	Receler une chose volée. Achepter une chose volée, quand on sait d'où elle procéde.
	Rechercher le propriétaire d'une chose trouvée, & la soigner si elle exige des soins.		Retenir une chose trouvée, quoiqu'on en connaisse le propriétaire, ou qu'on puisse le connaître.

CHAPITRE XIV.

Tableau des Crimes d'Homme-à-Homme du septième genre, ou contre le repos.

LES crimes contre le repos font ceux qui fans attenter à la vie, à la liberté, au bonheur, à l'honneur & même à la fortune, troublent cependant l'harmonie & la paix des citoyens.

Ces crimes peuvent fe divifer par, rapport à ceux qui en font l'objet, en crimes publics & en crimes particuliers.

Les premiers font ceux qui troublent le repos d'un Etat ou d'une Cité.

Les feconds ceux qui troublent le repos d'une famille ou d'un petit nombre de perfonnes.

VERTUS d'Homme-à-Homme du feptième genre.	DEVOIRS d'Homme-à-Homme du feptième genre.	VICES d'Homme-à-Homme du feptième genre.	CRIMES d'Homme-à-Homme du feptième genre.
			Suppofez l'arrivée de l'ennemi prochaine, & occafionner une allerte.

VERTUS d'Homme-à-Homme du septième genre.	DEVOIRS d'Homme-à-Homme du septième genre.	VICES d'Homme-à-Homme du septième genre.	CRIMES d'Homme-à-Homme du septième genre.
Ouvrir ou reparer des routes publiques.	Entrenir les chemins qui bordent ses héritages.	Laiffer dépérir les routes à l'entretien defquelles on eft obligé.	Rompre des ponts qui fervent aux paffages publics. Détériorer les chemins en y creufant des foffés ou autrement. Prendre & fermer des chemins publics. Allumer des feux dans les places publiques ou ailleurs. Infecter par des immodices les eaux qui fervent aux hommes ou aux animaux domeftiques. Déranger le cours des rivières. Empêcher par force ou par tumulte l'exercice des religions autorifées. Interrompre le repos de la nuit par des a-
Veiller à l'entretien du repos public & particulier.			

VERTUS d'Homme-à-Homme du septième genre.	DEVOIRS d'Homme-à-Homme du septième genre.	VICES d'Homme-à-Homme du septième genre.	CRIMES d'Homme-à-Homme du septième genre.
			troupemens tumultueux, ou en criant au feu sans sujet.
			Troubler les assemblées publiques, soit en voulant y être admis par force, soit par un tumulte indécent.
	Mener une vie paisible, & qui ne soit nullement à charge à ses voisins.	Etourdir ou distraire ses voisins, par un bruit inutile & qui les incommode.	Arracher les inscriptions qui servent à indiquer les chemins, celles qui ont été mises sur les pyramides, obélisques ou tombeaux. Causer quelque dommage de quelque nature qu'il soit à toute espèce de monumens.
			Enlèvement ou transposition des bornes.
			Donner des conseils qui tendraient à détruire le bon ordre

VERTUS d'Homme-à-Homme du feptième genre.	DEVOIRS d'Homme-à-Homme du feptième genre.	VICES d'Homme-à-Homme du feptième genre.	CRIMES d'Homme-à-Homme du feptième genre.
			S'introduire par force dans les maifons des particuliers. Jouer des jeux ruineux & de pur hafard.

CHAPITRE XV.

Tableau des Crimes de la troifième claffe, ou Crimes civils.

Nous avons compris quelques-uns des crimes civils parmi les crimes d'homme-à-homme au Chapitre des crimes contre l'état des perfonnes, comme de falfifier ou de fouftraire les Regiftres de naiffances &c. Cette confufion était néceffaire, car fi nous n'avions pas rangé ces crimes au nombre de ceux contre l'état des perfonnes, par la raifon qu'ils peuvent être compris parmi les crimes civils, la même raifon nous empêcherait de les comprendre parmi ces derniers, parce qu'ils concernent l'état des perfonnes. Ainfi forcés de faire un choix, nous avons préféré de les ranger, eu égard à leur gravité fenfible, au nombre de ceux contre l'état des perfonnes.

Pour bien faire fentir la différence des crimes dont nous avons encore à parler, à ceux dont nous avons fait jufqu'à préfent l'analyfe, il faut fuivre l'homme dans tous les pas qu'il a fait vers la civilifation, & l'on fentira qu'il faut s'arrêter de diftance en diftance à ces points de fa carrière, où une nouvelle induftrie, de nouveaux foins, de nouvelles obligations ont étendu & multiplié ses rapports.

On le verra d'abord libre de toute sujétion, ne reconnaissant de Loix que celles qu'une raison bien ordonnée lui prescrit, évitant de commettre la plupart des crimes d'homme-à-homme, & encore incapable de commettre les autres.

On le verra s'associer à quelques-uns de ses semblables poussés par le même intérêt, inventer l'autorité & la force publique, s'y soumettre & donner naissance aux vertus & aux crimes politiques. De cette nouvelle situation, sont émanés de nouveaux rapports d'homme-à-homme, de nouvelles vertus & de nouveaux crimes de ce genre, tels que ceux contre l'honneur, contre l'état des personnes & contre leur repos.

On le verra multiplier insensiblement ses jouissances, y faire servir toutes les productions de la nature : & alors les échanges & les contrats obligatoires devenant nécessaires, on verra naître des crimes d'un nouveau genre, ce sont les crimes civils.

Mais il n'est pas seulement homme, il n'est pas seulement membre d'un corps politique, ni seulement industrieux auteur d'une multitude d'objets propres à ses jouissances. Pour se les procurer avec plus de commodité & de promptitude, il s'est raproché de ses semblables, il s'est bâti une demeure à côté de la leur, & cet établissement formé sous l'autorité publique, a fait naître de nouveaux rapports. Il s'est établi de nouvelles Magistratures, des fonctions publiques, pour opérer la sureté, le repos & l'embellissement de la Cité, & le soulagement de ceux que le nouvel ordre des choses a mis à la merci de leurs semblables : delà les vertus, les devoirs, les vices & les crimes municipaux.

Enfin au milieu de la grande société, on verra quelques hommes, sans autre objet que leur intérêt, former des associations particulières totalement étrangères au corps politique, si ce n'est par des objets de jouissances qu'elles ont en vue de multiplier ; & la liste générale des crimes sem augmentée de celle des crimes de société particulière.

Les crimes civils étant toute espèce de fourberie à l'occasion des contrats ou actes judiciaires, il faut savoir : 1° si elle a été commise sur des registres publics, ou sur des actes purement olographes. 2° Le crime ayant été commis sur des registres publics, si celui qui s'en est rendu coupable est l'Officier de Justice chargé du dépôt de ces Registres, ou si c'est un simple particulier. Ces distinctions sont nécessaires pour déterminer la gravité du crime.

VERTUS civiles.	DEVOIRS civils.	VICES civils.	CRIMES civils.
Eclaircir la loi.	Se conformer à la loi dans sa conduite privée & dans ses jugemens, quand on a le droit d'en prononcer. Recueillir fidèlement les jugemens ou actes quelconques.	Embarraffer & cacher le vrai sens de la loi.	Fabrication, suppreffion ou altération des jugemens, contrats, teftamens, procès-verbaux ou piéces d'écriture dans les procès. Négligence dans leur garde. Suppofition d'affignation. Vente de chofes qui n'appartiennent point à celui qui les vend. Vente d'une chofe engagée, comme fi elle était quitte de toutes dettes. Ufure. Subornation de témoin, infidélité dans la manière de recevoir les dépofitions des témoins. Négligence dans la manière de recevoir les dépofitions.
	Ne retirer de fon argent, que l'intérêt autorifé par la loi.		
	Laiffer aux témoins la liberté convenable pour dépofer.		

VERTUS civiles.	DEVOIRS civils.	VICES civils.	CRIMES civils.
	Témoigner conformément à la vérité.	Ôter aux témoins par des paroles dures ou autrement, la liberté d'esprit nécessaire pour déposer.	Faux-témoignage. Infidélité dans les poids & mesures.
	Remplir ses obligations dans toute leur rigueur.	Eluder par des chicanes le paiement de ses dettes.	Contracter plus de dettes qu'on ne peut en acquitter.

CHAPITRE XVI.

Tableau des Crimes de la quatrième classe,
ou Crimes municipaux.

IL ne s'agit point ici de tous les crimes qu'on peut commettre contre la Cité, & dont quelques-uns ont été compris au nombre des crimes contre le repos. Nous ne parlerons que de ceux qui peuvent renverser l'ordre établi pour le maintien de la Cité.

VERTUS municipales.	DEVOIRS municipaux.	VICES municipaux.	CRIMES municipaux.
Fonder des hôpitaux, des écoles publiques, des prix pour la vertu ou les talens. Donner des fonds aux hôtels de Ville.	Occuper les charges municipales qui font attachées à ces fortes d'établissemens.	Se souftraire de manière ou d'autre à l'exercice de ces charges. Se taire fur les abus.	Diffiper les revenus de ces fondations. En déterminer l'emploi fans la participation de ceux qui en ont la régie.

VERTUS municipales.	DEVOIRS municipaux.	VICES municipaux.	CRIMES municipaux.
Partager ses provisions avec ses concitoyens dans un temps de disette.	Faire part de son superflu, dans l'attente des provisions qui doivent arriver.	Cacher son superflu dans ce temps de peur d'être obligé d'en faire part.	Enlever tout le bled des halles, ou autres denrées de première néceffité, d'où peut résulter une disette. Augmenter la disette en faifant des magafins ou d'une autre manière. Laisser affamer la ville quand on s'est chargé de son approvisionement.

CHAPITRE XVII.

Tableau des Crimes de la cinquième classe, ou de société particulière.

Nous commençons par suppofer que ces fociétés ne fe propofent qu'un objet légitime, & qu'elles peuvent par conféquent réclamer le fecours des Loix, quand il leur eft fait quelque dommage. Nous ne confidérons ici que celui qui peut leur être fait par un de leurs membres, qui comme tel s'eft fait de nouveaux rapports fous lefquels ils eft de notre devoir de l'envifager.

On devient criminel fous ce rapport. 1º Par enlevement des fonds de la fociété, ce qui eft un vol d'autant plus répréhenfible, qu'il concerne plus de perfonnes, qu'il ruine des efpérances juftement conçues & qu'il eft commis contre la foi promife. 2º Par infidélité dans les comptes, en augmentant le mémbire des dépenfes, ou en diminuant celui des recettes. 3º Par négligence dans les affaires de la communauté(*), d'où refulte le dépériffement de la chofe commune. Ce dernier crime qui ne ferait qu'un vice dans l'ordre ordi-

---

* Comme d'une lettre-de-change dont on laifferait paffer le terme faute d'en demander le paiement.

naire de la vie, doit être rangé au nombre des crimes,
dans le cas d'une société particulière, non-seulement
par le tort qu'il occasionne à autrui ; mais
encore parce qu'en s'associant, on a contracté
formellement l'obligation de veiller à la chose
commune, & que ce n'est qu'en résultance de
cette obligation, que la régie en a été commise.

VERTUS de société particulière.	DEVOIRS de société particulière.	VICES de société particulière.	CRIMES de société particulière.
Sacrifier quelques-unes de ses prétentions particulières au bien de la communauté. Ajouter de nouveaux fonds dans des besoins pressans. Vigilance. Activité.	Ne point partager ses intérêts d'avec ceux de ses associés dans la cause commune.	Défaut d'activité.	Enlèvement des fonds de la société. Infidélité dans les comptes. Négligence dans les affaires, d'où résulte le dépérissement de la chose commune.

CHAPITRE

CHAPITRE XVIII.

Tableau des Crimes de la fixième claffe, ou de Domefticité naturelle.

COMBIEN les vertus de cette claffe font d'une pratique facile ! Le cœur n'y trouve aucun obftacle : jamais le reproche ne vient attiédir fes jouiffances, & fon action n'eft que l'effet de l'impulfion de la nature. Liens facrés des familles, tiffus par l'amour & la pitié, vous êtes la fource de l'ordre primitif, & le charme de l'ordre actuel; vous faites autant de petites Républiques de ceux dans les veines de qui le même fang circule ! La politique vient enfuite confédérer ces fociétés particulières.

Autant les vertus de domefticité naturelle font précieufes & douces, autant les crimes de la même claffe font funeftes & déteftables. Il s'élève un cri public contre celui qui s'en eft rendu coupable, & le murmure qu'il laiffe au fond du cœur ne finit qu'avec la vie.

Cependant les crimes de cette claffe ne font point en général de nouveaux maux dans la nature, ni de nouvelles manières d'opérer le mal.

F

C'eſt le mal que nous avons décrit, opéré
par les mêmes moyens, mais le mal exercé ſur
les perſonnes les plus chères & les plus reſpecta-
bles, ce qui fait de ces crimes une claſſe particulière caractér.ſée ſeulement par leur gravité,
réſultante des liens qui attachent à ceux contre
qui ils ſont commis.

VERTUS de domeſticité naturelle.	DEVOIRS de domeſticité naturelle.	VICES de domeſticité naturelle.	CRIMES de domeſticité naturelle.
Sacrifier ſa vie pour l'utili-té & la conſer-vation de ſes père, mère, femme ou en-fans.	Travailler pour fournir le néceſſaire à ſa famille.	Abandonner ſa famille à ſes beſoins.	Parricide, in-fanticide. Expoſer ou faire expoſer un enfant. Frapper ſes père & mère, marquer du mépris à ſes père ou mère. Refuſer à ſes père, mère, à ſa femme ou à ſes enfans la ſubſiſtance dont ils ont beſoin.

CHAPITRE XIX.

Tableau des Crimes de la septième classe, ou de domesticité civile.

LA famille naturelle est la société primitive; la famille civile est l'image de la société d'institution. Ainsi les rapports des membres de la famille civile, sont à peu près les mêmes que ceux du chef aux sujets, des sujets au chef, & des sujets entr'eux. Que de choses cette comparaison pourrait engager à dire, & que de choses qui ne sont point de mon ressort, qui du moins ne sont pas partie de mon objet, & qu'on ne peut écrire qu'avec une sagesse que je n'ai vraisemblablement pas encore acquise.

Le chef de famille étant encore un chef subordonné aux chefs de la grande famille, l'autorité qui lui est accordée est dépendante de l'autorité des chefs de l'Etat & doit concourir à l'affermir, loin de lui nuire; ce qui établit de nouveaux rapports entre les chefs de famille & l'Etat; ce qui donne occasion à un nouveau genre de crime dans cette classe. Nous n'en ferons point un chapitre particulier, & on en sentira assez la raison, en lisant le Tableau suivant.

F ij

VERTUS de domesticité civile.	DEVOIRS de domesticité civile.	VICES de domesticité civile.	CRIMES de domesticité civile.
Confoler, par des manières douces, ceux qui nous fervent du malheur de leur condition.	Donner à à fes enfans une éducation conforme aux loix & à leur condition. Être jufte avec fes ferviteurs. Refpecter fes maîtres.	Négliger l'éducation de fes enfans. Être dur avec fes ferviteurs.	Inculquer à fes enfans des principes dangéreux pour l'État & pour eux-mêmes. Frapper fon ferviteur. Frapper fon maître, injurier fon maître.

Le rapprocement des quinze Tableaux de ce Livre formera le Tableau général des crimes. On peut le fuppofer ici par la facilité qu'il y a à le faire. On le trouvera au Livre 6, mais dégagé de l'oppofition aux vertus & aux devoirs & de la comparaifon avec les vices.

LIVRE II.

*Ordre relatif & raisonné des actions hu-
maines de la même nature.*

CHAPITRE I.

Ordre des Vertus.

L'ANALYSE que je viens de faire des vertus,
doit redreſſer l'eſprit de ceux qui ne mettent
au rang des actions vertueuſes, que celles qui
excitent chez eux un ſentiment rapide d'amour ou
d'admiration. Il eſt des vertus qui ont beſoin d'ê-
tre conſidérées de près, qu'il faut, pour ainſi dire,
étudier pour les connaître, & qui n'en ſont pas
moins des vertus. Il en eſt même qui n'ont de
rapport d'utilité qu'à un certain nombre d'hommes, tandis qu'elles font ſouvent le malheur d'une
portion plus conſidérable de la ſociété univerſelle.

C'eſt un grand malheur que la néceſſité des
vertus de cette eſpèce; mais forcés que nous ſommes à la reconnaître, nour devons leur applaudir

F iij

comme à ceux qui les exercent. La société qui les a fait naître leur doit des récompenses particulières, d'autant plus marquées que l'exercice de ces vertus suppose plus de combats dans un cœur droit, c'est-à-dire, des effets funestes à un plus grand nombre d'hommes. Ainsi les vertus militaires qui sont presque toutes de cette espèce, doivent obtenir & obtiennent effectivement par un accord unanime des distinctions plus flatteuses qu'aucunes autres. Mais la bravoure, pour être une vertu, doit avoir ses bornes; si elle les outrepasse, elle n'est plus que férocité: de même si née avant le temps, elle sollicite le Souverain à faire naître pour elle l'occasion de se montrer, ce n'est plus encore une vertu, c'est une effervescence dangereuse, qui, pour le malheur universel s'efforce de consacrer la raison du plus fort.

Cependant malgré les récompenses brillantes qui accompagnent les vertus militaires, même les plus conformes à l'humanité, en tant qu'il peut leur en appartenir, elles ne sont pas les premières dans l'ordre général. Il en est d'autres qui n'ont ordinairement de prix que l'amour & la reconnaissance publique, & qui tiendront toujours les premiers rangs. Cette prééminence naturelle est bien peu pour ceux qui n'en sont pas capables; elle est vivement sentie par les grandes ames.

Médecins, Philofophes défintéreſſés, ce font les vôtres: une feule de vos découvertes peut adoucir les infortunes de toute la terre. Son influence falutaire fe perpétue dans tous les temps, & fe fait fentir dans tous les lieux d'où la vérité n'eſt pas bannie.

Ces vertus qui embraſſent le genre humain en entier font bien à la vérité les plus utiles, & les plus dignes de nos refpects ; mais elles font encore une fuite de la fociété d'inſtitution, & par conféquent d'une date moins reculée que les vertus domeſtiques, & quelques-unes des vertus d'homme-à-homme. L'ordre eſt bien intéreſſant dans cette matière ; car plus d'une fois les vertus de différente efpèce fe font trouvées en oppoſition. L'efprit humain a befoin d'être réglé, lors même qu'il tend au bien. En morale, comme en phyſique, il faut une bafe certaine ; elle ne faurait être ébranlée que tont l'édifice ne croule. Or en faifant le Tableau chronologique des vertus, on verra que les premières de toutes, & qui, par conféquent, peuvent être confidérées comme la bafe des autres, font les vertus de domeſticité naturelle. Malheur à qui les méprife, n'importe par quel motif ! Que l'aveugle qui fe fourvoye ainſi, fache qu'il n'eſt pas permis de balancer dans fon choix, quand il s'agit d'outrager la nature, ou

de blesser les conventions sociales. (*) Le Législateur même ne suppose pas de doute dans ce
cas, Il a la bonne foi nécessaire de convenir qu'il
est des rapports plus anciens & plus surs que ceux
qu'il a fait naître. C'est pour s'y conformer qu'il
prohibe le témoignage des pères & des enfans
les uns contre les autres; même, comme on fait,
celui de parens bien moins prochains.

Les vertus pouvant être en opposition entr'elles,
il est donc bien utile de les représenter dans un tel
ordre que la raison, aidée de ce secours, puisse
toujours donner la préférence à celles qui doivent l'obtenir ; car tous les cas ne sont pas aussi
faciles à résoudre les uns que les autres.

Les vertus sont, ou naturelles, ou d'institution.

Les premières sont les actions généreuses &
utiles auxquelles nous porte la simple nature, dans
les rapports qu'elle seule a fait naître. Ce sont
les vertus de domesticité naturelle, & la plupart
de celles que j'ai nommées d'homme-à-homme,
qui ne supposent ni arts, ni civilisation.

Les vertus d'institution, assez définies par leur
dénomination, sont celles qui naissent à l'occasion
des rapports que nous avons institués.

---

* Jura sanguinis nullo jure civili dirimi possunt, *L. 8. Dig*
de Reg. juris.

Toutes ces vertus font utiles ; cependant il est des circonstances qui les rendent dangereuses ; alors il faut retenir sa bienfaisance naturelle, & la soumettre à l'examen de la raison, qui, après avoir pésé les avantages & les désavantages, se détermine souvent à un parti différent de celui que le cœur voulait prendre ; car, si c'est lui qui engendre les vertus, c'est la raison qui les dirige. Ainsi l'homme compatissant, loin d'ouvrir sa maison au criminel que la justice poursuit, fera une action vertueuse en aidant à le prendre.

Quand les vertus d'institution font en opposition, on peut établir, comme règle invariable, qu'il faut donner la préférence à celles d'un ordre supérieur, c'est-à-dire, à celles dont il résulte une plus grande utilité, une utilité plus générale, quoiqu'elle ne soit pas produite instantanément, à celles auxquelles correspondent des devoirs plus sacrés. Quand elles font en opposition avec les vertus naturelles d'homme-à-homme, il faut considérer que cette opposition était une chose nécessaire, & qu'elle a été prévue. Il faut se rappeller alors qu'on est membre de la société, que comme tel on est tenu de lui faire des sacrifices, qu'elle ne nous demande pas l'impossible, & que ce qu'elle nous demande tend à notre bien, qu'elle a médité. Ainsi les vertus naturelles d'homme-à-homme doivent, dans bien des cas, céder le pas aux vertus d'inftitution.

Quand les vertus d'inftitution font en oppofition avec celles de domefticité naturelle, ces dernières doivent l'emporter ; & jamais elles ne peuvent être forcées à l'inaction, que quand elles font oppofées à des devoirs, parce que le devoir eft d'obligation, tandis que la vertu eft libre.

Ainfi l'ordre dans lequel il faut donner la préférence aux vertus les unes fur les autres, n'eft plus entièrement le même que celui des Tableaux du premier Livre.

Dans l'ordre de ces Tableaux, j'ai eu plus d'égard au maintien de la fociété établie, qu'au maintien des chofes naturelles, qui en font une dépendance néceffaire, parce que les crimes contre la fociété établie doivent occafionner une plus grande fomme de maux, quoique les crimes naturels puiffent en comporter de plus atroces. Quand il s'agit d'obligation, l'intérêt particulier ne doit prendre rang qu'après l'intérêt public.

Mais quand il s'agit d'actions libres & utiles, le premier motif déterminant de notre préférence, eft l'affection naturelle que nous avons pour certaines perfonnes : le fecond doit être le plus grand nombre de ceux avec qui nous avons des rapports : le troifième, le befoin des hommes en général, ou de ceux à qui nous pouvons être utiles. Enfin, les fentimens de la nature, le nombre & le befoin des hommes ont divers degrés d'influence fur notre détermination à faire une action vertueufe plutôt qu'une autre. On fent bien qu'il eft impoffible de tout dire fur cette matière. Il faut feulement un ordre auquel on puiffe rapporter les différens cas, tèl eft celui que je propofe.

Les vertus de domefticité naturelle doivent toujours obtenir la préférence fur toutes les autres.

Enfuite les vertus d'homme-à-homme du premier & du fecond genre, quand leur utilité eft ou peut être univerfelle ; ce qui n'a lieu que dans le cas des découvertes de la médecine, & des confeils de la philofophie morale.

Les vertus politiques du premier genre.

Les vertus politiques du fecond genre.

Les autres vertus d'homme-à-homme du premier & du fecond genre.

Les vertus civiles.

Les vertus municipales.

Les vertus d'homme-à-homme du troifième, du quatrième, & du cinquième genre.

Les vertus politiques du troifième genre.

Les vertus de domefticité civile.

Les vertus de fociété particulière.

Les vertus d'homme-à-homme du fixième, & enfin du feptième genre.

Après avoir confidéré les différentes efpèces de vertus & l'ordre qu'il faut leur conferver, après avoir donné des règles à la liberté même, difons un mot de l'homme, pour qui ces regles font faites.

L'homme vertueux eft, pour ainfi dire, une nouvelle efpèce d'être créé pour le bonheur de l'humanité. C'eft une ame fublime, douée d'une activité incomparable, qui s'élance continuellement vers la perfection.

Ramené à l'efpèce commune par les befoins phyfiques, ils lui font une nouvelle occafion de s'intéreffer au fort d'autrui. Forcé de fonger à fon intérêt perfonnel, il le fait rentrer dans celui des autres, qui tient toujours le premier rang dans fon cœur.

Cependant la combinaifon de fon intérêt, avec l'utilité publique, eft l'occafion de l'injuftice la plus fanglante que lui font ceux qui font incapables des mêmes actions, & par conféquent indignes de le juger. La vertu eft fi loin d'eux qu'ils ne la font confifter que dans les facrifices. Par-tout où ils voient un avantage perfonnel, ils affirment que c'eft lui qui a été le feul motif déterminant d'une action vertueufe.

Pour être vertueux, il ne s'agit pas de renoncer à foi & de s'oublier totalement. Ceux qui

ont prêché cette morale fublime & impratica-
ble ne connaiffàient point l'homme, & fe font
égarés à force de métaphyfique. Ils auraient dû
dire feulement, que celui n'a fait une action
vertueufe que dans la vue d'une récompenfe, n'a
pas le droit de fe dire un homme vertueux ; &
que celui qui demande la récompenfe d'une action
vertueufe, ceffe de la mériter, du moins auffi éclatante qu'elle aurait pu lui venir ; car dire qu'il
n'en mérite point du tout, eft un autre excès.

CHAPITRL II.

Ordres des Devoirs.

SI dans la pratique des vertus, comme en toute
autre chofe, il y a le faire & le bien faire, &
que pour le dernier il faille non-feulement un
cœur très-fenfible, mais encore une raifon mûre,
ou, ce qui équivaut même avec avantage, un
génie rapide, capable de faifir promptement
les rapports des chofes, il faut moins de mérite
naturel & acquis pour remplir exactement fes
devoirs. Ils font, comme je l'ai déjà dit, la conformité de notre conduite, aux Loix de la nature
& à celles du pays qu'on habite. La route eft
tracée & battue, celui qui s'égare le veut bien,
& ne peut jamais s'excufer fur fon intention ;
l'interprétation des devoirs n'étant pas permife,
il faut les remplir à la lettre; s'ils bleffent la
société, tant pis pour elle qui nous oblige à ce
qui peut lui nuire.(*) Il vaut mieux que cela
arrive une fois par la faute de la société, que
mille par la faute des particuliers qui interpréte-

* Non capitur qui jus publicum fequitur. *L.* 116, *de diver.*
reg. jure Digeft. lib. 50.

raient fouvent mal, ou par intérêt, ou par défaut
de juftefſe|dans l'eſprit. Si l'exercice de vos de-
voirs vous eſt nuiſible, tant pis pour vous de
vous trouver dans une ſemblable poſition. S'il
n'en coûtait à perſonne pour être honnête homme, il n'y aurait point de méchans. Vous êtes
quelquefois en peine de ſavoir qu'elle eſt la portion de votre liberté dont vous avez fait le
facrifice à la ſociété, en retour de ce qu'elle fait
pour vous : la voilà, cette portion de votre liberté:
il ne vous eſt plus permis d'agir comme ſi vous
n'aviez nul contrat avec vos ſemblables; il faut,
contre votre gré , que vous agiſſiez de telle
manière.

Ces différentes manières font preſcrites par la
nature qui parle à nos cœurs, ou exprimées par
la Loi, ou elles font des conventions réſultan-
tes de l'ordre établi, qui, pour n'être pas exprimées
dans des Codes de Loix qui deviendraient trop
nombreux, n'en font pas moins publiques, tant
parce que nous les voyons pratiquer tous les
jours, que parce qu'en diſent nos inſtituteurs;
car le propre d'une bonne éducation eſt de ſup-
pléer à ce que les Loix ont omis. Nos devoirs
font donc clairs d'autant plus que leur infraction
formelle, eſt ordinairement un crime puniſſable
par la Loi, & leur négligence un vice qui attire

fur nous le mépris; de forte que les motifs qui
nous follicitent à les remplir font, 1° l'humanité
moins active que celle qui nous porte à la vertu,
parce qu'elle eft contenue par le fentiment de nos
propres befoins. 2° Un certain amour de l'ordre qui eft le réfultat le plus heureux d'une bonne
éducation. 3° Le calcul des inconvéniens qui
fuivraient la non-conformité de notre conduite
aux loix de la nature & aux conventions de la
fociété dans laquelle nous vivons.

Il en eft des devoirs comme des vertus : ceux
là ont des degrés de néceffité, fi l'on peut s'ex-
primer ainfi, comme les vertus ont des degrés
d'utilité. Nous devons à l'Etat de préférence à
nos concitoyens. Nos devoirs envers nos cofu-
jets en général doivent obtenir le pas fur nos
devoirs envers les habitans d'une feule Ville de
l'Etat, & ces derniers, fur ceux de fociété particulière.

Cependant, & c'eft ici une exception aux
principes, tous ces devoirs ne marchent encore
qu'à la fuite de ceux de domefticité naturelle;
tant il eft vrai de dire qu'il eft un ordre anté-
rieur à toutes conventions, mais dont on connaît
les bornes qu'il ferait auffi dangereux de reculer,
qu'il ferait honteux de les refferrer.

Le fentiment impérieux que cette vérité fait

naître

naître a une fi grande influence fur nos devoirs
de domefticité civile, qu'on a jugé bien des fois
chez les Romains, qu'un père de famille qui
avait un certain nombre d'enfans, devait être
exempt des charges publiques, parce qu'on pouvait craindre qu'il ne les remplît pas avec aflez
d'exactitude. L'Empereur Pertinax en exempta
Sylvius Candidus, parce qu'il avait feize enfans; mais ce grand nombre ne fut pas toujours
néceflaire. *Eos qui cujufcumque fexus liberos
quinque habeant, impetratâ femel vacatione po-
tiri convenit. L. ult. c. de his qui num. lib.*

*Si quis Decurio pater fit duodecim liberorum
honoratiffimâ munerum quiete donetur. L. 24
c. de Decur. & fil. eor.*

Nos devoirs d'homme-à-homme doivent
être fubordonnés à tous les autres, quand ils y
ont quelque rapport; fans cela les conventions
fociales ne feraient qu'une chimère, & le défordre
renaîtrait. Ainfi, lorfque l'humanité nous follicite
à fauver un homme de la mort, fi c'eft la Loi
qui le pourfuit, nous devons étouffer notre fenfi-
bilité & refuser un afyle à cette victime néceffaire.
Il n'eft pas befoin de dire pourquoi ces devoirs
ne marchent que bien loin à la fuite des devoirs
de domefticité naturelle, & dans quels cas ils font
fubordonnés à ceux de domefticité civile.

G

Il reste maintenant à parler des devoirs de profession, dont je crois nécessaire de dire quelque chose, & de ceux de civilité, ou, ce qui est la même chose, des bienséances, dont je ne dirai rien.

Les devoirs que nos professions nous imposent sont les vrais anneaux qui lient tous les membres du corps politique: aussi le Gouvernement doit-il veiller sans relache à les faire observer : à ce moyen chacun reste à la place qu'il doit occuper, & ses mouvemens prévus & bien ordonnés font une partie nécessaire dans le systême général. Le Magistrat, organe des conventions qui font subsister la société, règle de sur son siège le district qui lui est confié. Le Militaire, en parcourant les frontières de l'Etat, fait naître un respect salutaire pour sa nation, & force ses voisins à se contenir dans les bornes qu'on leur a données, ou qu'ils se font choisies. Et pendant ce double règne de la paix, le laboureur emplit les greniers publics, & l'artisan fait jouir ses concitoyens de toutes les commodités d'une longue industrie.

Cette harmonie si admirable dans ses effets, ne l'est pas moins dans ses causes; elle est produite par les vertus, & n'est point un fruit du hasard, mais un effet constant & certain : on a trouvé le grand art de rendre les vertus nécessaires, & en les partageant aux différentes professions, d'en faire des devoirs dont on a eu dès-lors le droit d'exiger la pratique. Il n'entre pas dans mon plan de parler des compenſations qu'on a accordées aux ſujets pour cette ſurcharge. Tout le monde ſait que ce ſont les diſtinctions, ſous une forme, ou ſous une autre, ſuivant la nature des Gouvernemens, & le génie des Souverains.

La plupart de ces devoirs ſe trouvent à l'article des vertus, parce qu'ils ſont vertus pour le plus grand nombre des hommes. Ils ne ſe trouvent point ailleurs, parce que je n'ai point donné de liſte des devoirs de profeſſion. Ils peuvent être rangés de préférence au nombre des devoirs politiques. On ne les confondra pas non plus avec les vertus de profeſſion qui ſont aux devoirs de la même eſpèce, ce que les vertus en général ſont aux devoirs en général.

Pour être vertueux, il faut faire au-delà de ſon devoir qui eſt toujours & juſte ꞏ t cenſé néceſſaire, tandis que la vertu eſt une ꞏꞏion libre. Ainſi cette liberté, capable d'enflammer certains eſprits pour la vertu, ne doit pas les porter vers elle aux dépens de leurs devoirs, dont il faut s'acquitter avant tout. Horace Coclès, après avoir vaillamment combattu avec tous les Romains, contre l'armée de Porſenna, après avoir fait ſon devoir à la défenſe du Janicule, fit une action

vertueufe en s'expofant, lui-feul, à tous les traits
de l'ennemi, qu'il contint, pour faciliter la re-
traite des fiens : car ici c'était au delà de fon devoir.

Mais un imprudent qui quitterait fon pofte
pour exercer fon aveugle courage , quand même
fon imprudence ferait heureufe, devrait être puni,
loin d'être récompenfé, & ferait criminel au lieu
d'être vertueux.

Hommes privés ! de quelque lieu de la terre
que vous foyez, c'eft ici pour vous. Si cet écrit
imparfait ne perfuade point ceux qui ont le droit
de réformer les Loix , fi elles reftent ce qu'elles
font , je puis efpérer encore de vous être utile,
en vous éclairant fur ce qui vous touche de plus
près , & qui ne dépend que de vous. Connaiffez
vos devoirs , & pour les bien connaître, appren-
nez qu'el eft l'ordre conftant qui foumet les uns
aux autres. Rempliffez-les avec exactitude , vous
jouirez de votre propre fageffe, & le plus fouvent
vous rencontrerez des hommes tels que vous,
des hommes juftes qui vous paieront vos facrifices ; rempliffez vos devoirs , & des confolations
douces ne vous manqueront pas dans les infortunes, puifque le fort de l'homme eft d'en éprouver. Rempliffez vos devoirs , avant de fonger à
la vertu, c'eft leur pratique qui vous apprendra à
la connaître, & bientôt elle vous deviendra facile.

CHAPITRE III.

De l'Ordre des Vices.

IL est des degrés de haine pour les vices, comme il en est de préférence pour les vertus & les devoirs. Les vices sont préjudiciables à l'Etat & aux particuliers & ils excitent d'autant plus notre indignation, qu'ils sont opposés à des vertus plus indiquées par la nature.

L'ordre de gravité des vices n'est donc pas le même que celui que nous avons établi pour les vertus & les devoirs. Ils n'ont de commun, qu'en ce qu'ils commencent tous par leurs rapports à la domesticité naturelle. Au reste il serait surpeflu de faire un Tableau qui ne serait que de pure curiosité, tandis qu'il n'est point de lecteur qui ne puisse le faire.

CHAPITRE IV.

Ordre des Crimes.

Ici l'ordre change encore, comme on a pu le voir dans les Tableaux du premier Livre : ce n'est plus le particulier qui est le juge de la gravité des crimes, c'est la volonté générale, ou ce qui est le même, le Souverain; lui seul a le droit de les punir, lui seul doit estimer le degré de préjudice qu'il reçoit de chacun d'eux, afin de proportionner la peine à l'offense.

Or, les crimes les plus graves à ses yeux, sont ceux qui tendent à sa destruction : ce sont les crimes politiques.

Ensuite viennent ceux contre la conservation & l'intérêt des sujets.

Puis ceux contre les moyens qu'il a pris pour régler les droits de chacun.

Ceux contre les habitans des Villes, où s'alimente & s'entretient l'industrie, mère de toute société.

Ceux contre les personnes qui, par de nouveaux liens d'intérêt, se font plus particulièrement attachés à l'Etat.

Enfin le Souverain, après avoir réglé les choses

d'inftitution, ces chofes qui demandent abfolument des règles, peut étendre fon Empire
même fur ce qui eft étranger à l'inftitution, &
qui, par conféquent, lui appartient moins, & les
crimes de domefticité font comptés les derniers:
cependant les crimes de domefticité civile font
réellement de fon reffort; mais comme ils font
infiniment moins révoltans que ceux de domefticité naturelle, ils n'ont rang qu'après ces derniers.

Tel eft le fyftême d'ordre, dans les claffes des
crimes, que j'ai cru devoir fuivre, & telles font
les raifons qui me l'ont fait adopter.

LIVRE III.

Examen de la gravité des Crimes.

CHAPITRE I.

De la gravité du Crime en général.

LA gravité d'un crime s'eſtime 1° par les rapports plus ou moins grands qu'il a avec les choſes plus ou moins publiques ; 2° par le nombre plus ou moins grand de rapports ſenſibles qu'il a avec d'autres claſſes que celles dans laquelle il eſt rangé ; 3° par ſa méchanceté ; 4° par les ſuites qu'il peut occaſionner ; 5° enfin les facilités qu'il y a à commettre un crime ſervent à l'aggraver, parce qu'alors il eſt d'autant plus contraire à la foi publique, ſans laquelle la ſociété ne ſubſiſterait pas, malgré la police la plus exacte & la plus ſévère.

Le plus ou le moins de publicité des choſes nous a donné l'idée des claſſes.

Les rapports plus ou moins grands des crimes à ces choſes, font la première cauſe de l'ordre des crimes dans chaque Tableau.

Le nombre plus ou moins grand des rapports fenfibles qu'un crime a avec d'autres claffes que celle où il eft rangé, fert à faire voir la quantité du défordre qu'il apporte dans la fociété.

La méchanceté du crime en général a eu fon influence dans l'ordre des claffes, & elle l'a eue d'une manière plus fenfible dans l'ordre des crimes de chaque Tableau. Il eft clair qu'elle fait beaucoup à la gravité du crime.

Sur la méchanceté des crimes il y a beaucoup à dire, & beaucoup à fuppofer. Il était impoffible de tout dire, & cependant il ne faut rien laiffer fuppofer. En effet fi le Juge refte le maître d'interpréter les actions de l'homme, il y a dans les jugemens l'arbitraire le plus funefte, & les defpotes fubalternes font fans nombre. Cet inconvénient eft bien plus terrible que celui qui naît d'une modération trop grande dans le châtiment d'un coupable.

Nous fuppoferons donc un degré de méchanceté fixe pour chaque crime, & nous négligerons la plupart des circonftances qui peuvent l'aggraver ou l'affaiblir.

Par les fuites que le crime peut occafionner, j'entends les actes de violence qu'il peut faire naître de la part de l'opprimé, ou de ceux qui lui appartiennent. La crainte de ce défordre rend le crime plus-odieux, & doit influer sur la nature de la peine qu'il faut lui infliger.'

J'ai dit comment la fréquence du crime influe sur sa gravité.

La fréquence du crime, ou les facilités qu'il y a à le commettre, contribuent à sa gravité, dans son rapport avec la société ; car dans la gravité du crime on peut distinguer deux choses : ce qui n'a de rapport qu'à l'homme, c'est la méchanceté ; & ce qui a du rapport à la société, c'est la méchanceté, c'est la fréquence du crime &c.

CHAPITRE II.

Examen des Crimes politiques.

ARTICLE PREMIER.

Conspirer contre son pays.

CE crime est le plus grave de tous ceux qui sont relatifs aux institutions humaines, puisqu'il tend directement à anéantir ces institutions. On s'en rend coupable lorsqu'on se fait un parti dans l'Etat, une ligue secrète ou publique pour changer la forme du Gouvernement.

En vain dirait-on qu'on veut procurer des avantages à son-pays, changer le mal en bien. Ces paroles ne sont ordinairement qu'un voile dont se couvre l'ambition : mais quand elles seraient une fois sincères, ne peuvent-elles pas être répétées mille fois avec déguisement ? Dans le choc perpétuel des intérêts, ne peut-il pas arriver que ce qui ferait le bien des conspirateurs, ferait le mal de la multitude ordinairement spectatrice des évenemens ? Ainsi je vois deux raisons, d'un tel poids qu'il n'y a rien qui puisse les contrebalancer, pour que toute espèce de conspiration soit sévèrement punie.

1° L'exemple dangereux & d'une influence certaine, puisque chacun aurait également le droit de conspirer, quand il croirait que les choses peuvent être mieux; ce qu'on peut croire à tort, ou relativement à soi seulement.

2° Toute conspiration commence par être secrète : ses moyens & sa fin ne sont connus que du petit nombre des conspirateurs. La multitude n'y ayant point de part, elle ne peut pas stipuler ce qui lui est avantageux ; ainsi le parti pris & arrêté, l'intérêt public n'a entré que pour peu en considération, & n'a été discuté que par des esprits exaltés, & par conséquent incapables de bien voir.

Mais je dis plus, l'intérêt public n'est presque jamais entré pour rien dans les conspirations qui ont eu pour objet de renverser une forme de Gouvernement anciennement établie. C'est presque toujours la lie des nations qui conspire ; ce sont des gens perdus d'honneur & écrasés de dettes, commandés par des chefs de quelqu'importance, mais encore plus méchans qu'eux, qui, autant par haine des gens de bien que par ambition, ont persuadé à des hommes désespérés, que du désordre public, ils feraient naître leur félicité particulière.

Le prétexte du bien public ne peut donc jamais servir d'excuse aux conspirateurs; ce serait livrer l'Etat à l'imprudence des hommes remuans & à la fourberie des méchans.

ART. II.

Susciter à l'Etat des ennemis étrangers.

Ce crime est une circonstance ordinairement ag-
gravante du premier dont je viens de parler, ou
bien c'est une trahison détestable dans laquelle se
trouvent confondus ce crime & celui qui le suit
dans le Tableau; ainsi c'est le comble de la perver-
sité politique, après avoir armé le citoyen contre sa
patrie, de la livrer encore au pillage de l'étranger;
ou c'est une trahison qui tient à l'ordre politique
& à l'ordre naturel, si par haine du Gouvernement, ou par intérêt pécuniaire, on sollicite
l'étranger à une invasion, en lui facilitant, au
moyen de l'autorité qu'on a, l'accès dans le pays
qu'on habite. On est coupable de ce crime, quand
l'intention de le commettre est manifestée par une
correspondance claire.

ART. III.

*Vendre le secret de l'Etat, le publier par mé-
chanceté, par indifférence ou par négligence.*

Ces sortes de crimes n'ont pas besoin d'explication. Je dirai seulement que le mot de l'ordre
étant le secret le plus fréquent de l'Etat & le plus
facile à publier, on ne peut trop prendre de précautions, & tenir trop sévèrement la main à

l'exécution de celles qu'on aura prifes pour empêcher qu'il ne foit ou vendu ou furpris.

ART. IV.

*Abandonner un pofte intéreffant , par indiffé-
rence ou par crainte.*

Il pourrait y avoir des doutes fur la gravité de
ce crime, parce qu'alors il manquerait de ce qui
conftitue le crime ; favoir, la méchanceté ; mais
comme dans ces deux cas c'eft une action directement contraire à des devoirs d'autant plus févères
qu'ils concernent de plus grands intérêts, le Gouvernement a dû, pour fa fureté, la ranger au nombre des crimes. Malheur à quiconque néglige de
grandes affaires dont l'Etat s'eft répofé fur lui !
Malheur à quiconque n'a pas le courage que fuppofe néceffairement une place qu'il a briguée &
qu'il occupe.

ART. V.

*Quitter fon emploi dans un inftant de crife , &
durant lequel on ne peut pas être remplacé.*

Si cette action n'était pas mife au nombre des
crimes, combien de gens, fous le prétexte d'in-
juftices anciennement faites, mettraient l'État à
deux doigts de fa perte ? Combien d'autres pour
s'attirer des graces qu'ils n'auraient pas méritées,
ou feulement pour fe faire valoir, réduiraient

le Souverain à l'humiliante situation de les folliciter, ou à les rendre de force participans de
son autorité.

ART. VI.

*Déserter des troupes, engager les autres à la
défertion.*

Ordinairement le repentir eſt bien proche de
ce crime; mais comme le repentir peut l'eſ-
facer, il faut laiſſer écouler un temps raiſon-
nable pour que l'abſence d'un ſoldat ſoit dé-
clarée une défertion. Je ſais que trop de temps
pourrait occaſionner des abſences trop fréquen-
tes, mais il eſt à tout un juſte milieu, & en puniſſant les abſences qui ne peuvent pas être taxées
de défertion, on peut eſpérer de remédier à tout.
Il n'eſt pas beſoin de dire, que d'engager les
autres à la défertion, eſt un bien plus grand crime
que la ſimple défertion qui ne comporte peut-
être point de méchanceté, & qui eſt dans l'ordre
des crimes qui ne ſont tels que par la violation
de devoirs eſſentiels; mais il y a de la méchanceté à faire déferter ſes camarades.

ART. VII.

*Écrire contre le Gouvernement, imprimer &
diſtribuer ces écrits.*

On n'oubliera pas que ces actions ne ſont cri-

minelles, que tant que ceux qui les comme…
font foumis au Gouvernement contre leque…s
écrivent; ainfi je ne ferai point coupable, moi
Français, d'écrire dans mon pays combien le
Gouvernement de Venife eft peu conforme à la
raifon; ainfi un Turc qui ferait venu s'établir à
Genève, ne ferait pas criminel en publiant les
vices affreux du Gouvernement auquel il aurait
eu le bonheur de fe fouftraire; mais il le devien-
drait fi fon inconftance le ramenait dans fon pays
natal. Un homme qui écrit contre le Gouvernement fous lequel il continue de vivre, eft un
ingrat qui maltraite fon bienfaiteur, un enfant
bien foigné qui bat fa nourrice.

Écrire contre le Gouvernement, ce n'eft pas
écrire contre les Chefs paffagers de ce Gouvernement, c'eft chercher à prouver qu'il eft effen-
tiellement mauvais, & qu'il y a du danger & de la
ftupidité à lui demeurer foumis. Ce n'eft pas non
plus donner des confeils pour y faire quelques
changemens; cette intention vertueufe ne faurait
être confondue avec la haine & la méchanceté
des écrits qui n'ont pour objet que la ruine de
l'Etat. Ecrire contre le Gouvernement, ce n'eft
pas défapprouver quelques Loix civiles ou criminelles qu'on peut réformer fans déranger l'ordre
politique.

            Ce

Ce n'eſt pas non plus répandre dans ſes Ecrits quelques principes dont nos ennemis tirent des conſéquences qui peuvent être dangereuſes, mais auxquelles nous n'avons pas ſongé. Cependant ces conſéquences, ſi ellès ſont bien déduites, & quelles aient échappé au cenſeur public, fait pour les prévoir & redreſſer l'eſprit de l'Auteur dans les rapports que ſes Ecrits peuvent avoir avec le Gouvernement, ces conſéquences, dis-je, l'obli-gent à déſapprouver lui-même ſon Ouvrage, ou du moins les principes dangereux qui s'y trouvent, ou à donner des explications ſatisfaiſantes. L'impreſſion & la diſtribution des Ecrits faits contre le Gouvernement ſont des crimes auſſi vils que méchans.

A R T.   VIII.

Voler ou diſſiper les revenus de l'Etat.

C'eſt le crime de quiconque eſt chargé de la recette ou de l'emploi des fonds de l'Etat, & qui rend un compte incomplet, ou qui n'en rend point du tout. Ce crime eſt encore la violation des devoirs qu'on s'eſt impoſé; il eſt crime à cauſe de leur importance, mais il ne comporte pas toujours de la méchanceté.

H

ART. IX.

Refuſer de payer les impoſitions.

Ce refus eſt un vol fait à l'Etat dont les impôts ſont le domaine le plus conſidérable & le plus certain, &, comme le diſent tous les Ecrivains, la juſte indemnité que les particuliers paient au Souverain pour la protection coûteuſe qu'il leur accorde. Ce crime, à moins qu'il ne doive être accompagné de ſédition, eſt bien facile à prévenir ; auſſi eſt-il rare, où bientôt puni, & l'Etat ne perd rien. Cependant on ſe ſouſtrait au paiement de certaines impoſitions, en contrefaiſant les marques ou cachets qui doivent être appoſés ſur certaines marchandiſes, ce qui eſt un vol fait à l'Etat, & une uſurpation de l'autorité ; alors ce crime eſt très-grave. Quand le refus eſt fait au traitant, il doit prendre la marche ordinaire de la procédure civile pour ſe faire payer ce qui lui eſt dû, & le crime ceſſe d'être un crime politique.

ART X.

Fabrication de fauſſe monnoie & altération de la vraie.

Tout le monde a dit que ces ſortes de crimes étaient une atteinte portée à la foi due aux Sou

verains, & chacun fait que c'eft un moyen de
nuire à la fortune d'autrui, puifque quiconque
s'apperçoit de la fauffeté d'une pièce de monnoie
doit la rejetter & par conféquent la perdre, s'il
l'a reçue. Ainfi ce crime eft en même temps un
crime politique & un crime d'homme-à-homme :
cette dernière qualification fait voir qu'il eft
toujours accompagné de méchanceté, car il n'eft
aucun faux-monnoyeur qui ne fache le tort qu'il
peut faire aux particuliers : il faut rapporter à
cet article l'application des faux-poinçons fur
les ouvrages d'orféyrerie d'or ou d'argent.

A R T. XI.

Engager les fujets de l'Etat à renoncer à leur
pays & à s'établir ailleurs.

Rien de plus naturel que de quitter un pays où
l'on fe trouve mal, quand on n'y a point contracté
d'engagement qui nous y retienne, pour aller
s'établir dans un autre où l'on fe flatte d'être
mieux ; mais c'eft un crime de débaucher fes concitoyens. Que diriez-vous de quelqu'un qui fe
ferait impatronifé chez-vous, qui vivrait à vos
dépens, & qui uferait de la liberté qu'il aurait
dans votre maifon, de l'accès qu'il aurait auprès
de vos amis & de vos enfans pour les détourner de vous fervir, & leur perfuader de vous
abandonner ? 　　　　　　　　　　H ij

Si cette action est commise par un embau-
cheu étranger, elle doit être sévèrement punie.

ART. XII.

Attenter à la vie du Souverain, à sa liberté, à
son bonheur, à son honneur, à l'état des per-
sonnes qui ont ou qui peuvent avoir un jour
des droits à la Couronne.

Les crimes de ce genre sont le comble de l'audace & de la témérité. Qui pourrait contenir dé-
formais celui qui s'en est rendu coupable !

ART. XIII.

Sédition.

Toute émotion populaire, tout soulèvement
contre l'autorité, voilà le caractère de la sédition,
les circonstances sont la manière dont elle se fait
& dont elle est née. L'auteur d'une sédition réflé-
chie peut être comparé à l'auteur d'une conspiration, sans cependant être aussi coupable que
lui. Si la sédition se fait en armes, le crime est
bien grave; si ce n'est qu'un cri du public assemblé
qui se plaint de tel reglement & en demande la
suppression, il est moindre, mais il est peut-être
inouï que les séditieux après s'être plaints n'en
soient pas venus aux armes; ainsi il y a deux raisons
pour que le crime de sédition, même le moin

grave, foit mis au nombre des grands crimes. 1°
L'obftacle apporté à l'exercice d'une autorité
légitime. 2° Les fuites funeftes & fanglantes de ce
crime.

ART. XIV.

Rebellion.

Ce crime différe de celui de fédition, comme les
jugemens des Tribunaux auxquels il eft contraire,
différent des Ordonnances du Souverain auxquelles la fédition s'oppofe.

ART. XV.

Refus de prêter main-forte à la Juftice.

Le premier devoir du fujet eft de fubvenir à
l'Etat dans un temps de crife, & il n'eft point de
cas où l'intérêt qu'il a à remplir fon devoir foit
plus fenfible pour lui, que lorfqu'il s'agit d'aider à
retenir un méchant dont la liberté met en danger la vie & la propriété de chacun.

Cependant comme la Juftice a des hommes
gagés pour s'emparer des malfaicteurs, il ne faut
pas convertir tous les citoyens en archers, huiffiers
&c.; & comme ces hommes pourraient, afin de
s'éviter des peines & des rifques, multiplier les
appels des citoyens, il faut avant qu'ils aient le
'roit de les faire, qu'ils foient en nombre fuffifant,

H iij

pour arrêter les coupables: ils ne doivent auffi en faire que dans le cas de fuite des coupables non armés : & s'ils ont l'occafion de choifir entre un nombre de perfonnes , il faut que dans leurs appels ils refpectent les perfones conftituées en dignité.

ART. XVI.

Bris de prifons. Facilité donnée aux prifon-
niers pour s'évader. Evafion des galères.

Toutes ces fortes de crimes méritent l'animad-verfion particulière de la Juftice. En effet, ils lui font perdre le fruit de fes foins & de fes travaux, & remettent dans la fociété des hommes méchans & devenus plus audacieux, qu'on était obligé d'en tenir féparés. Cependant ces crimes, hormis les facilités données pour l'évafion, ne renferment point de méchanceté; ils font feulement l'infrac-tion de la jufte peine qui était impofée au coupa-ble, & dont la certitude fait le repos de la fociété.

Pour ce qui eft du crime de faciliter l'évafion, il faut favoir par qui il a été commis; fi c'eft par les magiftrats ou geôliers, par des étrangers ou des parens de ceux qui font détenus. Tout le monde fent la différence qui naît dans ces crimes, de la qualité de ceux qui s'en rendent coupables. Mais qu'on n'aille pas croire, parce que j'ai dit

de la manière dont les vertus de toute espèce
devaient céder à celles de domesticité naturelle,
que ce ne soit point un crime de faciliter l'évasion
des prisons à ses parens; quiconque prendrait
cette action pour une vertu, manquerait de raison.
Ce ne peut pas être à ma garantie, puisque j'ai dit,
qu'avant de songer à la vertu, il fallait s'acquitter
de ses devoirs qui sont nécessaires, & qu'on est
coupable en les négligeant, même pour se porter
à la pratique des vertus. Que serait-ce donc que
de prétendues vertus qui seraient l'infraction même des devoirs ? Ce qui ne doit pas s'entendre
seulement des vertus & des devoirs de même espèce,
mais généralement de toutes les vertus & de tous
les devoirs dont l'exercice, je le répéte, est toujours
nécessaire.

A R T. XVII.

Injure faite ou dite aux personnes constituées
en dignité, pendant l'exercice de leurs fonc-
tions; en résultance de leurs fonctions, sans
égard à leurs fonctions.

Quelle que soit la qualité de la personne offen-
sée, il faut que le crime dont elle se plaint soit
prouvé aussi clairement que tout autre : si on se
relâche sur les preuves par un multitude de petites
raisons que l'enthousiasme & la flatterie suggèrent,

H iv

on ouvre la porte au defpotifme des grands, à l'op-
preffion & au défefpoir du peuple ; & à la haine de
l'autorité que le moindre des fujets doit chérir.

A R T. XVIII.

Appeller en duel fon fupérieur ; fon égal ou fon
inférieur. Confeiller ou faciliter le duel.

Autrefois les propriétaires des fiefs armaient
leurs hommes & fe faifaient la guerre pour des querelles particulières ; quelquefois même ils la faifaient à leur légitime Souverain. Le Cardinal *de Ri-*
chelieu en ordonnant la démolition de toutes les
fortifications des Châteaux, anéantit ces guerres
inteftines. Maintenant qu'on ne peut plus armer
perfonne pour venger fa querelle, on fe bat foi-
même, n'importe contre qui. Quel fera le Mi-
niftre bienfaifant qui pourra trouver un moyen
facile d'abolir également ces combats? C'eft une
erreur de l'efprit humain dont l'hiftoire eft bien
fimple ; on fe battait ainfi tant qu'on n'avait point
de loix ; on fe battit ainfi depuis, quand deux
Chefs d'armée voulurent épargner le fang de ceux
qu'ils conduifaient. Les duels à fer émouffé étaient
des joûtes ; les duels à fer émoulu devinrent la
manière de faire exercer la juftice dans les temps
de barbarie, où l'on ignorait les moyens d'acquérir les preuves d'un crime, où la fuperftition

aveugle faifait croire que la providence devait
fe prêter à ceux qui la tentaient, & faire néceffairement un miracle pour la confervation de
l'innocent & pour fa juftification ; où l'on
ignorait les fuites terribles que pouvaient avoir
de femblables combats ; maintenant qu'on les
connaît ; qu'on fait, par une expérience trop fré-
quente, que l'innocence fuccombe trop fouvent
fous les coups de l'injuftice, qu'on fait recuellir
les preuves d'un crime, & qu'on aimerait mieux
en laiffer un impuni, que de châtier un innocent,
les duels fubfiftent encore, & l'on voit tous les
jours des imbéciles qui vont fe battre pour amu-
fer les autres. Les motifs, comme on voit, ont
bien changé, mais le Gouvernement ne doit point
pallier ces fottifes, car les duels font une ufurpation de l'autorité, un mépris formel des Loix,
un refte de la barbarie féodale & de l'audace des
nobles, qui, fi on les laiffait faire, rameneraient
bientôt les chofes au défordre des temps reculés,
dans lefquels ils vont chercher leur origine avec
une oftentation ridicule & puérile. Une nation
dont les préjugés font tels que le duel y eft toléré, eft pour moi la même qu'au temps où elle
fe forma en corps de peuple, & où il n'y avait
encore de Loix que relativement à la propiété.
Une pareille nation eft, pour fon Souverain un

peuple de rebelles toujours armés contre l'autorité; car l'usage des duels est fondé sur l'opinion que la force est préférable à tout; d'où s'ensuit qu'il il est honteux de ne pas l'avoir & d'obéir.

L'usage des duels est donc dangereux dans son principe comme en lui-même; & le duel, s'il est un crime politique, comme on l'a vu, est aussi un crime d'homme-à-homme d'une espèce particulière. En effet quoiqu'il paraisse une action libre, il ne l'est cependant pas toujours. Qu'un coquin vienne proposer un duel à un honnête homme pour de prétendus torts, pour peu que ce dernier soit faible, il se laisse maîtriser par l'opinion des méchans & des étourdis, que l'autre fait valoir, & qui effectivement fait le plus de bruit; car les honnêtes gens trouvent leur façon de penser si naturelle, qu'ils ne vont point la prôner par-tout; de sorte que celui qui est appellé va se faire égorger, souvent sachant qu'il fait une sottise. On ne peut cependant pas en faire de plus grande.

Le duel est donc un très-grand crime, comme on le voit par tous les rapports sous lesquels on l'envisage. Mais comment l'empêcher? Par des peines? 1º On les élude par la faveur, ou par de faux exposés sur lesquels on s'est rendu trop crédule. 2º Les peines ne feront jamais rien contre une opinion si profondément enracinée, qu'une

certaine claffe d'hommes s'en honore. C'eft l'opinion qu'il faut attaquer. Conducteurs des peuples
refpectez la Loi, honorez ceux qui en maintiennent l'exercice, anéantiffez ces Tribunaux extraordinaires qui ennobliffent pour ainfi dire les
crimes qu'ils doivent châtier, parce qu'ils font
mis au rang des privilèges des nobles, & dont
les jugemens n'ont point la publicité néceffaire.
Refpectez la Loi, c'eft elle qui vous a placé dans
le haut rang que vous occupez, & c'eft par votre
refpect pour elle que vous vous y maintiendrez
fûrement, car vous êtes les modèles de vos fujets:
honorez les Magiftrats dont tout l'emploi eft de
faire fubfifter l'ordre qui vous eft fi favorable,
bientôt ils feront refpectés par le peuple; alors
leurs décifions doublement auguftes deviendront
des règles certaines & inviolables, & il s'établira
peu à peu un préjugé nouveau au défavantage de
ceux qui, dans quelque cas que ce foit, auront
enfreint non-feulement les règles de l'équité,
mais celles de la juftice politique & civile; alors,
ce qu'on s'eft propofé lors de la perfection des
fociétés, l'empire de la force particulière difpa-
raîtra; on n'en confervera pas même l'idée, &
la réparation d'une injure fera déterminée avec
fageffe par les Tribunaux ordinaires, comme la
réparation d'un tort réel.

Les circonſtances qui aggravent la nature de ce crime, n'ont pas beſoin de détail.

Quant à conſeiller ou faciliter le duel, ce ſont des crimes qui ne peuvent & ne doivent jamais obtenir de grace.

A R T. XIX.

Uſurper le droit de faire infliger des peines, d'empriſonner.

Rois de la terre, vos peuples ſont à vos genoux pour vous prier de ne pas ſouffrir que les grands les tyranniſent.

ART. XX.

Uſurper les marques d'honneur.

Si ces marques ſont avilies, ce qui doit arriver quand d'autres que ceux qui les ont méritées s'en parent, le Souverain perd un des grands moyens de porter ſes ſujets à la vertu.

A R T. XXI.

S'ériger en Juge & employer des voies rigou-reuſes pour faire adopter ſes déciſions.

J'ai connu des gens puiſſans qui, ſous prétexte d'arbitrages, rendaient des jugemens bons ou mauvais, & les faifaient exécuter en employant les voies de rigueur. Tout homme eft foumis à la Loi, mais il n'eft foumis qu'à elle feule, & s'il s'en écarte il n'appartient qu'aux Magiftrats de l'y ramener par la force.

A R T. XXII.

Outre-paffer dans les jugemens la rigueur de la Loi.

Un Juge peut fe flatter d'avoir une excufe, fi en ordonnant la peine d'un crime certain, il diminue celle prefcrite par la Loi; mais c'eft un tiran & un méchant s'il l'accroît.

A R T. XXIII.

Faire punir des innocens par haine, ou par négligence dans l'examen de leurs procès.

Que ferait la juftice? Que ferait la fociété, fi de pareils crimes y étaient foufferts; tandis que l'honnête homme doit y trouver des fecours contre les maux qu. lui viennent de la nature, & une protection fûre contre ceux que les hommes voudraient lui fufciter?

A R T. XXIV.

Taire les crimes dénoncés.

Ici c'eſt un crime purement politique : il faut rechercher dans ſa pourſuite les motifs qui l'ont occaſionné. Il en eſt qui l'augmentent, d'autres qui le diminuent, mais il n'en eſt point qui l'excuſent. Il eſt néceſſaire de ſavoir s'il n'eſt pas joint à la concuſſion.

A R T. XXV.

Concuſſion.

C'eſt le crime que commettent tous ceux qui par abus de l'autorité qui leur eſt confiée, perçoivent des droits qui ne leur ſont point dûs, ou de plus grands que ceux qui leur ſont dûs. C'eſt le crime des Magiſtrats qui reçoivent des préſens de ceux qui ont des procès devant eux, & de ceux qui font recevoir ces préſens. C'eſt auſſi le crime des Officiers militaires qui font des traités ſecrets avec leurs ſoldats, pour leurs congés ou l'exemption du ſervice. Ce crime eſt très-commun, & en même temps qu'il eſt un crime politique, il eſt un crime d'homme-à-homme contre la fortune de ceux qui ont droit de s'en plaindre.

ART. XXVI.

Maltraiter sans nécessité l'homme qu'on arrête par ordre de la justice. Rendre plus dure qu'il n'est ordonné la captivité de ceux qui sont commis à notre garde.

On ne saurait veiller avec trop de soin pour empêcher ces crimes, car l'expérience prouve qu'ils sont bien faciles à commettre. Dans tous les cas, je le répéte, l'homme de la société ne doit éprouver que l'empire de la Loi.

ART. XXVII.

Continuer, au mépris d'un jugement, l'oppression commencée.

Ce crime renferme une méchanceté politique & particulière. C'est pour l'empêcher & la punir, que la force publique a été imaginée.

ART. XXVIII.

Infraction du ban.

Ce crime ne renferme souvent point de méchanceté, cependant il mérite l'animadversion particulière de la justice, puisqu'il est une désobéissance formelle, & qu'il anéantit les précautions qu'elle a prises pour prévenir le désordre

ART. XXIX.

Détériorer ou s'approprier la chose commise à sa garde par l'autorité de la justice.

Ce crime, en faisant tort aux particuliers, ôte la confiance due aux Loix, & fait appréhender d'avoir recours à la justice, ce qui est un grand mal politique, quoique très-commun, mais il a bien d'autres causes.

ART. XXX.

Refus de témoigner.

C'est manquer au respect & à l'obéissance qu'on doit à la Loi.

CHAPITRE

CHAPITRE III.

Examen des Crimes d'Homme-à-Homme.

SI l'homme a changé les déserts en des champs fertiles, s'il a donné une nouvelle face à la terre, si sa main industrieuse & hardie a embelli la nature, son orgueil doit être bien rabaissé par les maux qu'il s'est fait à lui-même. Ses larmes coulent amères au milieu des délices qu'il a fait naître, & ses jouissances sont interrompues tous les jours par la crainte & par les soupirs; cependant il n'a qu'à soumettre son cœur à la raison pour être heureux, & tout l'y convie: en effet l'heure du bonheur est arrivée; car qui pourrait compter les mains qui s'occupent à le perfectionner ?

Ce calcul ne peut point faire partie de la tâche que je me suis imposée; elle est bien triste en comparaison; mais il est des hommes nés pour instruire, comme il en est dont l'occupation doit être d'amuser; & chacun s'est fait, sans le prévoir, un genre qui le maîtrise ensuite. Laissons à d'autres plumes le Tableau des plaisirs de la vie, & continuons l'analyse des maux qui

I

la troublent. Dans ce travail pénibble je n'ai de
foutien que l'efpérance ; je feme pour recueillir,
& les fruits que j'attends, font l'utilité publique.

J'ai fuffifamment détaillé au Chapitre 8 du
Livre premier, la gravité des crimes d'incendie,
de poifon & d'homicide, & leurs différentes
efpèces.

ART. I.

Faire avorter une femme groffe.

C'eft par des breuvages ou par des coups. Dans
le premier cas, c'eft un crime médité, mais qui
n'a de rapport qu'à l'enfant, puifque la mère y
confent : cependant il peut fe faire quelquefois
fans la participation de la mère, & alors il eft
doublement crime. Dans le fecond cas, il n'a
point l'atrocité qui réfulte de la méditation, &
il n'eft commis que contre la femme, quoique
fon enfant en foit fouvent la feule victime ; de
forte qu'il n'eft pas à comparer au crime d'avortement occafionné par des breuvages donnés à
l'infu de la femme, & qu'il eft bien moindre que
de fournir des breuvages pour occafionner l'avortement ; puifque dans ces deux cas on fe propofe,
en l'opérant, la deftrction d'un enfant, ce qu'on
ne s'eft pas propofé, quand, dans une querelle
inopinée, on frappe une femme groffe, d'où ré-

fulte l'avortement. Il peut fe faire cependant,
tant le méchanceté des hommes eft grande, qu'on
maltraite une femme groffe, à deffein de la faire
avorter. C'eft l'intention qui fait le crime ; à défaut
d'intention, l'avortement occafionné par des
coups, n'eft qu'une injure auffi aggravée qu'elle
peut l'être.

A R T. I I.

*Mutiler un enfant pour exciter par fon moyen
la commifération publique, ou par tout autre
motif.*

Ce crime eft ordinairement précédé de celui de
l'enlevement d'un enfant, car ce ne font pas les
leurs que les mendians mutilent de la forte ; ce
font ceux qu'ils ont dérobé. La pitié qu'on doit
à cet âge tendre & impuiffant, doit faire regarder
ce crime comme un des plus graves.

A R T. I I I.

*Faire empirer les maux des malades par des
drogues nuifibles.*

Cette lâcheté odieufe comporte toute la plénitu-
de du crime, puifqu'elle eft commife fous des
dehors de bienveillance. C'eft un empoifonnement
d'un genre plus noir qu'aucun autre ; cependant il

fe commet le plus fouvent fans intention, mais par
une imprudence punifſable, favoir de la part de
ceux qui , fans avoir acquis les connaifſances né-
cefſaires, & fans avoir fubi d'examen , exercent
publiquement la Médecine , la Chirurgie ou la
Pharmacie. Le Souverain cefſe d'être le père de
fe peuples, fi, inftruit de la crédulité d'une partie
de fes enfans, & de l'audace de quelques-uns,
il ne fubvient pas aux premiers, pour empêcher
qu'ils ne fe laifſent égorger par les autres. La
manière de leur fubvenir eſt d'ordonner (comme
on l'a fait) qu'avant d'exercer la Médecine, la
Chirurgie & la Pharmacie, on fubifſe des examens,
& qu'on fafſe preuve de favoir, & de punir
comme ennemis de la fociété les ignorans entre-
prenans qui, fans avoir fatisfait aux Règlemens,
exerceraient l'un de ces Arts. Je reviendrai fur
cet objet, en parlant des Ordonnances faites pour
prévenir les crimes.

A r t. I V.

Empêcher par force les fecours de la Médecine.

Quiconque retiendrait par force & fans utilité
relative à fa fanté, un Médecin appellé au fecours
de quelqu'un , fe rendrait coupable de cette efpèce
de crime.

ART. V.

Allumer la nuit des feux trompeurs sur les grèves de la mer & dans les lieux périlleux, pour y attirer & faire perdre les navires.

Cette action abominable a été méditée, & elle trompe sous l'apparence du service. C'est un jeu féroce de la fortune & de la vie des hommes. C'est en même temps faire servir à ses fins odieuses les précautions bienfaisantes des Souverains. Que de méchanceté & de rapports!

ART. VI.

Vendre quelqu'un pour l'esclavage. Acheter quelqu'un pour l'esclavage.

Comment faire sentir toute l'énormité de ces crimes aux nations qui font métier de vendre & d'acheter des Nègres ? (*) cependant ces mêmes nations sujettes à voir faire des esclaves parmi elles,

---

(*) Ce n'est point ici le lieu de faire une dissertation sur l'indignité du commerce des Nègres ; d'ailleurs tout le monde en convient, ceux même dont ce commerce est la profession. Cette singularité bien véritable ferme la bouche à quiconque se flatterait d'en parler avec fruit. J'ai pourtant un mot à en dire, c'est que ce commerce fait sortir tous les ans soixante mille Nègres esclaves de l'Afrique.

par les habitans du nord de l'Afrique, qui vengent
en cela ceux qui peuplent le midi de la même partie
du monde, favent apprécier, par rapport à elles, la
cruauté de cette action; ainfi la raifon univerfelle
fouffre des exceptions que fait naître l'intérêt particulier. Quel dangereux exemple les Souverains
donnent à leurs fujets ! Laiffons faire au temps,
maître de tout, une révolution générale, dont un
pays nouveau vient de donner l'exemple, comme
pour faire preffentir qu'un jour l'Amérique fera
oublier l'Europe, comme celle-ci a fait oublier les
deux autres parties du Globe, & prenons les chofes
comme elles font. Vendre ou acheter quelqu'un
pour l'efclavage eft un crime réfléchi & atroce
par fes fuites, qui fuppofe le mépris de tout
fentiment humain, & qui ne peut jamais recevoir
d'excufe ni de palliatif.

A R T V I I.

Enchaîner quelqu'un & le laiffer ou le retenir loin
de tout fecours. Déferter un homme dans une
ifle ou ailleurs.

Le caractère de tous les crimes contre la liberté
a quelque reffemblance avec celui de quelques-uns
des crimes contre les fujets de l'Etat ; ceux de ces
derniers dont je veux parler, font ceux qui fe com-

mettent par ufurpation d'autorité ; c'eft toute
violence exercée fous le faux femblant d'une autorité légitime; les crimes contre la liberté font
l'exercice d'une autorité illégitime, & qui ne fe
foutient que par la force; ce qui fait que le
Gouvernement doit les ranger au nombre des
plus grands crimes, vu que d'ailleurs ils oc-
cafionnent prefque toujours de grands maux aux
particuliers.

A r t. V I I I.

Enlever par force une fille ou un jeune homme.

Cette efpèce de crime renferme moins de méchanceté que d'injuftice, car on le commet moins
pour nuire à celui ou à celle qu'on enlève, que pour
fe faciliter les moyens de l'obtenir ou le corrom-
pre ; ainfi c'eft faire tout le poffible pour fon
bonheur & contre celui d'autrui ; d'un autre côté
ce crime porte une atteinte irréparable à l'honneur
d'une fille qu'on enlève, de forte qu'il peut appartenir à trois genres de crimes; or comme une
action criminelle l'eft d'autant plus qu'elle a plus
de rapports, c'eft-à-dire plus de manières de nuire,
le rapt de violence doit être mis au rang des grands
crimes.

ART. IX,

*Forcer quelqu'un à figner un engagement dans
les Troupes.*

Ce crime est très-fréquent.

ART. X.

*Forcer quelqu'un à figner un contrat, une obli-
gation ou une décharge.*

Ce crime est en même temps un vol & une
violence exercée contre la liberté naturelle

ART. XI.

*Débaucher pour le compte d'autrui une femme
mariée.*

Le mariage est une des plus fages institutions
politiques. C'est un établissement par lequel on
fait servir à l'entretien de l'ordre, le sentiment le
plus impétueux & le plus universel, celui qui
trouble la paix des autres animaux, qui les arme
les uns contre les autres & les fait s'entre-déchirer
impitoyablement. Que de biens n'a-t-il pas fait
naître dans l'ordre politique & moral ? La tranf-
miffion bien ordonnée de la propriété, le repos
domestique, l'éducation des enfans conformément

aux principes du Gouvernement fous lequel on
vit, la confiance mutuelle, la communauté d'intérêt & de foins, la pudeur qui rend l'ame participante des plaifirs du corps & qui en fait naître
de nouveaux; enfin le commerce doux de ceux
qui fe cherchent avant d'être unis. Une partie de
ces biens était fentie par quelques ames privilé-
giées, avant que les Gouvernemens euffent confa-
cré les mariages, car ils exiftaient avant les Gouvernemens, & quand je dis qu'ils font une inftitution politique, je ne veux parler que des précautions qui ont été prifes pour les rendre durables &
paifibles, de la protection particulière qui leur a
été accordée, & dont ils avaient befoin dans le
mouvement rapide & continuel occafionné par
le rapprochement d'une multitude d'hommes.

Les mariages font la dernière divifion politique
des membres d'un Etat, à la tête de chacune defquelles les pères de famille font prépofés; & ce
dernier ordre de Magiftrature eft, comme on peut
le voir, en réfléchiffant aux avantages politiques
qui doivent réfulter de l'éducation, celui qui
contribue le plus au maintien de l'ordre: il eft
donc bien intéreffant pour l'Etat de le faire ref-
pecter, d'en affurer & d'en encourager l'exercice.

Pour y parvenir on s'eft juftement efforcé
d'affurer aux époux les avantages qui réfultent

de leur union, en la rendant refpectable à eux-
mêmes & aux autres : delà la fidélité conjugale
eft devenue un devoir effentiel, & fon infraction
un crime. Il eft inutile de faire voir combien
eft grand l'intérêt particulier que chacun eut à
cet arrangement politique ; il eft tel que j'ai cru
pouvoir ranger l'efpèce de crimes qui lui contre-
viennent au rang des crimes d'homme-à-homme.

Ce que je viens de dire étant bien connu, on
voit quelle eft la gravité du crime qu'il y a à
débaucher la femme d'autrui ; & fi celui qui s'en
eft rendu coupable pour fon propre compte, ne
trouve pas une excufe fuffifante dans l'empire des
paffions naturelles, combien eft criminel l'homme
vil qui, pouffé par un intérêt pécuniaire, porte
à fon déshonneur une femme faible & facile à
perfuader ?

Art. XII.

Enlever par force la femme d'un autre. Lui faire
violence, l'enlever de fon confentement.

Le premier & le fecond de ces crimes appartiennent à deux genres, aux crimes contre le
bonheur, & à ceux contre la liberté. Le dernier
n'appartient qu'à un genre ; les notions prélimi-
naires inférées dans l'article précédent mettent

à portée d'apprécier leur gravité dans leur rapport avec le bonheur.

ART. XIII.

Poligamie.

En même temps que cette action est un crime
contre le bonheur dans les pays où la multipli-
cité des femmes n'est pas permise, elle est un
abus & une dérision de la Loi.

ART. XIV.

Adultère commis par la femme. Adultère commis par le mari.

Il n'y aurait nulle comparaison entre ces crimes,
s'ils n'étaient pas tous deux l'infraction du même
serment proféré lors du mariage , c'est-à-dire
l'infraction des devoirs qu'on s'est imposé. La
grande différence qu'il y a entr'eux dépend de
l'organisation différente de l'homme & de la femme : on ferait des volumes si l'on rassemblait tout
ce qui a été dit à ce sujet par une multitude
d'Auteurs. Une autre différence se prend du respect
plus grand qui est dû au mari comme chef naturel
de la famille.

ART. XV.

Enlevement d'une fille contractée.

Ce crime peut être envisagé sous deux rapports,

comme contraire à la liberté, & comme contraire au bonheur d'autrui. Répéterai-je que plus un
crime a de rapports, plus il eſt grand ?

ART. XVI.

Mariage forcé.

On rapporte ordinairement ce crime à celui
de rapt ; il eſt bien plus grave, puiſque l'effet de
l'un n'eſt que d'une courte durée, tandis que ce
dernier empoiſonne ſans remède tous les inſtans
de notre vie ; ce crime eſt le plus ſouvent un abus
de l'autorité paternelle, car il n'eſt rien dont
on n'abuſe.

ART. XVII.

*Mariage d'un mineur conſommé ſans l'autoriſa-
tion de ſes parens. Défaut de publication des
bans. Mariage conſommé malgré une oppoſition & avant qu'elle ſoit levée.*

Tous ces crimes qui ne ſont point véritablement commis par le mineur ou par les époux,
puiſque la célébration du mariage n'eſt point leur
ouvrage, mais celle de l'Officier public à ce commis, ſont un mépris formel de la loi, & ſouvent une
faveur accordée, au mépris de l'autorité paternelle.

A R T. X V I I I.

Enlever un enfant.

Un crime eſt d'autant plus grave qu'il a plus de rapports de méchanceté, mais il s'accroît auſſi en raiſon du plus grand nombre de perſonnes auxquelles ces rapports ſe font ſentir. Or ce crime ne s'exerce pas ſeulement ſur l'enfant qui en eſt la première victime, mais il affecte ſouvent avec plus d'énergie les père & mère qu'il attaque dans ce qu'ils ont de plus ſenſible, & dont le chagrin ne doit jamais ceſſer.

A R T. X I X.

Changer un enfant en nourrice, ſubſtituer un enfant à la place d'un autre mort en nourrice.

C'eſt faire un jeu de l'ordre naturel & civil.

A R T. X X.

Naiſſance d'un enfant celée.

Le Gouvernement nous prend ſous ſa protection dès en naiſſant, & même avant de naître, avant que perſonne puiſſe s'attacher à nous, quand au contraire ceux à qui la nature nous a confiés nous rejetent. Ces ſoins doivent exciter en nous

une reconnaissance active, quand nous en devenons capables, sans quoi nous serions des ingrats.

Ce crime contre l'état des enfans est la suite
de la débauche, on y a remédié; ou bien il procède d'une prévention punissable pour d'autres
enfans, & il occasionne presque toujours la mort
de celui dont on cele la naissance; ainsi le jugement à en porter doit être très-sévère; il devient
plus fréquent tous les jours.

A r t. X X I.

Soustraction , falsification des Registres de naissance.

Le premier de ces crimes commis ordinairement dans un rapport à une seule personne,
s'étend cependant sur beaucoup d'autres. Tous
les deux, comme nous l'avons dit, en parlant
des crimes civils, peuvent aussi se rapporter à
cette classe.

A r t. X X I I.

Omission d'inscription sur les registres de naissance.

C'est un crime de profession très-grave. J'ai
cru devoir le ranger au nombre des crimes
d'homme-à-homme, parce qu'il en est un aussi.

A R T. X X I I I.

*Enlevement des papiers de famille : falsifica-
tion & altération de ces papiers.*

Ces crimes peuvent appartenir à la claffe des
crimes civils; mais comme l'état des hommes
eft une des chofes les plûs fenfiblement inté-
reffantes dans la fociété, & que ces crimes tendent
à le détruire, j'ai jugé à propos de les ranger
dans la claffe des crimes d'homme-à-homme.

A R T. X X I V.

Suppofition de perfonnes.

Le premier des crimes de l'article précédent
fe trouve ordinairement lié avec celui-ci, auquel
il fert de fondement ; ainfi ce dernier eft un
crime compofé, par lequel on fe fubftitue à la
place d'une perfonne abfente ou morte, pour
jouir de fes droits, en privant de ces mêmes
droits ceux auxquels ils appartiennent; c'eft une
ufurpation d'état, & un vol manifefte, au
foutien duquel on a l'audace d'invoquer la Loi.
Tant de rapports font de cette action un crime
très-grave.

A R T. X X V.

Débaucher une fille pour le compte d'autrui.

Quand on veut faire quelque innovation en

morale & en politique, il ne s'agit pas feulement
d'employer l'autorité, & de dire je veux que
cela foit. Mille expériences dans plus d'un genre
ont prouvé que cela ne fuffifait pas , & que
l'autorité dont on ne fait pas fentir l'avantage
à ceux fur qui elle doit s'exercer, leur eft & leur
doit être odieufe. L'expérience prouve encore que
lors même que les hommes fentent pour eux
l'avantage d'une nouvelle manière d'agir, ils ne
s'y font pas tout à coup; il faut que peu à peu
il fe forme un efprit général plus puiffant que la
Loi même, & qu'il doit toujours précéder.

Cet ordre des chofes morales conforme à l'ordre phyfique, dans lequel une multitude de caufes,
dont quelques-unes, pour être infenfibles, n'en
font pas moins puiffantes, & coopèrent à la for-
mation d'une feule chofe ; cet ordre, dis-je,
produit certainement & fans effort l'effet attendu.

J'aime à voir comme on s'y eft conformé dans
la manière de confacrer les mariages, dont la
très-grande utilité politique a été détaillée à
l'Art. X de ce Chap. Il a été facile de voir combien la pudeur donnait de graces aux femmes,
& par conféquent de plaifirs aux hommes; elle
a été applaudie & encouragée; on a vu qu'elle
était l'ame de la confiance & du repos domeftique ; & pour l'obtenir des femmes, on en a fait
un

un devoir aux filles, & toutes les atteintes qui pouvaient y être faites ont été déclarées des crimes. Cet historique n'est point une supposition que fasse évanouir le fait certain que, peut-être, chez tous les peuples anciens, du moins chez un très-grand nombre, les femmes mariées étaient forcées par la Loi à une grande retenue, tandis que les filles pouvaient se plonger sans crainte dans la débauche. Ces faits prouveront que dans ces temps on n'avait pas acquis une assez parfaite connaissance du cœur humain & de la manière de conduire les hommes ; que la Loi était prématurée, dès que l'opioion qui devait la précéder n'avait pas poussé des racines assez profondes ; & qu'on a su en profiter quand elle a été répandue, pour la faire servir à la production de l'effet qu'on recherchait, & pour attaquer le mal jusques dans ses germes qu'on laissait imprudemment éclore. Cet historique n'est pas non plus un conte frivole, un jeu d'esprit indigne d'occuper une place dans de graves écrits, puisqu'il éclaire sur l'ordre des choses, sur la nature des crimes contre la pudeur, & qu'il met à portée de rectifier bien des méprises.

Les crimes contre la pudeur peuvent donc appartenir aux crimes politiques ; cependant je les ai rangés au nombre des crimes d'homme-à-homme

K

contre l'honneur, par ceque leur rapport à cette
dernière claſſe eſt bien plus ſenſible. Ils entrainent
la honte publique parce qu'ils choquent l'eſprit
général, c'eſt-à-dire, l'opinion établie; mais le
Gouvernement pour ſoutenir cet eſprit général,
doit joindre ſon improbation à celle du public;
c'eſt ce que nous verrons en parlant des peines.

Le crime qui fait le ſujet de cet Article a tant
de rapport avec celui de l'Art. X de ce Chapitre,
que le Lecteur doit s'y reporter, afin de les comparer & d'apprécier la gravité de ce dernier.

A R T. X X V I.

Faire violence à une fille.

Autant la pudeur eſt chère aux hommes, autant
ce crime eſt grave; il anéantit la liberté naturelle
dans le cas de ſon plus doux exercice : ſans doute
il n'eſt pas fréquent; mais cependant il eſt poſſible. Tout le monde ſait à quelle occaſion Rome
ceſſa d'avoir des Rois.

A R T. X X V I I.

Rapt de ſéduction

Ce crime eſt une atteinte très-publique à la
pudeur; c'eſt le mépris formel d'une opinion
générale & utile, adoptée par le Gouvernement;

c'est aussi le mépris de l'autorité paternelle: ainsi ce crime a trois sortes de rapports moraux, & pourrait appartenir à deux sortes de crimes, à ceux contre l'ohnneur qu'il enlève, & à ceux de domesticité civile.

Art. XXVIII.

Conduire une femme ou une fille dans un lieu de débauche.

C'est lui dérober l'honneur qui, comme on sait, consiste dans le droit que l'on a à l'estime publique; c'est l'exposer à toutes sortes d'injures.

Art. XXIX.

Séduire une fille, sous la fausse promesse de l'épouser.

Cette promesse précède presque toujours la séduction ; cependant comme lorsqu'elle est fausse elle aggrave le crime, elle ne doit point être présumée, mais il faut l'établir par des preuves. Les devoirs du sexe le plus faible sont les plus difficiles à remplir; ne souffrons pas que le fourbe ajoute la ruse aux inspirations de la nature, pour les faire enfreindre.

A R T. X X X.

Faire, commander, imprimer, afficher ou distri-
buer des chansons ou écrits calomnieux contre
l'honneur de femmes ou de filles. Inventer &
dire des choses injurieuses à l'honneur de fem-
mes ou de filles.

Les crimes de cette espèce qui sont commis
contre les femmes mariées, appartiennent comme
on voit à deux genres, à celui contre le bonheur,
& à celui contre l'honneur. En général cette
espèce de crime annonce de la bassesse & de la
méchanceté ; & il n'est jamais commis par ceux
qui font un véritable cas de la pudeur.

A R T. X X X I.

Frapper ou faire frapper quelqu'un.

Quand les coups sont plus injurieux que dangereux, quand ils sont portés en vue d'humilier,
ils sont un crime contre l'honneur, plutôt qu'un
crime contre la vie ; cependant, le rapport qu'ils
y ont ne peut pas disparaître, puisqu'ils peuvent
avoir des suites funestes à la santé. Cette espèce
de crime est très-fréquente. Il y a une classe d'hommes oisifs qui, sans avoir aucunes affaires, ont

par leur vie errante des rapports avec beaucoup
de gens; perfonne ne les eftime, & ils voudraient
être refpectés; c'eft ordinairement eux qui s'en
rendent coupables envers les hommes du peuple;
de forte que l'homme laborieux & pauvre, peu
intéreffé par conféquent à l'ordre politique qui
le retient à fa place, eft encore opprimé dans fa
perfonne, par ceux qu'il a confenti qui fuffent
rangés dans une claffe fupérieure à la fienne; c'eft
faire tout le poffible pour le dégoûter de fa condition; ainfi l'action de celui qui frappe un homme
du peuple a un rapport particulier à la politique,
& ce rapport doit contribuer à l'appréciation de
ce crime.

Si cette injure eft faite à ceux qui par état méritent les témoignages de notre refpect , fi fur-
tout elle eft faite en haine de leurs fonctions,
nous avons vu que ce crime appartenait également aux crimes politiques contre les perfonnes
de l'Etat. Sa méchanceté s'eftime fur l'éducation
plus ou moins recherchée de ceux qui s'en rendent
coupables ; tellement qu'un crocheteur ferait
moins répréhenfible pour l'avoir commis, qu'un
homme riche & qui aurait de la naiffance ; puifque ce dernier a, pour ne pas le commettre, deux
motifs, contre l'autre un; favoir; la crainte de la
Loi & les préceptes de fon éducation.

A R T. X X X I I.

Faire, commander, imprimer, afficher ou diftri-
buer des chanfons ou écrits calomnieux contre
l'honneur; inventer des fables injurieufes & les
dire. Faire des tableaux ou emblêmes injurieux
à certaines perfonnes. Mettre un écriteau où
certaines chofes à quelqu'un, qui, en le faifant
remarquer, le rendent un objet ridicule &
méprifable.

La gravité de ces efpèces de crimes dépend de
l'efpèce du tort qu'on a fait ou qu'on a eu en
vue de faire, & de la qualité de l'offenfeur &
de l'offenfé.

A R T. X X X I I I.

Voler avec attroupement & à main armée dans
les maifons, ou fur les chemins.

Il eft inutile de répéter que cette efpèce de
crime, le vol, fur-tout, s'il eft commis de cette
manière, car je fuis forcé de l'analyfer par
rapport aux circonftances qui l'accompagnent,
tend au renverfement de la fociété. C'eft une
ligue dans l'Etat de quelques fujets oififs, avides,
injuftes & cruels contre la fortune d'autrui; &
ces méchans n'ont pas des armes, feulement pour

en imprimer à ceux qu'ils dépouillent, ou pour
les frapper, mais pour les faire servir contre ces
citoyens estimables qui se sont dévoués à la recherche des malfaiteurs.

A R T. X X X I V.

Voler sans attroupement, mais à main armée.

Ce crime est bien moindre que le précedent :
cependant il ne doit pas être envisagé seulement
comme une atteinte à la propriété d'autrui ; mais
par rapport à ses suites, qui peuvent être la mort
d'un citoyen ; & par rapport à sa très-grande
fréquence.

A R T. X X X V.

Piraterie.

La protection particulière qu'on doit au commerce, & sur-tout à celui qui se fait par mer ;
le danger qu'il y a pour les navigateurs à se voir
priver en pleine mer de leurs vivres, agrès, char-
tes-parties, connaissemens, polices ou passe-ports,
doit faire ranger la piraterie au nombre des grands
crimes. On en est coupable non-seulement en
exerçant la profession détestable d'écumeur de mer ;
mais encore en dépouillant un vaisseau pris en
temps de guerre, de ses Titres & Papiers, afin
de le faire passer pour un vaisseau de pirates.

K iv

A r t. X X X V I.

Livrer à l'ennemi un vaisseau dont on a la con-
duite, le faire méchamment échouer ou périr.

C'est un crime d'homme-à-homme, un crime de société particulière, & même un crime
domestique.

A r t. X X X V I I.

Vol de cordages, ferrailles, ustensiles ou agrès
des vaisseaux.

Ce crime mérite de faire un Article à part,
puisqu'il peut occasionner quelquefois la perte
d'un vaisseau & de plusieurs hommes. Dans ce
cas on sent qu'il est très-grave; dans tout autre
cas, on doit toujours le considérer avec quelque
relation à cette fin désastreuse.

A r t. X X X V I I I.

Vol domestique avec effraction ou sans effraction.

C'est ici le plus facile & le plus fréquent des
crimes, il a cependant plus d'un rapport de méchanceté; c'est un vol & c'est l'abus de la confiance. S'il est accompagné d'effractions, il porte
le dernier coup à la sureté domestique, puisque

la perfonne volée ne s'eft attirée, par aucun oubli de fes intérêts, le mal qui lui arrive.

ART. XXXIX.

Banqueroute frauduleufe.

Ce crime eft très-fréquent & renferme beaucoup de méchanceté. Quiconque ne juftifie pas des pertes inévitables & des états bien en règle, doit en être cenfé coupable.

ART. XL.

Vol de beftiaux dans les pâturages, d'arbres dans les pépinières ou ailleurs, de bleds dans les champs avant ou durant la moifon, de poiffon dans les étangs, viviers, réfervoirs ou parcs de pêcheurs fur les bords de la mer, de fruits dans les arbres.

Toutes ces fortes de vols qu'on nomme fur la foi publique, font trés-fréquens; & la facilité qu'il y a à les commettre, doit être compenfée par la gravité de la peine qui doit les réprimer.

ART. XLI.

Violation du dépôt.

Il y a comme on fait deux fortes de dépôts, l'un volontaire, l'autre néceffaire: je ne ferai nulle

différence entre la violation de l'un & de l'autre
de ces dépôts, si ce n'est que dans le premier cas
le propriétaire de la chose déposée, devait connaître celui à qui il la confiait ; & que par faute
de s'être suffisamment assuré de sa probité, son
imprudence le rend participant du mal commis.
Ce crime est un vol & un abus de confiance ;
il a par conséquent une grande ressemblance avec
le vol domestique.

Parmi les dépôts nécessaires il en est un journalier & qui se fait sur la confiance qu'on doit
à la police de l'Etat ; c'est celui des effets déposés dans les hôtelleries, qui sont des maisons
publiques, autorisées & soumises à une inspection
particulière. La violation des dépôts dans les hôtelleries, est un vol & un abus de la confiance due
aux établissemens publics.

Art. XLII.

Filouterie dans les Eglises, dans les Maisons
Royales, dans les maisons particulières ou
ailleurs.

J'en ai dit assez sur la différence qui survenait
dans ce crime, suivant le lieu où il était commis :
il est très-fréquent ; & il doit s'estimer en général sur le prix de la chose volée.

A R T. L I I I.

Faire ou fournir de fauſſes clefs pour faciliter l'entrée des maiſons, ou l'ouverture des armoires ou malles.

J'ai craint qu'en diſant que les complices de toute eſpèce de crime devaient être cenſés coupables des mêmes crimes, on oubliât de conſidérer comme tels, ceux qui font ou fourniſſent des fauſſes clefs; ce qui m'a engagé à en faire un Article à part.

A R T. X L V.
Recéler une choſe volée.

Quand le recélement a lieu en connoiſſance du crime, il eſt auſſi puniſſable que le vol; car d'ordinaire il eſt la ſuite d'un arrangement fait avant le vol & dans ſon attente; ou bien il ſerait l'effet d'une lâche complaiſance, qui doit faire appréhender tout de quiconque en eſt capable; car celui qui vole, y trouve, ou du moins croit y trouver ſon intérêt; mais celui qui recéle ſans profit, ne le fait que par une pente invincible au mal.

A R T. X L V.
Acheter une choſe volée, quand on ſait d'où elle procède.

C'eſt prétendre couvrir ſon crime d'une formalité légale, c'eſt ajouter l'artifice à l'injuſtice,

A R T. XLVI.

Retenir une chose trouvée quoiqu'on en connaisse le véritable maître, ou qu'on puisse le connaître.

Le premier cas de cet article est difficile à prouver ; le second est presque toujours possible. L'Ordonnance de la Marine a mis cette injustice au nombre des crimes punissables par la Loi, en tant que les effets trouvés proviennent de jet, bris ou naufrage, & elle ordonne à ceux qui les auraient trouvés d'en faire leur déclaration dans vingt-quatre heures à l'Amirauté. Rien de plus sage, puisque le Gouvernement peut y être très-souvent interessé ; puisque ces effets n'appartiennent pas seulement à ceux qui en ont fait le sacrifice, ou qui ont été témoins de leur perte.

A R T. XLVII.

Supposer faussement l'arrivée prochaine de l'ennemi, & occasionner une alerte.

C'est manquer au respect qu'on doit au Gouvernement & au Public, & c'est troubler de la manière la plus inquiétante le repos de ses concitoyens.

ART. XLVIII.

*Rompre des Ponts qui servent au passages pu-
blics.*

Ce crime peut quelquefois compromettre la
vie des hommes; le conpable est responsable des
suites, c'est-à-dire, qu'il doit être puni selon ces
suites.

ART. XXXXVIIII.

*Déteriorer les Chemins, en y creusant des fos-
ses ou autrement.*

Ce que je viens de dire à l'article précédent
doit être répété à celui-ci.

ART. L,

Prendre & fermer les chemins publics.

Ce crime & ceux qui font la matière des deux
articles précédens, interrompent jusqu'à un certain
point la communication nécessaire des lieux;
il est par conséquent nuisible au commerce; il
occasionne des méprises, rompt sans égard les
habitudes du Public, qu'on doit toujours respecter, & nuit à ses commodités; c'est une atteinte
portée au repos de ses concitoyens.

ART. LI.

Allumer des feux dans les Places publiques ou ailleurs, d'ou il puiſſe réſulter un incendie. Infecter les eaux qui ſervent aux hommes, ou aux beſliaux. Déranger le cours des riviéres. Arracher des inſcriptions qui ſont ſur les poteaux pour indiquer les chemins. Couper ou faire périr les arbres des plantations publiques.

Ces crimes ne ſont pas ſuſceptibles d'aucunes remarques utiles; il ſuffit de les indiquer pour les faire connaître.

ART. LII.

Empêcher par force ou par tumulte l'éxercice libre des Religions autoriſées.

Laiſſons aux hommes leurs opinions, quand elles ne comportent aucun danger. C'eſt ſouvent par elles ſeules qu'ils ſont heureux. Rien de ce que la Loi permet ne doit éprouver d'obſtacle de la part des particuliers ; ſans cela plus de liberté. Mais ſi l'obſtacle eſt accompagné de violence, la liberté & le repos ſont interrompus, l'empire de la force particulière renaît, & l'ordre politique reçoit une atteinte.

ART. LIII.

Enlèvement ou tranſpoſition de bornes.

Cette action porte le trouble dans les propriétés; ſouvent elle eſt commiſe en vue d'uſurper
ſur ſon voiſin, & alors elle appartient aux crimes contre la fortune, & à ceux contre le repos.

ART. LIV.

Parcourir les rues en criant au feu ſans ſujet,
ou en interrompant le repos de la nuit par
des attroupemens tumultueux ou autrement.

On ſe relâche trop facilement ſur la punition
de cette eſpèce de crime, parce qu'il eſt commis
par des jeunes gens, & ſouvent d'un rang qui mérite
des égards; mais le public en mérite encore davantage. Honorez les hommes en particulier quand
ils rempliſſent leurs devoirs: reſpectez-les quand
ils ſont aſſemblés. Il n'y a ni préjugé ni enthou-
ſiaſme là dedans; ce ſont des conditions eſſentiel-
les du pacte ſocial.

ART LV.

Troubler les aſſemblées publiques, ſoit en vou-
lant y être admis par force, ſoit par un tu-
multe indécent.

Ce crime devient plus grave ſelon la nature

de ces affemblées, c'eft-à-dire, fuivant l'objet qu'on s'y propofe, & les perfonnes qui les compofent.

Art. LVI.

Exhumer les morts.

Depuis un bout de la terre jufqu'à l'autre, & dans tous les temps, les hommes fe font accordés fur le refpect qu'on doit aux cendres des morts, & la violation des fépulchres a toujours paffé pour une action déteftable. Ce fentiment univerfel, le refte de la tendreffe que nous eûmes pour nos parens pendant leur vie, & l'effet néceffaire de l'horreur dont nous fommes pénétrés à la vue d'un cadavre, n'a rien de contraire à l'ordre politique; bien loin de-là, puifqu'autrefois même on l'y faifait concourir utilement : témoins les Egyptiens qui dit-on, n'accordaient, les honneurs de la fépulture aux morts, qu'après en avoir obtenu la permiffion du peuple affemblé, devant lequel fe faifait l'enquête févère des mœurs & de la conduite de chacun après fa mort, pour favoir fi ces honneurs feraient accordés ou non à fa cendre. Ce fentiment donc par fon univerfalité, fon principe & fon influence, mérite que les Loix prohibent les actions qui y font auffi directement contraires, que celles d'exhumer les morts fans nécessité

cessité, ce qui en soi est féroce. Je demeure assez près d'une Ville dans laquelle on fit le procès à un homme qui déterrait les cadavres pour prendre les linceuls qui les entouraient : il fallait que cet homme-là fût réduit à une grande misère !

Art. LVII.

S'introduire dans les maisons des particuliers.

Ordinairement cette violence a pour but quelqu'autre action malhonnête.

Art. LVIII.

Donner de mauvais conseils.

Nous avons vu au Chapitre II de ce Livre, lors de l'examen des crimes politiques, que conseiller la désertion des Troupes, conseiller à ses concitoyens de renoncer à leur pays & d'aller s'établir ailleurs, & conseiller le duel, étaient des crimes politiques. Les mauvais conseils sont effectivement des crimes qui peuvent être rángés dans la classe de ceux qu'ils font commettre; mais comme lorsqu'ils sont impuissans pour opérer le crime, ils sont toujours dangereux pour ceux qui les reçoivent, par le trouble qu'ils occasionnent dans leurs cœurs; on peut les considérer en général comme des crimes contre le repos,

L

avec un rapport à chacune des claffes & des genres de ceux qu'ils veulent faire commettre.

ART. LIX.

Jouer des jeux ruineux & de pur hazard.

Je n'en finirais, fi j'entreprenais de citer toutes les Ordonnances, Edits & Arrêts des Parlemens qui, depuis Charles IV jufqu'à préfent, ont défendu les jeux de hazard : on en lit la défenfe même dans les Capitulaires de Charlemagne, & l'on fait que la Police Romaine ne les fouffrait pas non plus; ce défordre a été rangé parmi les crimes, afin d'affurer le repos des familles, & pour prévenir les funeftes effets du défefpoir des joueurs ruinés.

CHAPITRE IV.

Examen des Crimes civils.

ARTICLE PREMIER.

Fabrication, suppreſſion ou falſification des Jugemens, Contrats, Procès-verbaux, Teſta-mens, Billets, Quittances ou Pièces d'écriture dans les Procès.

ON voit dans ce détail qu'il s'agit d'actes privés & publics, & l'on ſent que le faux commis ſur ces derniers eſt plus grave que celui commis ſur des actes particuliers : l'importance des uns & des autres n'eſt qu'un accident qui fait peu de choſe à l'appréciation du crime ; elle ne doit entrer en conſidération que pour les condam-nations de dommages & intérêts que la partie civile eſt en droit de demander ; mais la foi due aux contrats eſt auſſi bien détruite par la falſi-fication d'un acte de dix francs, que par celle d'un acte de cent mille livres. J'ai déja dit que ſi ce crime était commis par l'Officier public chargé du dépôt de l'acte falſifié, il devenait bien plus grave, parce qu'il eſt plus inquiétant pour le public forcé de donner fa confiance à ceux que le Souverain a conftitués *ad hoc*, & qu'il éft l'infraction d'un plus grand nombre de devoirs.

ART. II.

Négligence dans la garde des actes publics.

Les vices deviennent des crimes pour peu que les devoirs auxquels ils font oppofés fe refferrent, ce qui fait les crimes de profeffion. Celui qui fait la matière de cet article eft bien grave, puifqu'il peut occafionner une confufion dans tous les ordres des citoyens.

ART. III.

Suppofition d'affignation.

J'ai craint que ce crime ne fut pas affez fenfiblement compris dans ceux de l'art. 1 de ce Chapitre; il y a tout à craindre qu'il ne devienne très-fréquent.

ART. IV.

Vente de chofes qui n'appartiennent point à celui qui les vend. Vente d'une chofe engagée, comme fi elle était franche & quitte de toute dette.

C'eft en même temps des crimes civils & contre la fortune.

ART. V.

Ufure.

Toute convention d'un prêt de laquelle il réfulte que le prêteur à abufé des befoins de celui qui eft s'obligé, eft déclaré une ufure.

Cette action eft défendue, parce qu'elle eft directement oppofée à la fin de l'affociation qui eft la félicité générale, opérée par le concours de tous les membres de la fociété; il ferait abfurde que la fociété qui règle les actions des hommes ouvrît à l'intérêt particulier une voie auffi pernicieufe à l'intérêt général; (a) auffi a-t-elle été défendue par-tout, & par-tout où elle s'eft introduite, & où l'on a été forcé de la tolérer, on a vu naître des querelles & des féditions. (b) *Sane vetus urbi fœnebre malum : & feditionum difcordiarumque creberrima caufa.*

Combien n'a-t-elle pas occafionné en France des plaintes trop juftes de la part du peuple, au commencement du treizième fiècle, & poftérieurement malgré les défenfes de Saint Louis (c)

(a) *Non fœnerabis fratri tuo ad ufuram pecuniam, nec fruges, nec quam libet aliam rem, fed alieno.* V. Deuter. cap. 23, verf. 19.

(b) *Tacit.* 6. Annal. anno urbis 786.

(c) Voyez le Recueil de Monfieur Secouefe, tam. 1, p. 96.

de Philippe-le-Hardi , (*a*) & de Philippe-le
Bel ? (*b*) Elle s'y maintînt avec tant de danger
qu'en 1349, Philippe VI, pour l'éteindre , &
pour appaiser le peuple, fut obligé de chasser
les Lombards. Ce Prince confisqua à son profit
le sort principal qu'ils avaient prêté ; il n'était
que de 400000 livres, & les usures qu'il remit
à leurs débiteurs se montaient à deux millions.
(*c*) Qu'on juge d'après cela combien il est dangereux de fermer les yeux sur ce crime.

L'usure n'est pas seulement dangereuse , parce
qu'elle occasionne la ruine d'un grand nombre
de particuliers , mais elle entraînerait certainement celle de l'Etat, par le dégoût qu'elle ferait
naître pour tous les travaux utiles , dont les
gains ne sont rien en comparaison des siens ; ces
travaux languiraient. L'Agriculture, le premier
de tous les Arts, & celui qui demande le plus
d'avances, serait aussi le premier à tomber, s'il
n'y avait pas de proportion entre le produit des
terres & les profits des autres Arts, d'une part,

(*a*) Ibidem p. 299.

(*b*) Ordonnance de Philippe-le-Bel à l'Abbaye de Maubuis-
son, en Juillet 1311.

Autre Ordonnance du même Roi, à Paris le 3 Décembre
1312.

(*c*) Voyez la vie de Philippe VI , dans l'Histoire de France
par Mezeray.

& l'intérêt de l'argent, de l'autre ; ou plutôt
si le produit des terres & de l'induſtrie n'excé-
dait pas l'intérêt de l'argent.

Cette proportion a paru depuis long-temps ſi
néceſſaire que les Souverains ont règlé, ſuivant
les circonſtances, quel était l'intérêt permis de
l'argent. C'eſt ce qui excède cet intérêt permis
qui eſt l'abus des beſoins de la perſonne qui s'o-
blige, c'eſt là l'uſure en général, pernicieuſe
à l'Etat & aux particuliers. Cependant chez nous,
& apparemment dans tous les Etats Catholiques,
l'uſure s'étend juſqu'à l'intérêt du prêt, lors
même que cet intérêt n'excède pas celui auto-
riſé pour l'aliénation perpétuelle de la même
ſomme d'argent, (a) *uſura eſt ubi ampliùs re-*
quiritur quam datur. C'eſt une Loi qu'il faut
ſavoir, & quand on la ſait, il faut s'y conformer ; mais certainement elle ne s'étendra point
de proche en proche, comme tant d'autres Loix;
puiſque dans les pays même où elle eſt établie,
on ſe croit forcé de fermer les yeux ſur ſon
infraction. Qu'il eſt dangereux de promulguer
des Loix qu'on laiſſe ſans vigueur, & de fa-
miliariſer les ſujets avec le mépris des Ordonnances.

(a) Capit. lib. 1. art. 125.

ART. VI.

Subornation de témoins.

Le fuborneur de faux témoins eft coupable
d'un faux témoignage & de corruption.

ART. VII.

Infidélité, négligence dans la manière de recevoir les dépofitions.

Un Commiffaire infidèle dans la réception
des dépofitions, commet un crime dont la gravité peut être confidérée comme la fomme des
crimes d'autant de faux témoins qu'il a falfi-
fié de témoignages. Cette action déteftable eft
encore un crime de profeffion, & l'on fent
que ceux-ci font d'autant plus graves que les
profeffions font plus faintes & plus utiles; or
il n'en eft point qui le foient autant que la
magiftrature; c'eft ce qui fait que la négligence
d'un Juge dans la manière de recevoir les dépofitions, eft auffi un crime très-grave.

ART. VIII.

Faux témoignage.

C'eft un crime civil & un crime d'homme-à-
homme d'un ou d'autre genre, fuivant la nature de la dépofition.

ART. IX.

Infidélité dans les poids & mesures.

C'est un crime civil & un vol.

ART. X.

Contracter des dettes plus qu'on ne peut en acquitter.

C'est un vol dont le prêteur est participant par sa trop grande crédulité : aussi la Justice ne sévit contre le coupable qu'à la réquisition de celui qui s'est laissé tromper ; s'il se tait, la Justice se tait également.

CHAPITRE V.

Examen des Crimes Municipaux.

ARTICLE PREMIER.

Dissiper les revenus des Hôpitaux.

C'EST un abus de confiance, un vol fait à la Ville & aux plus misérables des hommes.

Des Ecoles publiques. Abus de confiance, vol fait à la Cité, duquel il doit résulter un mal politique, l'éducation des enfans étant absolument nécessaire à l'ordre général.

Des fondations pour la vertu & les talens. Même crime que celui ci-dessus.

Des biens des Hôtels-de-Ville. Abus de confiance, vol fait à la Cité.

ART. II.

Déterminer l'emploi de ces revenus, sans la participation de ceux qui en partagent la régie.

Toute espèce d'usurpation de l'autorité doit être odieuse au Gouvernement, plus encore qu'elle ne l'est aux particuliers.

ART. III.

Laiffer affamer une Ville de l'approvifionne-
ment , de laquelle on s'eft chargé.

C'eft un crime municipal & un crime de profeffion ; fa gravité plus ou moins grande fe prend
de la nature des chofes plus ou moins néceffaires qui manquent ; car il ne s'agit pas feulement
dans cet article des commeftibles , mais des bois ,
charbons , & enfin de tout ce dont on eft convenu d'approvifionner une ville.

ART. IV.

Enlever des halles & marchés tout le bled ou
autres denrées de première néceffité , afin
d'affamer la ville & de vendre enfuite che-
rement. Augmenter la famine par des ma-
gafins ou autres moyens.

Tandis que les Négocians dignes de la protection des Souverains , font paffer les productions d'un pays dans celui où elles manquent ,
tandis que le Laboureur courbé fur fa charrue
mêle fes fueurs à la femence qu'il recouvre, des
hommes méprifables, (*a*) & qui ont l'audace

(*a*) « Qui abfcondit frumenta maledicetur in populis, ma-
» ledictio autem fuper caput vendentium. *Prov.* 11 , 26.

d'ufurper la qualité des uns, profitent du befoin préfent de l'autre, pour opérer fa ruine future, & celle de quiconque dans l'Etat n'eft pas riche.

C'eft ici bien plus qu'une ufure, puifque fon effet eft général, & que la plus grande partie de ceux qui le reffentent n'ont fait aucune ftipulation qu'on puiffe oppofer à leurs plaintes; ils n'ont pour être opprimés, que la faim qu'ils ne peuvent pas vaincre, & c'eft fur elle, c'eft en la rendant plus preffante, que des hommes odieux ofent calculer des bénéfices certains. Le Souverain les laifferait-ils s'oppofer auffi ouvertement au but de l'affociation qui eft la félicité générale? Permettrait-il que ceux qui font riches profitent de leurs richeffes, pour dépouiller l'indigent du peu qu'il a, tandis qu'au contraire il doit autant que la juftice le permet, rappeller l'indigent au partage des biens? Non, & les Monopoleurs feront toujours rangés au nombre des Criminels; puifque, comme on voit, l'accaparement des bleds ou autres denrées de première néceffité eft nuifible à la Cité, fouvent même à une Province entière; puifqu'il comporte de l'inhumanité; puifqu'il eft directement oppofé au but de l'affociation, ce qui lui donne une affinité avec les crimes politiques; puifqu'enfin, comme les expériences très-récentes ne l'ont que trop bien prouvé, il donne lieu à des féditions, ce qui accroît encore fon rapport avec les cri-mes politiques.

ART. V.

Vendre à plus haut prix que celui fixé par la Police, les denrées dont elle détermine les prix.

C'eſt un crime municipal, & c'eſt en même temps le mépris public de l'autorité, mépris d'autant plus marqué que l'autorité eſt plus pro-chaine.

CHAPITRE VI.

Examen des Crimes de société particulière.

En contractant une société, on contracte de nouveaux devoirs, & quelques-uns de ceux auxquels on était tenu d'avance, deviennent d'une observation plus rigoureuse, & leur infraction est alors un crime qui appartient à plus d'une classe: l'effet de l'association est aussi de changer quelques vices en crimes ; ainsi ce que la raison nous dictait de faire pour notre intérêt , sur quoi nous pouvions nous relâcher par un motif ou par l'autre , devient une obligation sacrée pour nous, quand ce même intérêt se trouve combiné avec celui de nos associés. Je n'en dirai pas davantage sur cette espèce de crimes : l'application des principes ci-devant établis est facile à faire à chacun des articles du tableau.

CHAPITRE VII.

Examen des Crimes de domesticité natu-
relle , répréhensibles par la Loi.

ARTICLE PREMIER.

Parricide , Infanticide.

Il n'y a rien à dire sur ces crimes ; il faut les nommer & se taire.

ART. II.

Exposer ou faire exposer son enfant.

Qu'on juge de la force des préjugés, puisqu'ils font outrager la nature ; malheur à la main étrangère qui s'emploie à ce barbare office !

ART. III.

Maltraiter ses père & mère.

Que les passions de l'homme sont fougueuses ! S'il pouvait commander aux élémens, bientôt le cahos renaîtrait. Bénie soit l'heure où il créa une force extérieure qui pût le contenir dans le sentier de la justice, & dans les bornes de la modération.

ART. IV.

Marquer du mépris à ses père & mère.

Ce crime est plus ou moins grave, suivant les

témoignages de mépris plus ou moins offenſans ;
quels qu'ils ſoient, ils doivent être mis au rang
des crimes ; car l'autorité paternelle étant le fondement de toutes les autres, & la ſource de l'ordre, le Souverain ne peut pas, dans ce qui y eſt
relatif, ſubvenir trop impérieuſement à la nature,
pour empêcher la violation de ſes droits.

ART. V.

*Refuſer à ſes père & mère ou à ſes enfans la
ſubſiſtance dont ils manquent.*

La Loi ordonne que cette ſubſiſtance ſoit
fournie, & le public abhorre celui qui l'a refuſée.
C'eſt ici que l'ingratitude, ce vice odieux, devient
un crime puniſſable.

Il y a bien d'autres crimes de cette eſpèce,
mais la Loi ne ſaurait les conſidérer comme
tels, parce qu'ils ne troublent point l'ordre général, & qu'ils ſont ſuceſptibles d'explications,
& que ces explications ſont les ſecrets des ménages, que le Souverain même doit reſpecter.
Quand le ſujet a ſatisfait au dehors à ce que la
Loi lui impoſe, laiſſons-le rentrer ſeul dans l'aſyle
obſcur du repos qu'on ne peut forcer ſans y
être appellé par des cris ; que l'œil étranger ne
vienne point y gêner ſes mouvemens ; qu'il y
ſoit libre, qu'il y ſoit homme à ſa manière.

CHAPITRE

CHAPITRE VIII.

Examen des Crimes de domesticité civile.

ARTICLE PREMIER.

*Inculquer à ses enfans des principes dangereux
pour l'Etat & pour eux-mêmes.*

ON peut voir à l'art. 58 du chap. 3, ce que
j'ai dit au sujet des mauvais conseils. Plus la perfonne qui conseille a de crédit & d'autorité sur
notre esprit, plus les conseils font dangereux
pour l'Etat; plus la personne qui conseille est
de nos proches, plus elle est criminelle à notre
égard.

ART. II.

Maltraiter fon serviteur.

Ce crime appartient à deux classes de crimes;
car il est l'Infraction de nos devoirs dans deux états
de la vie, dans l'ordre général & dans un ordre
particulier; il n'en faut pas davantage pour qu'il
foit grave; quel que foit le tort d'un domestique, on n'a jamais le droit de le frapper : qu'on
le fasse punir par la Justice, ou bien qu'on le
renvoie; n'est-il pas déja assez malheureux d'être

M

réduit à la condition fervile ? Faut-il éteindre
chez lui toute eftime de foi-même ? Eft-il permis de le flétrir à fes propres yeux ? Le mauvais citoyen qui dégrade ainfi fon femblable,
peut-il tenir lieu de deux hommes à l'Etat ?
Cependant ce crime eft très-fréquent.

A R T. I I I.

Maltraiter fon maître.

Ce crime peut appartenir aux crimes contre
la vie, aux crimes contre l'honneur, & à cette
dernière claffe.

A R T. IV.

Marquer du mépris à fon maître.

En réprimant exactement ce crime, on pré-
viendra celui qui fait la matière de l'art. 2.

CHAPITRE IX,

Des complices.

LES complices des crimes, nés avec moins d'activité, n'en font pas moins auffi coupables que ceux dont les mains ont opéré les crimes ; mais pour être déclaré complice, il faut qu'il foit prouvé qu'on a été une des caufes actives du crime.

CHAPITRE X.

Pourquoi il n'est point parlé du Suicide , de la Pédérastie , ni du crime de Bestialité.

Sɪ j'étais chargé par le Gouvernement de faire un tableau de toutes les actions qu'il a déclarées criminelles, j'y comprendrais celles-ci & beaucoup d'autres encore ; mais libre dans mon travail, je n'écris que d'après ma pensée, & j'écris pour tous les temps à venir & pour tous les hommes qui ne font pas foumis par-tout aux mêmes Loix.

Mais fi je m'étais chargé de faire un tableau des actions honteufes & faibles des hommes, qui, fans occafionner le renverfement de la fociété, les aviliffent cependant & les dégradent, j'aurais commencé par y parler de ce qu'on eft convenu de nommer les crimes contre nature, & du fuicide. C'eft en vain que la Loi menace & s'efforce de les punir. Il eft temps de les abandonner à l'opinion qui les a rangés à leur place.

Les premiers feront toujours dorénavant très-difficiles à prouver ; car, j'ofe le croire, jamais Sôdome & Guibba ne renaîtront parmi les na-

tions policées de la terre; il s'y eſt introduit un
eſprit tout différent auquel on reproche encore
des abus, parce qu'il n'y a rien qui n'en ſoit ſuſceptible; mais ces abus néceſſaires dans une ſociété où l'induſtrie eſt portée ſort loin, ſont une
preuve que les déſordres honteux qui ont déſ-
honoré l'ancien monde, & même le nouveau,
ne reparaîtront plus, ou du moins qu'ils s'enve-
lopperont de ténèbres impénétrables.

La Loi eſt encore bien plus impuiſſante pour
réprimer le ſuicide, puiſqu'elle ne punit point
le vrai coupable, & qu'elle ne frappe que ſur
ceux qui pleurent la mort de celui qui s'eſt ſi
lâchement déſeſpéré. Comment a-t-on pu ſe
flatter que l'homme pour qui la crainte de la mort
n'était pas un frein ſuffiſant, ſerait arrêté par la
conſidération de ce qui devait arriver au monde
quand il n'y ſerait plus.

L'eſprit des Loix contre le ſuicide eſt de ne
ſévir que contre ceux qui ſe ſont détruits de
ſens froid. (voy. le Diction. des Arrêts, au mot
homicide de ſoi-même,) pour les autres, on
ſait qu'il n'y a nulle juſtice à faire des foux.

Il devrait réſulter de cette diſtinction une impunité générale, ſi elle ne faiſait pas naître la
plus extravagante des vanités dans l'eſprit d'un
grand nombre de ceux qui ſe tuent; ils ſe rap-

pellent qu'autrefois le fuicide fut regardé comme la marque d'une grande ame ; & parce que la propofition contraire, quoique la feule vraie , n'eft pas à la portée des efprits médiocres, ils affectent le plus qu'ils peuvent de tranquillité & de réflexion, afin de n'être pas compris au nombre de ceux que la Loi a déclarés foux ou imbéciles, incapables de toute autre renommée ; ils cherchent aux dépens de la gloire des leurs, celle à laquelle la Loi leur a malheureufement donné occafion de fonger : occafion qui même eft un encouragement à la fottife qu'ils vont commettre.

On a donné dans tous les temps trop d'importance à certaines actions : il n'y avait qu'à en détourner l'attention, elles feraient devenues beaucoup plus rares, l'obfcurité qui les aurait enveloppées, & pour laquelle elles font faites, aurait préfervé du danger de l'exemple : cependant fi ja pédéraftie devient fcandaleufe dans un fujet , il faut le noter d'infamie.

LIVRE IV.

Des moyens de prévenir les crimes , & des crimes qui naiſſent des précautions mêmes qu'on prend pour en diminuer le nombre.

» Quem admodum Medicus ſenitatem corporis , ita
» legum auctor ſpectat animi ſanitatem. Quoniam verò
» oprabilius & valetudinem proſperam retinere ne pereɛt,
» quam recipere pereuntem. Idcirco præcipuum utriuſ-
» que tam civilis , quam Medici inſtituum eſt,
» ſervare ſive corporis, ſive animi ſanitatem : ſequens,
» verò utriuſque conſilium eſſe videtur optimum, ſive
» corpori , ſive animo habitum , ſi quando amiſſus
» fuerit reſtituere. Quamobrem & apud Platonem &
» apud veritatem Scriptores illi legum contemnendi
» cenſentur, qui ſubito qua cenſura ſcelera perpetrata
» ſint punienda, decernunt : quà verò ratione ho-
» mines ita oriantur , nutriantur , erudiantur , ut
» ſcelera perpetrare nolint , noh provident. »

*Argumentum Marſilii Ficini in Dialog. 3 de leg.
Platonis.*

CHAPITRE I.

Des idées générales ſur cette matière.

IL n'eſt point de travail plus digne du Philoſophe que la recherche des moyens qui peuvent
empêcher les crimes ; c'eſt la fin dernière de

la morale ; mais malgré le grand nombre de
Livres écrits fur cette fcience, je doute très-
fort que le Gouvernement pût y puifer de quoi
obtenir furement cette fin commune à la morale & à la politique.

Cependant ces ouvrages font utiles, mais ils
ne le font pas affez, parce que les moraliftes ne
parlent d'ordinaire qu'à l'homme en particulier,
ce qui n'eft que la moitié de leur tâche. Ils
favent que la faine politique n'eft que l'art de
réduire en pratique la morale; ils devraient donc
joindre aux principes de l'une, les préceptes de
l'autre ; & c'eft faute de cet accord, que leurs
travaux, loin d'obtenir tous les fuffrages, font
trop légèrement taxés d'inutilité.

Quelquefois, il eft vrai, ils s'adreffent aux
Souverains, comme par reffouvenir de leur origine ; mais fi c'était le feul emploi des premiers
Philofophes, c'eft le moins cher à leurs fuccef-
feurs, au moins fi l'on en juge par la manière
dont ils s'en acquittent : en effet, c'eft vaguement,
c'eft avec des propofitions générales, à & ce qu'il
femble , moins par intérêt pour la vérité, que
pour entretenir de la liaifon entre des idées. Il
faut favoir, avant d'apprécier leur négligence
qui fe refufe aux travaux de détail, toujours les
plus utiles, fi elle eft la fuite du délaiffement des

Souverains pour eux, ou bien, si elle l'a fait
naître. Cependant qu'ils sachent que cet aban-
don ne leur enlève pas tout leur empire. Un jour
ou l'autre les Rois veulent le bien, & pour l'obtenir, ils consultent leurs écrits.

Ce n'est point ici le cas de se contenter de
préceptes généraux, la matière est trop impor-
tante, & le but qu'on se propose est trop difficile à atteindre : en effet, quand on aura dit que
pour prévenir les crimes, il faut que le Gouvernement veille à l'éducation des enfans, que
le Souverain récompense les vertus, que la Loi
soit claire & toujours absolue, & les Magistrats
vigilans à punir, on aura dit des vérités ; mais
qu'on veuille en faire l'application, l'on verra
malgré ces précautions toujours présupposées, le
crime germer de tous les côtés. Ce n'est point
assez d'en détourner la volonté, il faut le rendre,
si l'on peut se servir de cette expression beaucoup
exagérée, pyhsiquement impossible ; il faut au
moins aller au-devant de lui & lui opposer des
obstacles qu'il ne puisse que difficilement franchir.

Ces obstacles doivent être différens, suivant
la nature de chaque crime ; ce qui fait qu'ils sont
en grand nombre : cependant il n'en faut qu'autant que la liberté même & la raison voudront
en admettre ; c'est à cette occasion qu'il est très-

dangereux d'avoir des efprits pufillanimes à la
tête de l'Etat. La crainte & l'ignorance leur font
entaffer Loix fur Loix; ils créent ainfi de nouveaux crimes, multiplient le nombre des coupables, & font haïr & méprifer l'autorité; il
faudrait volontiers, pour raffurer ces ames faibles, que tous les hommes fuffent enchaînés.

Tâchons de ne point donner dans cette ex-
trémité, mais tâchons auffi, par refpect pour la
liberté, de ne pas confacrer la licence; marchons
à l'aide de l'expérience, car cette partie de la
légiflation n'eft pas nouvelle; elle eft trop néceffaire, mais elle eft trop vafte auffi pour être
encore approfondie: car, par une fatalité bien
étrange, c'eft à perfectionner les Loix qu'on
s'applique le moins. J'exhorte les critiques à
s'attacher à cette partie de mon Livre. Il me
fera toujours glorieux, quand je me ferais trompé
par-tout, d'avoir mis fur la voie de la vérité;
& qu'importe que ce foit moi ou un autre qui
la trouve.

Il y a peu du mien dans ce que je vais dire, c'eft
ma faute, & non pas celle de la matière que je
traite, mais quand il n'y aurait que la diftinction
néceffaire d'un nouvel ordre de crimes, on me
faura gré de l'avoir faite, quand on s'occupera
de la fixation des peines.

CHAPITRE II.

Des moyens de prévenir quelques-uns des crimes politiques du premier genre.

Idées générales.

Un Gouvernement modéré, une relation intime entre les différens ordres de l'Etat ; d'où il résulte que tous les sujets doivent avoir les yeux ouverts les uns sur les autres.

ART. PREMIER.

Conspirer contre son pays.

Je ne connais rien à ajouter aux précautions prises à ce sujet, si ce n'est ce que je vais dire à l'occasion du port d'armes. Ces précautions consistent.

1°. Dans la défense d'aucunes assemblées (*a*)

(*a*) Déclaration du Roi Charles VIII, à Sainte Catherine du Mont de Rouen, le 25 Novembre 1487.

De François I, à Chatillon-fur-Loing, le 6 Mai 1539.

L'Ordonnance de Blois, art. 192 & 278.

L'Ordonnance de Moulins, art. 27 & 30.

Ces assemblées étaient défendues à Rome, fous les noms de Colleges & Congrégations, *Collegia fodalitia ; vid. L. 1, ff. de Colleg. & corp. L. 3, §. 1. L. 2 ; ff. quod cuj. in. nom.*

Elles furent défendues depuis dans le fens que nous y donnons. *V. leg. qui Caiu. leg. qui dolo. leg. armatos.*

de perfonnes, hormis fous l'autorité du Souverain.

2°. Dans la défenfe (*a*) de faire des levées de Troupes, fans la permiffion du Roi.

3°. Dans la défenfe (*b*) de faire des amas d'armes, provifions de guerre, de faire fondre des canons, ou d'en retenir dans fes maifons.

4°. Dans la défenfe (*c*) du port d'armes faite également en vue de prévenir les rebellions, féditions, grand nombre de vols & d'affaffinats ; mais cette defenfe devient inutile, quant aux effets qu'on s'eft propofé d'en retirer, par la reftriction qui y eft faite en faveur des perfonnes nobles, & de quelques autres. Ces armes leur font auffi inutiles qu'à d'autres, & peuvent être auffi dangereufes dans leurs mains. Ne font-ils pas comme tous les citoyens, fous la garde de

---

(*a*) Déclaration de Louis XIII, du 14 Avril 1625. Ordonnance du même de 1629, art. 121.

Même défenfe chez les Romains. *Eadem lege tenetur (Crimine Majeftatis,) & qui injuffu Principis bellum gefferit…. Exercitum comparaverit. Leg. Lex duodecim, 3 ff. ad Legem Juliam Majeftatis.*

(*b*) Ordonnance de 1629, art. 172, 173 & 174.

(*c*) *Ut nullus ad mallum vel ad placitum infrà patriam arma, id eft fcutum & lanceam portet.* V. l'art. 22 du Liv. 3 des Capitulaires, receuillis par Anfegife.

Les Ordonnances ci-deffus citées au fujet des affemblées illicites, & une multitude d'autres Ordonnances, Edits, Déclarations & Lettres-Patentes des Rois François I, Henri II, François II, Charles IX, Henri IV, Louis XIV & Louis XV.

la Loi ? D'ailleurs, de la permiſſion qui leur
eſt accordée, il devient impoſſible de tenir la
main à la défenſe qui concerne les autres perſonnes : car alors il faudrait que chaque homme,
armé d'une épée, portât dans ſa poche ſes titres,
afin de les montrer à ceux qui ſeraient chargés
de lui demander en vertu de quoi il marche armé ; ce qu'on ſent bien qui ne ſera jamais ; ainſi
en renouvellant cette défenſe, avec la reſtriction
qui concerne les privilégiés, on déſarme, il eſt vrai,
les citoyens paiſibles, mais c'eſt pour les livrer ſans
défenſe, aux méchans, qui trouveront toujours
l'occaſion d'échapper, pour un inſtant, aux recherches, ou de tromper dans leurs réponſes.
C'eſt les expoſer ſans défenſe à la fougue d'une
Nobleſſe tyrannique, qui ſemble avoir le droit de
punir ceux qui refuſent de s'abaiſſer devant elle ;
c'eſt renouveller les embuſcades de Sparte.

Il faudrait donc que la défenſe du port d'armes
fût générale, ſauf pour les Officiers Militaires,
& hors le cas des voyages, pendant leſquels il
continuerait d'être permis à tous les ſujets de
porter une épée, conformément à la Déclaration
du 4 Décembre 1619.

Cette défenſe ne ſerait guerre à charge, car
les eſprits y ſont diſpoſés & la raiſon la demande. Les Athéniens, avec leſquels nous avons tant

de reſſemblance, renoncèrent à l'uſage barbare
de marcher le fer au côté, dès qu'ils eurent la
tranquillité publique bien établie chez eux. (*a*)
D'un autre côté, cette défenſe ne comporte pas
celle d'avoir des armes chez ſoi : tout propriétaire ou fermier doit en avoir pour mettre ſa
vie & celle de ſes beſtiaux en ſureté ; mais il ne
doit point les prêter, ou bien alors il devient
reſponſable de l'uſage qu'on en fait.

Il y a encore une cinquième précaution juſte
& utile pour prévenir le crime de conſpiration :
c'eſt d'empêcher qu'il ne ſoit fortifié (*b*) places
ou châteaux ſans ordre du Souverain.

Certainement ces précautions ne bleſſent point
la liberté naturelle, dans ce qui intéreſſe notre
conſervation & nos plaiſirs : ainſi elles ſont juſtes,
& quiconque ne s'y conformerait pas, n'aurait
point d'excuſe à propoſer, qui pût lui faire éviter
un châtiment.

―――――――――――――――――――――

(*a*) Voyez de l'orig. des Loix, des Arts & des Sciences,
tom. 6, art. des mœurs & uſages des Athéniens.

(*b*) Ordonnance de 1629, art. 176.

A R T. I I.

Donner accès à l'ennemi dans son pays.

Défense de parlementer (*a*) à l'ennemi sans le congé du Souverain, ou de ses représentans.

A R T. I I I.

Vendre le secret de l'Etat, le publier par méchanceté, par indifférence ou par négligence.

Défense d'écrire le mot de l'ordre: c'est peut-être ici le cas de renouveller aussi la défense de s'enyvrer; (*b*) cependant comme ce peut-être un accident qui résulte de la mauvaise disposition actuelle du corps, on ne peut raisonnablement ranger cette action au nombre des crimes, que lorsqu'elle est une habitude; ainsi, pour la punir, il faut s'être assuré, par une enquête, que la personne yvre est souvent en cet état.

(*a*) Déclaration de François I, à Saint Germain-en-Laye, le 14 Juillet 1534, art. 31.

(*b*) François I, à Valence, le dernier Août 1536.

A R T. I V.

Écrire contre le Gouvernement, imprimer & dif-
tribuer ces Ecrits.

Pour obvier à ce crime, on a établi des Cen-
feurs pour examiner les ouvrages nouveaux, &
l'on a défendu (*a*) l'impreffion d'aucun Livre,
fans en avoir obtenu le privilége du Roi, qui ne
s'accorde que fur le vu & certificat du Cenfeur.

A R T. V.

Diftraire les revenus de l'État.

Le moyen le plus efficace pour s'oppofer à
ce crime eft de rendre le plus bref poffible,
le temps de la reddition des comptes des Rece-
veurs de déniers publics. On leur en accorde à
tous un trop long, & par ce moyen, les autres
précautions qu'on a prifes font inutiles.

Il en eft une bien mal énoncée dans la Déclaration de Francois, I. à Château-Briant, le 14
Juin 1532, & répétée de même à l'art. 392
de l'Ordonnance de 1629; c'eft la défenfe de

_____

(*a*) Ordonnance de Moulins, art. 78.
Déclaration de Charles IX, à Paris le 16 Avril 1572,
art. 10.
Edit de Louis XIII, à Paris, Janvier 1626.

jouer

jouer les deniers royaux : comme fi ceux qui
les jouent véritablement n'étaient pas capables
d'affirmer quand ils jouent, que c'eft leurs fonds
propres qu'ils expofent. Il fallait feulement répéter à cette occafion la défenfe des jeux de hazard, qui, au contraire femblent permis, quand
il ne peut être queftion que des fonds des particuliers.

Rien n'eft plus fage que la défenfe portée dans
l'article fuivant de la même Ordonnance, de faire
l'échange ou la banque avec les deniers royaux.
Quant à celle de les donner à intérêt, elle était
inutile, puifque ces intérêts avaient été prohi-
bés d'avance, comme ufuraires.

A R T. V I.

Fabrication de fauffe monnoie, & altération de
la vraie.

L'Edit du mois de Février 1726 m'a paru
être la fomme de toutes les précautions prifes
antérieurement, & relatées dans les Ordonnances,
Edits & Déclarations précédentes, pour prévenir
le billonnage, fauf que l'art. IV. de l'Edit de
Henri II. donné à Fontainebleau en Janvier 1549,
n'y eft pas compris.

Il porte défenfe aux gardes des monnoies de

ne paffer à la délivrance d'aucuns deniers d'or, teftons & duzains, qu'ils ne foient de poids & aloi, bien ouvrés & monnoyés, de bonne rotondité, & que les lettres & cordon foient bien entiers. Cet article eft néceffaire à relater.

Les autres précautions que je regarde comme juftes & néceffaires, & qui fe trouvent dans l'Edit de Février 1726, font:

1° La prohibition (*a*) dans chaque Etat des monnoies anciennes & étrangères, dont la vérification ferait trop difficile à faire de la part des particuliers.

2° L'obligation (*b*) impofée à quiconque en aurait.de les porter inceffamment aux Hôtels des monnoies, pour y être échangées, à faute de quoi lefdites efpèces feraient faifies & confifquées au profit du Roi.

3° L'injonction (*c*) faite aux Juges, lors des oppofitions & levées des fcellés, confections d'inventaires, & dans le cas de faifies, annotations de biens, faifies & exécutions des meubles, de fe faifir des efpèces décriées ou étrangères qui s'y trouveraient, d'en dreffer leur procès-verbal, & d'en donner incontinent avis aux

---

(*a*) Art. 4.
(*b*) Art. 7. *ibid.*
(*c*) Art. 5.

Procureurs Généraux des Hôtels des monnoies.

4° La défense (*a*) à tous serruriers, forgerons, & autres, de faire aucuns ustensiles, machines, balanciers, engins ou outils servans aux monnoies, & aux graveurs & autres, de graver poinçons, carrés, ou autres pièces propres à la fabrication des espèces : le tout sans permission des Officiers des monnoies.

5° La défense (*b*) de recevoir ni receler lesdites machines.

_____

(*a*) Art. 16 & 17.
(*b*) Art. 18 *ibid.*

CHAPITRE III.

Moyens de prévenir quelques-uns des crimes politiques du second genre.

Idées générales.

QUE les Chefs de l'Etat se rendent respectables par eux-mêmes, ils honoreront leurs emplois, qui les honoreront aussi.

CHAPITRE IV.

Moyens de prévenir quelques-uns des crimes politiques du troisième genre.

Idées générales.

QUE la Loi soit claire & absolue.

ARTICLE PREMIER.

Faire punir des innocens par haine ou par né-gligence dans l'examen de leurs Procès.

Défense de connaître des contestations dans lesquelles une des parties nous est parente, ou quand nous sommes en procès avec une d'elles. Possibilité de la prise à partie contre les Juges.

ART. II.

Maltraiter sans nécessité ceux qu'on arrête par ordre de la Justice.

Les Huissiers ou Archers ne peuvent user de violence que dans le cas de rebellion. Pour justifier leur conduite dans ce cas, ils doivent re-présenter un procès-verbal de capture qui commence à l'heure de leur départ pour aller chercher l'accusé, & qui fasse mention de toutes les cir-

N iij

conſtances de leur voyage, de leur arrivée, de
leurs dires, des réponſes qu' leur auront été faites,
de la réſiſtance qu'on leur aura oppoſée, enfin
des circonſtances de leur retour ; alors, la crainte
qu'ils auront, que de l'éclairciſſement de tous
ces détails, il n'en réſulte la preuve de précipitation ou de méchanceté de leur part, les empê-
chera de ſe conduire mal.

A r t. I I I.

Rendre plus dure qu'il n'eſt ordonné la capti-
vité de ceux qui ſont commis à notre garde.

Les viſites & ſéances preſcrites par l'art, 38
de l'Arrêt de Réglement du 18 Juin 1717 au
ſujet de la police des priſons, remédient ou doivent remédier aux inconvéniens ; puiſqu'rlors les
priſonniers ont à qui ſe plaindre des griefs qui
leurs ſont faits. Ce Réglement en entier, ainſi
que celui du premier Septembre de la même
année, contient une multitude de précautions,
contre une multitude d'abus qui pourraient ſe
gliſſer dans les priſons : cependant les priſonniers vivent ſi ſéparés, ſi oubliés de la ſociété, que, ſur le temps de leur détention ou autrement, les Geoliers peuvent leur faire avec impunité beaucoup d'injuſtices. Je voudrais que tous

le; mois il fut envoyé par les Cours fubalternes aux Cours fupérieures un extrait du regiftre des Greffiers ou Geoliers des prifons, contenant leur état actuel, & ce qui y ferait arrivé dans le mois & que dans chaque prétoire on plaçât auffi tous les mois en lieu apparent les extraits du regiftre de la Geole, contenant les noms, lieux de naiffance des perfonnes, & le tem;s de leur déʼntion.

ART. IV.

Infraction du ban.

Cette peine, qui ne doit être prononcée que pour des crimes très-graves, & dans la vue d'en prévenir d'autres encore, doit être févèrement exécutée; mais, pour cela je penfe qu'il faudrait que le Tribunal qui prononcerait le banniffement en dernier reffort, fît paffer un extrait du jugement dans toutes les Jurifdictions du reffort defquelles le coupable ferait banni, & que cet extrait y fût lu & enrégiftré, avec injonction aux Huiffiers de fe faifir du banni, s'ils le rencontraient dans l'enclave de la Jurifdiction.

CHAPITRE V.

Moyens de prévenir quelques-uns des crimes d'Homme-à-Homme du premier genre.

Idées générales.

PRÉVENIR les haines, ou du moins leurs effets, en puniſſant les menaces, & en mettant les perſonnes menacées ſous la ſauve-garde de la Juſtice.

ARTICLE PREMIER.

Empoiſonner.

L'article 7 de l'Édit du mois de Juillet 1682 enjoint aux marchands des villes, de ne vendre certains poiſons déſignés dans l'article (on devrait dire toutes eſpèces de poiſons) qu'aux Médecins, Apothicaires, Chirurgiens, Orfévres, Teinturiers, Maréchaux, & autres perſonnes publiques, qui par leur profeſſion ſont obligées de les employer, en leur faiſant ſigner ſur un regiſtre particulier le jour, l'eſpèce & la quantité de la livraiſon, leurs noms, qualités & demeures, & ſi les acheteurs ne ſavaient ſigner, de porter eux-mêmes ces notes ſur ledit regiſtre.

La Jurifprudence actuelle s'eft reláchée fur la qualité des acheteurs; elle permet la vente des poifons aux chefs de familles, mais avec les précautions portées par cet article.

Le même article défend aux marchands de vendre à des inconnus, qui fe diraient Chirurgiens ou Maréchaux &c., qu'il ne leur foit apporté par ces inconnus des certificats en bonne forme, contenant leurs noms, demeures & profeffions, fignés du Juge des lieux ou d'un Notaire & de deux témoins, ou du Curé & deux principaux habitans, lefquels certificats demeureront chez lefdits marchands pour leur décharge.

Rien de plus fage & de plus néceffaire que ces précautions, mitigées par la Jurifprudence des arrêts, comme je viens de le faire remarquer.

Il enjoint (*a*) aux marchands de tenir les poifons en lieu fûr, dont ils garderont eux-mêmes la clef, d'écrire fur un regiftre particulier, la qualité des remedes où ils auront employé les poifons, le nom de ceux pour qui ils auront été faits, la quantité qu'ils en auront employée, & d'arrêter à la fin de chaque année fur lefdits regiftres, ce qui leur en reftera.

Enjoint (*b*) aux Médecins, Chirurgiens, Apo-

(*a*) Art. 8 du même Edit de Juillet 1682.
(*b*) Art. 9.

thicaires, Epiciers &c. de compofer eux-mêmes,
ou de faire compofer en leur préfence, par leurs
garçons, les remedes où il devra entrer néceffairement des poifons.

L'article 11 du même Edit défend à tous
autres qu'aux Médecins, Profeffeurs de Chimie
& Maîtres Apoticaires, d'avoir des laboratoires,
& d'y travailler à aucunes préparations de drogues & diftillations, fous quelque prétexte que
ce foit, à moins qu'ils n'aient obtenu pour cela
des lettres de permiffion au Grand Sceau : cette
gêne me paraît trop forte, & elle ferait fentie
de nos jours par un trop grand nombre de perfonnes; car le goût des fciences eft univerfellement
répandu, & particulièrement le goût de celles qui
comportent le plus d'expériences brillantes, à
la tête defquelles il faut mettre la Chimie : cependant l'amour des fciences ne doit pas faire oublier
le foin de la confervation des fujets de l'Etat;
mais il me femble qu'on fatisfera également l'un
& l'autre, en permettant à qui voudra l'étude
de la Chimie, & l'acquifition d'un laboratoire;
& en l'obligeant feulement à paffer fa Déclaration devant le Juge le plus prochain, qu'il s'occupe de cette fcience, & qu'il a un laboratoire,
ainfi qu'à tenir un regiftre de la quantité de
chofes dangereufes qu'il emploie, ce qui le

endra fujet à des vifites & vérifications de la
art du Juge dans le reffort duquel il fe trouve.

ART. II.

Incendier.

Que dans chaque ville & bourg il y ait une
u plufieurs perfonnes chargées de parcourir les
ues, & de donner l'éveil aux moindres appa-
ences du feu. Si ce n'eft pas prévenir entière-
ent le crime d'incendie, c'eft au moins en
mpêcher ou en diminuer les effets.

ART. III,

Homicider, affaffiner.

J'ai dit au Chapitre 2 de ce Livre que la dé-
enfe du port d'armes était une précaution bien
age pour prévenir ces crimes. La défenfe d'enlever le corps homicidé, fans que les Officiers
de Juftice en aient dreffé procès-verbal, eft encore
une précaution qui doit faire trembler les coupables, & les rendre moins fréquens par la
certitude de la pourfuite.

ART. IV.

*Mutiler un enfant pour exciter par fon moyen
la commifération publique.*

J'ai dit que ce crime était d'ordinaire celui des

mendians, & qu'il était précédé du crime de plage
ou vol d'homme. Pour prévenir l'un & l'autre
il n'y a qu'à mettre à exécution les différentes
Loix portées contre les mendians & gens fans aveu.
Quand il n'y en aura plus, ils ne feront plus
de mal, & on peut leur en imputer bien d'autres que celui qui fait le fujet de cet article.

ART. V.

Faire empirer les maux des malades par de
drogues nuifibles.

Il eft fagement défendu à qui que ce foit d'exer
cer (*a*) la Médecine ou la Chirurgie, fans avoir
fubi des examens, & fait preuve d'étude & de
favoir.

(*a*) Charles VI, à Saint Germain-en-Laye, le 7 Août
1390.

Charles VII, à Paris le dernier Novembre 1437.

Henri III. Etats de Blois 1579, art. 87.

L'Ordonnance de Louis XIII à Paris en 1616, fur les
différens examens qu'ils doivent fubir.

CHAPITRE V.

*oyens de prévenir quelques-uns des crimes
d'Homme-à-Homme du second genre.*

Idées générales.

CES crimes, dans leur rapport aux perſonnes, ne
ſauraient être mieux prévenus que par la crainte
d'une police ſevère & vigilante qui fait des recherches exactes ſur les chemins & dans les villes.
Quant à leur rapport aux choſes, ces crimes ſeraient bien moins fréquens, ſi tous les actes
pouvaient ſe paſſer chez un Officier Public.

ARTICLE PREMIER.

Déſerter quelqu'un dans une Iſle ou ailleurs.

Ce crime n'eſt guères praticable que ſur mer,
& l'Ordonnance de la Marine me paraît avoir
pris toutes les précautions ſages pour s'aſſurer,
autant qu'il eſt poſſible, du fort de l'équipage d'un
vaiſſeau.

ART. II.

Enlever par force une fille ou un jeune homme.

La fin qu'on ſe propoſe en commettant ce
crime eſt d'ordinaire d'épouſer ou faire épouſer

à quelqu'un celui ou celle qu'on enlève : or une Loi très-sage (*a*) déclare les mariages faits avec ceux qui ont ravi & enlevé des veuves, fils & filles de quelque âge & condition qu'ils soient, non valablement contractés , sans que par le temps, ni par le consentement des personnes ravies, & de leurs pères & mères, tuteurs ou curateurs, ils puissent être confirmés.

_____

(*a*) Voyez la Déclaration du 26 Novembre 1679, art. 3.

CHAPITRE VI.

Moyens de prévenir quelques-uns des crimes d'Homme-à-Homme du troisième genre.

Idées générales.

ENCOURAGER les mariages & rendre honorable l'exercice des devoirs que cet état impose. Le mariage était une obligation de tout citoyen chez les Crétois. (*a*) Je n'approuve pas cette Loi, mais je la cite. Platon (*b*) veut qu'on condamne à une amende ceux qui ont atteint l'âge de 35 ans, & qui ne sont pas mariés. Je voudrais qu'ils payassent le double d'impôts des autres, & que cette augmentation vertît à la diminution des taxes des pères de famille du même canton.

ARTICLE PREMIER.

Poligamie.

Pour prévenir ce crime, on a ordonné (*c*) la publication des bans & l'assistance de quatre témoins, lors de la célébration publique du mariage, dont sera fait mention sur un registre. Il a

---

(*a*) Strabo, Lib. 10, p. 739.
(*b*) De Legib. Dial. 6.
(*c*) Ordonnance de Blois, art. 40.

été défendu (*a*) à tous Prêtres de célébrer aucun mariage qu'entre leurs vrais & ordinaires paroiſſiens, ſans permiſſion par écrit des Curés des parties ou de l'Evêque diocèſain ; & les enfans (*b*) de ceux qui tiennent leurs mariages ſecrets & cachés, ont été déclarés incapables d'aucunes ſucceſſions, auſſi bien que leur poſtérité ; enfin il a été défendu (*c*) de contracter mariage dans les pays étrangers, ſans la permiſſion expreſſe du Souverain.

A R T. I I.

Mariage forcé.

Le conſentement des parties eſt requis & demandé par le Curé ; (*d*) & la préſence des témoins aſſure l'efficacité des proteſtations.

(*a*) Art. 1 de la Déclaration du 26 Novembre 1639.
(*b*) Art. 5 de la même Déclaration.
(*c*) Déclaration du 16 Juillet 1685.
(*d*) Art. 1 de la Déclaration du 26 Novembre 1639.

CHAPITRE

CHAPITRE VII.

Moyens de prévenir quelques-uns des crimes d'Homme-à-Homme du quatrième genre.

Idées générales.

On ne saurait apporter trop de soins à la rédaction & à la garde des actes qui constatent l'état des personnes.

ARTICLE PREMIER.
Enlever un enfant.

Voyez l'article 4 du Chapitre 4.

ART. II.
Naissance d'un enfant celée.

Ce crime est une suppression de part, ou bien c'est de la part d'une fille celer le fruit de son incontinence, ce qui serait un reste de pudeur louable, s'il ne s'ensuivait pas la mort violente de l'enfant celé, ou sa mort faute de soins.

Je ne connais point de moyens de prévenir la suppression de part: au reste une fille qui cele la naissance d'un enfant n'est, comme on voit, coupable, que parce qu'elle enfreint la Loi de précaution que le Législateur a jugé nécessaire.

O

Mais cette néceffité eft-elle certaine? La raifon l'approuve-t-elle? La liberté bien ordonnée ne lui eft-elle point conttaire?

L'examen de ces propofitions n'eft pas auffi important qu'on le croirait d'abord, pour faire abroger cette Loi de fang, puifque les Parlemens ne s'y conforment plus, comme on peut le voir par une multitude d'Arrêts qui n'ont pas prononcé d'autres peines que la prifon contre celles qui l'avaient enfreinte. Je ne me crois cependant pas difpenfé de tout examen au fujet de cette Loi, qu'il ne faut pas laiffer fubfifter, quoiqu'elle ne foit point en vigueur, parce qu'un jour ou l'autre, on peut la faire revivre pour la faire fervir à des haines & à des vengeances particulières. Ne laiffons point aux mains des furieux des inftru-mens de deftruction, & que les codes facrés des Loix ne mentent point aux hommes.

La première propofition étant une conféquen-ce à tirer de l'examen des deux autres, ce font ces deux dernières qu'il faut examiner d'abord. Elles doivent encore fe réduire à celle-ci. La liberté naturelle peut-elle fe ployer raifonnable-ment à l'obligation pour les filles enceintes de déclarer publiquement leur état?

La raifon de cette gêne vient de ce que, trop fouvent, ces filles, pour s'épargner la honte &

la conviction durable de leur crime, faisaient périr leurs enfans, soit avant de naître, soit immédiatement après leur naissance; & en consommant leur honte par la déclaration à laquelle on les obligeait, on espéra de leur ôter l'idée, devenue inutile, de détruire le fruit innocent de leur débauche: ainsi, pour empêcher la pudeur d'être nuisible, on força celle qu'un instant de faiblesse, de persuasion & d'amour avait séduite, à renoncer désormais à toute pudeur. Eh ! cependant, qui ne sait pas combien le faux-semblant bien gardé de cette vertu peut-être avantageux, c'est vraisemblablement le seul remede à un mal qui appartient au temps qui n'est plus.

Le châtiment n'étant pas proportionné à la qualité du délit, ce serait le cas de chercher à y soustraire le coupable : cependant on veut, ce qui ne se pratique par rapport à aucun autre crime, qu'il vienne s'offrir de lui-même à cette peine trop sévère, en déclarant qu'il l'a méritée. C'est là le renversement de tous droits & de tous principes : *nemo tenetur edere contra se;* & quel bien peut-il en résulter ? On aura facilement des déclarations passées par des filles perdues de débauche: pour les autres, cette Loi est un nouveau motif de craindre la naissance d'enfans qui, en les déshonorant, exposeraient encore leur vie;

O ij

auſſi la préviennent-elles, & les avortemens ſe multiplient.

Si le droit naturel & la raiſon demandent que cette Loi ſoit réformée, elle n'eſt donc pas né-ceſſaire, & elle ne le fut jamais; mais des cir-conſtances qui n'exiſtaient point au temps de ſa promulgation, la rendraient de nos jours totale-ment inutile, quand elle aurait jadis ſervi à quelque choſe.

Ces circonſtances ſont un obſtacle bien plus certain aux maux que la Loi dont nous parlons cherchait à prévenir, c'eſt l'établiſſement des Hôpitaux pour les enfans trouvés. Là les mères, qui ne veulent point être connues dépoſent leurs enfans entre les mains de la pitié qui leur tend les bras: on ne fait à leur occaſion nulles queſtions, nulles recherches; rien ne ſouille le bienfait du Souverain; ce qu'il fait, il le fait en père, & les enfans confondus dans la foule des vivans, ne ſont plus des témoins irréprochables qui dépoſent contre leurs propres mères.

A R T. I I I.

Souſtraction, falſification des regiſtres de naiſ-ſance.

Afin de prévenir ces crimes, il doit être fait

(*a*) tous les ans deux regiſtres dans chaque paroiſſe pour les baptèmes, mariages & ſépultures, dont les feuillets ſont cotés & paraphés par le Juge, par premier & dernier. De ces regiſtres, l'un doit reſter aux mains du Curé, & l'autre doit être par lui dépoſé au Greffe de la juriſdiction dont il dépénd.

(*a*) Voyez le tit. 20 de l'Ordonn. de 1667.

CHAPITRE VIII.

Moyens de prévenir quelques-uns des crimes d'Homme-à-Homme du second genre.

Idées générales.

CES crimes, comme je l'ai dit, & comme on a pu le voir à la table, font différens, fui-vant la nature & la qualité des perfonnes : ce font ou des injures qui concernent la pudeur, & alors elles s'exercent fur des femmes ou des filles; ou des injures concernant les autres de-voirs de la fociété, & alors elles font relatives à un fexe comme à l'autre.

Les moyens de prévenir ces crimes ne peu-vent pas être les mêmes; cependant ils ont un principe commun, c'eft le refpect dû aux hom-mes en général.

Pour prévenir les crimes contre la pudeur, on a cru qu'il fallait en permettre à certaines perfonnes la violation publique : ainfi la Loi obligeait les femmes à Babylone (a) de fe prof-tituer une fois dans leur vie à des étrangers, dans le Temple de Venus, afin de fe rendre propice, par cette expiation, la Divinité redou-

(a) Herod. L. 1. n. 199. Strabo L. 16, p. 1081.

table. Il y avait des femmes publiques chez les
Juifs, (*a*) dès les temps des Patriarches. Les
Grecs avaient (*b*) des Courtisannes au temps
de Solon ; & s'ils en avaient eu en plus grand
nombre, s'ils avaient fréquenté davantage les
femmes dont ils vivaient séparés, la pédérastie
n'aurait pas été si commune chez eux. On voit
encore aujourd'hui dans l'Asie la débauche & la
prostitution se mêler à la Religion : mais combien de violences ne préviennent pas les balla-
dieres (*c*) dans le Guzarate, & les Religieuses
du Sintos (*d*) au Japon.

Les Courtisannes sont par-tout des femmes
hors de l'ordre général ; on a cherché bien des
fois à les y faire rentrer, (*e*) mais on s'est

(*a*) Voyez comme Juda traita Tamar sa belle-fille, Gen. ch. 38.
(*b*) Athenée. L. 13, p. 569.
(*c*) Hist. Phil. & Polit. t. 2, p. 27.
(*d*) Idem. t. 1, p. 147.
(*e*) Charlemagne, par un Capitulaire de l'an 800, prononça la peine du bannissement & du fouet, contre les femmes
de mauvaise vie, & condamna ceux qui leur donneraient asyle,
à les porter sur leurs épaules, jusqu'à la place du marché,
quand elles iraient y subir leur peine.

Saint Louis, par son Ordonnance de 1254, répéta le bannissement contr'elles, & ordonna la confiscation, tant de leurs
biens, que des maisons des particuliers qui leur donneraient
logement.

Voyez l'Ordonnance d'Orleans, art. 101.

Lettres-Patentes de Charles IX, données à Toulouse le 12
Février 1565.

Déclaration du 26 Juillet 1713, qui prescrit la forme de
procéder contre les filles & femmes de mauvaise vie.

apperçu auffi-tôt que leur incontinence était un
mal néceffaire , un remede à de plus grands
maux : (a) on s'eft relâché alors de la févérité
qu'on avait montrée d'abord ; on n'a cependant
point abrogé les anciennes Ordonnances , ce
qu'on devait faire, fans quoi il règne dans les
Loix une incertitude funefte, & cet oubli , cette
négligence amènent le defpotifme des grands ;
on a cherché du moins à foumettre ce défor-
mais dre à des règles (b) qui le fiffent concourir
plus efficacement à la fureté d'un fexe faible , qu'il
eft de notre devoir de protéger, puifqu'il eft fans
force & fans autorité , & qu'il s'eft livré entre
nos mains fans condition.

Après ces précautions douloureufes , le Sou-

(a) *Aufer meretrices de rebus humanis ; turbaveris omnia
libidinibus.* S. Auguft. in Libro de Ordine.

(b) Il eft parlé dans les Mémoires de Joinville , d'une Ordonnance de Saint Louis , qui diminue la févérité des peines
qu'il avait décernées par fon Ordonnance de 1254, & qui ordonne que les femmes des mauvaife vie feront féparées d'avec les
autres,　　　　　　　　　　　　　　　　　　　toutes les
　Par un Réglement de 1367 , il a été enjoint à s lieux pu-
femmes débauchées d'aller demeurer dans les mauvai
blics qui leur font deftinés.

Un Réglement du 26 Juin 1420 , défend aux filles de mauvaife vie de porter des robes à collets renverfés , & à queues
traînantes , ni des foutanes , ceintures dorées , boutonnières à
leurs chaperons , &c.

Meretrix coronam auream né habeto. Si habuerit ? publica efto.
Cicer. de Invenione , L. 2.

verain s'est bien acquis le droit de punir ceux qui porteraient atteinte à la pudeur des autres femmes, selon l'état du séducteur & de la personne séduite; car la séduction, quand elle est faite par un tuteur, domestique, ou, ainsi que l'a remarqué M. Domat, par un Geolier, à l'égard d'une femme honnête, qui serait prisonniere, est bien plus criminelle; & d'ordinaire on la confond avec le rapt.

Pour prévenir les crimes contre l'honneur, les Chinois (a) ont imaginé de comprendre dans leurs Codes de Loix, les règles de la politesse; cet expédient, qui ne fut jamais propre qu'à l'oisiveté des cloîtres, multiplie les coupables à l'infini, & impose une gêne intolérable. Je ne pourrais pas demeurer vingt-quatre heures dans un pays où elles serait établis.

ARTICLE PREMIER.

Rapt de séduction.

Le Mariage avec le ravisseur est défendu. (b)

ART. II.

Conduire une femme ou une fille dans un lieu de débauche.

Il faut faire visiter une fois par jour tous les mauvais lieux, par des Officiers de Police.

_____

(a) Voyez tous les Auteurs qui ont écrit sur la Chine
(b) Déclaration du 26 Novembre 1639, art. 3.

CHAPITRE IX.

*Moyens de prévenir quelques-uns des crimes
d'Homme-à-Homme du sixième genre.*

Idées générales.

POINT de Mendians, (a) point de gens sans
aveu. Il faut multiplier les Manufactures Royales & les travaux publics ; car on n'a droit d'arrêter les mendians, comme mendians, qu'autant
qu'ils refusent de travailler : il est inutile d'é-
tablir pour cela des Maisons publiques, c'est la
somme des travaux qu'il faut accroître : quand
il y en a, les pauvres doivent les chercher : cependant il serait bon que les Curés ou Syndics
reçussent avis de l'établissement de ces atteliers,
afin d'en faire part à l'assemblée de leurs Pa-
roisses. Après ces précautions le mendiant doit
être arrêté, il est coupable, ou tout au moins
il est dangereux. On a cru, & quelques Auteurs
écrivent encore, qu'il ne faudrait point de luxe,
il faudrait donc que les fortunes ne fussent point
inégalement partagées : or, quand contre toute

(a) *Constat ergo in Civitate ubi mendicos vides, & fures
nisse clam, & latrones, & sacrilegos, & horum omnium scele-
rum auctores.* Republ. de Plat. Dial. 8.

forte de droit, il y aurait un nouveau partage
des terres, fon effet ne ferait qu'inflantané pour
l'anéantiffement du luxe, auquel on ferait trop
heureux de revenir, pour faire fubfifter grand
nombre de familles ruinées par les dépenfes de
leurs auteurs, ou par la trop grande divifion de
la part qui leur aurait été départie.

Les Loix fomptuaires me femblent donc un
obftacle à l'induftrie & à la population, puifqu'elles empêchent la circulation de l'argent qui porte
la vie par-tout. Je n'approuve pas même celles
qui défendent de porter de l'or (*a*) & de l'argent fur les habits; du moins elles ne conviennent plus à notre fituation préfente.

En effet, il y a maintenant affez d'argent
monnoyé en Europe, & cependant on évalue
à cent dix ou cent vingt millions ce qui revient
chaque année d'Amérique en or & en argent;
de tout cela, il ne fe perd que quinze millions qui paffent à la Chine & dans les Indes:
qu'on juge combien on eft loin d'épuifer le refte
en dorures, ce qui ferait à fouhaiter qui arri-

(*a*) Ordonnance de Charles VIII, de 1485. Déclaration
de François I, à Fontainebleau le 8 Décembre 1543 : de
Henri II, à Saint Germain-en-Laye, le 19 Mai 1547 : de
Charles IX, à Fontainebleau le 22 Avril 1561. Edit de
Henri III, à Paris en Juillet 1576 : de Henri IV, en Juillet
1601.

vât, à cauſe du grand nombre de gens que cela
feroit vivre.

On dit qu'il n'eſt point de pays où le luxe
ſoit auſſi répandu qu'en France ; il n'eſt cependant pas de grand Etat qui ſoit auſſi peuplé proportionnellement que ce Royaume. (*a*) Jadis il
fourniſſait des bleds à ſes voiſins, & aujourd'hui
il en achete d'eux : qu'on n'aille pas croire que
ce ſoit par le dépériſſement de l'agriculture ; cet
art ſe perfectionne comme tous les autres, un
peu plus lentement, il eſt vrai ; il n'eſt pas encore au terme où il arrivera, parce qu'il eſt
exercé par des hommes qu'il eſt très-difficile
d'inſtruire ; mais je puis atteſter que dans le canton que j'habite, on cultive mieux qu'il y a
vingt années : d'ailleurs les défrichemens ſe multiplient tous les jours, & l'on ne voit point
abandonner de terres anciennement cultivées.

_____

(*a*) La France a vingt-ſix mille neuf cens cinquante lieues
quarrées d'étendue, & l'on y compte vingt-quatre millions d'habitans, ce qui fait huit cens quatre-vingt-dix perſonnes avec un
reſte par lieue quarrée : or M. de Vauban avait calculé qu'une lieue
quarrée de terrein ordinaire pouvait nourrir huit cens cinquante
perſonnes au moins, & huit cens ſoixante-ſeize au plus ; ainſi la
population de la France, qui ſurpaſſe ſon calcul, peut paſſer
pour être trop forte, eu égard aux productions du pays : &
par conſéquent ſi elle s'accroiſſait encore, ce ne pourrait être
qu'aux dépens des ſubſiſtances qu'on prendrait de nouveau chez
l'étranger, & qu'on payerait également à même les ouvrages
d'induſtrie.

Ce que nous vendions autrefois de bleds à l'étranger se confomme donc maintenant dans le pays même, & en outre ce que nous achetons quelquefois du dehors : ainfi malgré le luxe, la population du Royaume s'eft accrue, ou plutôt elle s'eft accrue comme lui, puifque c'eft lui qui a rendu le pauvre participant des biens du riche, puifque c'eft lui, en grande partie, qui excite l'envie des étrangers, & les rend nos tributaires de quarante ou (*a*) cinquante millions qui rentrent tous les ans dans le Royaume, malgré ce qu'il achete du dehors.

Cependant le luxe qui fait vivre la partie indigente de l'Etat, & qui fait jouir les gens riches, eft un fléau pour le grand nombre de ceux qui font nés dans la médiocrité, je le fais & je n'y connais point de remede. Les maux & les biens font par-tout mêlangés, il faut les prendre les uns avec les autres : mais ce mal idéal, & pourtant très-fenfible, je puis dire même néceffaire, peut-il faire renoncer à des biens beaucoup plus grands que lui, d'ailleurs fans les apprécier intrinféquement les uns & les autres, en les fuppofant égaux ; dès que ces biens font plus répandus que les maux qui les accompagnent,

_____

(*a*) Voyez l'Ouvrage fur la Légiflation & le Commerce des Grains, première partie, P. 49.

Il faut cultiver la source commune d'où ils partent.

Laissons à certains Etats, régis par des moyens extraordinaires, & dont l'esprit particulier fait la plus grande sûreté, l'usage des Loix somptuaires; laissons-les aux Etats naissans; mais ceux qui comptent plusieurs siècles de durée & qui subsistent sans effort de la part des sujets, ceux-là ne doivent en admettre qu'au rapport des choses qu'on achete à trop haut prix de l'étranger. (*a*)

ARTICLE PREMIER.

Voler avec attroupement & à main armée.

Défense de faire des attroupemens, & défense du port d'armes. Voyez les Ordonnances citées à cette occasion au Chap. 2 de ce Livre.

Défense (*b*) d'aller par les villes & bourgs seuls ou en compagnie, étant masqués & armés.

ART. II.

Piraterie.

Défense (*c*) d'armer aucun vaisseau en guerre sans commission de l'Amiral.

(*a*) Il est impossible de rien lire de meilleur que ce qu'à dit sur cette matière M. de Montesquieu au Liv. 7 de l'Esprit des Loix.

(*b*) François I, à Chatillon-sur-Loing, en Mai 1539. Ordonnance de Blois, art. 198.

(*c*) Ordonnance de la Marine, Liv. 3, tit. 9, art. 1.

A R T. I I I.

Vol de cordages, ferrailles, uftenfiles ou agrès des Vaiffeaux.

Défenfe (*a*) d'acheter des matelots & compagnons de bateau, des cordages, ferrailles & autres uftenfiles de vaiffeau.

A R T. I V.

Vol domeftique avec effraction ou fans effraction.

Rien de plus fage que les Ordonnances, Edits, Déclarations & Réglemens (*b*) qui défendent aux maîtres de prendre des domeftiques avant de s'être informés de ceux chez qui ils fervaient en dernier lieu, de leur vie & mœurs. Il eft aufli défendu d'acheter des domeftiques aucuns effets d'or ou d'argent.

A R T. V.

Banqueroute frauduleufe.

Défenfe (*c*) de divertir les effets des banqueroutiers frauduleux, d'accepter d'eux des tranf-

---

(*a*) *Ibid.* Liv. 4, tit. 1, art. 17.

(*b*) François I, à Fontainebleau, en Décembre 1540. Henri II, à Château-Briant, le 27 Juin 1551. Charles IX, en 1565. Le même, à Fontain. le 25 Mars 1567. Henri III, à Paris le 21 Novembre 1577, &c.

(*c*) Edit du mois de Mai 1667. Ordonn. de 1673, tit. 11, art. 13. Déclarat. du 11 Janvier 1716.

ports, ventes ou donations fimulées, en fraude
de leurs créanciers; de fe déclarer leur créan-
cier ne l'étant pas. Ces mots *en fraude de leurs
créanciers* donnent occafion à une infinité de
procès, & devraient être fupprimés; la défenfe
devrait être abfolue.

Je voudrais qu'il y eût un Tribunal chargé
de vérifier tous les ans les regiftres des Marchands & Négocians, & de faire ceffer le commerce de ceux qui auraient de mauvaifes affaires.

Par-là, les banqueroutes de bonne foi ne feraient point auffi confidérables qu'elles fe trouvent l'être; les banqueroutiers frauduleux ne
pourraient pas éviter la conviction de leur crime,
& la fureté du commerce ferait auffi bien établie qu'elle puiffe l'être.

A R T. V I.

*Vol de grain ou de farine, fait par les Meû-
niers dans leurs moulins.*

On eft autorifé (a) à faire pefer fon grain au
moulin, & le Meûnier doit rendre le même
poids de farine que celui du grain qu'on lui a
confié; & pour rendre cette précaution plus

_____

(a) Charles VII, à Paris le 19 Septembre 1439, art. 5.

fentir
salutaire

salutaire , on autorise (*a*) ceux qui font peler leurs grains, à les faire moudre avant les grains non pelés.

A R T. V I I.

Faire ou fournir des fausses clefs pour faciliter l'entrée des maisons ou l'ouverture des armoires , malles &c.

Il est défendu aux serruriers & autres de faire l'ouverture d'aucune chose fermant à clef, que ce ne soit à la réquisition du propriétaire.

A R T. V I I I.

Acheter une chose volée , quand on sait d'où elle procède.

Défense doit être faite (*b*) d'acheter des effets d'or ou d'argent de gens inconnus. On oblige (*c*) seulement les Orfèvres & Joailliers à tenir registre des matières qu'ils achetent, des noms & professions des personnes qui leur vendent ; c'est laisser une porte ouverte aux abus.

(*a*) *Ibid.* art. 7.

(*b*) *Civile est quod à te Adversarius tuus exigit , ut rei quam apud te fuisse fateris exhibeas venditcrem : nam à transeunte & ignoto te emisse , dicere non convenit , volenti evitare alienam bono viro suspicionem.* L. Civil.

(*c*) Edit de Henri II , à Fontain. en Mars 1554, art. 8.

P

CHAPITRE X.

Des moyens de prévenir quelques-uns des crimes
d'Homme-à-Homme du septième genre.

Idées générales.

ENTRETENIR une police exacte dans les
villes & ailleurs. Le Magistrat doit veiller pour
le Citoyen qui dort : c'est dans ces fonctions
paisibles & assidues qu'il est l'objet de l'amour
public : quand il s'arme du glaive de la Loi,
il n'inspire que la crainte. Si je sors la nuit dans
Paris, j'éprouve le sentiment d'une reconnaissance respectueuse & filiale pour le Souverain,
lorsque je rencontre ces hommes estimables,
sages par état, qui assurent la paix sur leur passage, & qui ne sont armés que pour la tranquillité publique.

Il ne serait pas difficile d'établir le même ordre
dans toutes les autres villes du Royaume, en
y distribuant les Troupes si inutiles, ou plutôt
si à charge en temps de paix, c'est-à-dire, presque toujours : mais alors il faudrait les soumettre,
du moins dans ce rapport, aux ordres du Magistrat, à l'autorité duquel il semble qu'au contraire
on veuille les soustraire. Si malheureusement

cette police s'exerçait par la Jurisdiction militaire, les citoyens gémiraient sous le joug le plus dur, sous l'empire le plus despotique, sans pouvoir espérer la réparation des injustices qui leur seraient faites : d'ailleurs cela ne pourrait se faire que par un renversement de tous les principes : les Militaires sont les bras de l'Etat, dont les Magistrats sont la tête.

Pour prévenir les crimes contre le repos, faites naître le respect pour les hommes ; c'est toute la politique des sauvages graves & complimenteurs, c'est la source de l'ordre qui règne entr'eux. Ne serait-il pas déraisonnable de négliger les premiers moyens qui nous ont si bien servi, quand nous ne savons comment les suppléer ? Que l'éducation & la loi concourent à faire naître ce sentiment : la loi y contribuera, en punissant toutes les injures.

CHAPITRE XI.

Des moyens de prévenir quelques-uns des crimes civils.

Idées générales.

POUR prévenir ces crimes, on a imaginé
& multiplié les formes dans tous les contrats
& actes judiciaires ; à ce moyen, la fraude a
dû devenir plus fenfible, parce que le crime,
devant être plus compliqué, eft auffi devenu
plus difficile à commettre ; & cette difficulté à
le commettre, ainfi que la facilité à le confta-
ter, ont dû & doivent en éloigner les efprits.

ARTICLE PREMIER.

Fabrication, fuppreffion ou falfification des Jugemens.

Ils doivent (a) être portés fur le plumitif du
greffe, non en marge, & fignés du Juge dans
dans les vingt-quatre heures de leur reddition.

Des Contrats. Ils doivent être faits doubles,
& s'ils font paffés devant Notaire, fignés d'eux,
des parties & de deux témoins, puis atteftés par
le contrôle.

_____

(a) L'Ordonn. de 1667.

Des Procès-verbaux. Ils doivent être affirmés devant le Juge dans les vingt-quatre heures.

De Billets, Quittances ou Pieces d'écriture dans les Procès. Indépendamment d'une multitude d'autres formalités essentielles, & qu'il serait trop long de déduire, nulle pièce ne doit être produite en Justice, qu'elle ne soit contrôlée, ce qui en assure l'état.

ART. II.

Vente de choses qui n'appartiennent point à celui qui les vend. Vente d'une chose engagée, comme si elle était franche & quitte de toute dette.

Tous les actes doivent être déposés (*a*) au Bureau des Hypothèques.

ART. III.

Usure.

Défense (*a*) de prêter de l'argent ou des marchandises aux fils de familles: leurs obligations ne seraient pas même validées par la mort des pères.

(*a*) L'Edit des Hypothèques, de 1771.
(*b*) *Senat. Consult. Maced. L. 1, L. 3, L. 7. Capit. L. 7, n. 304.* Plusieurs Arrêts de Réglement des Cours.

ART. IV.

Infidélité, négligence dans la manière de recevoir les dépositions.

Il faudrait que le Juge & le Greffier fussent deux scélérats, puisque si l'un reçoit la déposition, l'autre l'écrit; ensuite on la lit au témoin, qui ne doit la signer qu'en tant qu'elle est conforme à la vérité : cependant.... Mais ce que j'ai à dire appartient à la procédure criminelle qu'il faudrait discuter trop longuement pour pouvoir le faire dans ce moment.

ART V.

Infidélité dans les poids & mesures.

» Les poids (a) & mesures seront marqués
» d'une marque publique, dont l'étalon sera
» tenu aux villes, dedans la maison commune,
» & ès bourgs & villages, en quelque lieu cer-
» tain où on puisse les trouver. &c.

_____

(a) Charles IX, à Paris le 20 Janvier 1563. Il y a une multitude d'autres Edits & Déclarations antérieurs & postérieurs.

CHAPITRE XII.

Moyens de prévenir quelques-uns des crimes municipaux.

Idées générales.

IL a été accordé à chaque ville des Magiftrats qui ne s'occupent que des foins relatifs à la cité; & ces Magiftrats font à la nomination des citoyens. Cette image du Gouvernement républicain, ce reffouvenir de l'autorité du peuple, exercée fans tumulte & fans brigue, me fait éprouver des fentimens uniques d'ordre, de refpect & de plaifir.

Citoyens, juftifiez la confiance de vos maîtres par le choix des plus honnêtes gens pour remplir les charges municipales. On peut encore y faire de grands biens & y empêcher de grands maux par autorité, ou par des plaintes & des prières, d'un bien plus grand poids que celles des fimples particuliers. Si dans votre choix vous prenez une autre bouffole que la probité, je ne vois plus en vous des républicains qui élifent leurs Magiftrats.

P iv

ART. PREMIER.

Augmenter & faire naître la difette par des ma-gafins, exportations ou autrement.

Cette efpèce de crime pourrait être plus qu'un crime municipal, fi la qualification des crimes fe prenait feulement du nombre des perfonnes qui en reffentent immédiatement le dommage, puifque, par les accaparemens & les exportations de bleds, on peut affamer tout un pays. Cette confidération doit rendre très-attentif à prévenir ce crime, ce qu'on ne doit faire cependant qu'avec bien des ménagemens, puifque parmi les précautions qu'on peut prendre contre lui, la plupart font contraires à la culture des terres & au commerce: en effet il ne s'agit pas feulement d'écarter les monopoleurs qui font la claffe la plus vile des hommes, & heureufement la moins répandue; il faut encore lier les mains aux Négocians cof-mopolites, qui, des différens ports du Royaume, feraient partir à l'infu les uns des autres, des bleds pour un pays où l'on en manquerait, & qui affameraient ainfi le leur; auffi avons-nou une multitude d'Ordonnances (a) Edits & Décla-rations qui défendent d'exporter des bleds fans des permiffions particulières.

_____

(a) Ordonn. de Saint Louis, de 1254. Déclar. de Françol I, à Fontain, le 20 Novembre 1539, &c.

Cependant ces permissions accordées aux vives instances des propriétaires & des commerçans, pour ce que le Souverain juge être le superflu, (*a*) n'ont pas l'effet avantageux que l'indigence de certains cantons devrait occasionner, parcequ'elles comportent trop de délais, (*b*) & que d'autres Nations profitent de ces retards pour faire l'approvisionnement souhaité : alors l'agriculteur cultive en vain une terre fertile, dont les fruits ne sont pour lui qu'un poids embarrassant, & son industrie qui recevrait ailleurs des (*c*) récompenses, est ici la cause de sa ruine.

Il faudrait donc sur cet objet une loi générale qu'on desire depuis si long-temps. Celle de 1764 n'aurait rien laissé à desirer à l'occasion des exportations, si le Souverain, au lieu de s'y réserver le droit d'ordonner de nouvelles sorties,

---

(*a*) J'ai dit ailleurs que le Royaume de France tirait maintenant des bleds de l'étranger : cependant tout le monde sait que dans des années de grande fertilité, ce même pays en vend au dehors, ce qui le met dans le cas de l'application de la Loi que je vais proposer.

(*b*) Voyez dans le Corps d'Observations de la société d'Agriculture de Bretagne, années 1759 & 1760, p. 162, un exemple de la lenteur dangereuse de ces permissions, quoiqu'elles fussent sollicitées par les Etats de Bretagne, & par le Duc d'Aiguillon ; & comme le bled pour lequel on en avait sollicité ne fut point vendu.

(*c*) En Angleterre on accorde des primes pour l'exportation des bleds, quand ils sont à un certain prix.

quand le prix des bleds ferait monté pendant
trois marchés confécutifs, à trente livres le feptier, avait réglé que ces forties ne pourraient
recommencer que quand le bled, pendant trois
autres marchés, aurait baiffé jufqu'à un certain
prix, comme de vingt-cinq livres le feptier :
alors chacun aurait fu ce qu'il pouvait faire; on
aurait fpéculé en conféquence d'une loi invariable; & dans les années d'abondance on aurait
tiré tout le parti poffible de la vente des bleds,
fans expofer fon pays à la famine & à la révolte.

Mais l'exportation étant réglée d'une manière
invariable, il ne faut pas croire que pour cela
on mette fon pays à l'abri du befoin occafionné
par des opérations mercantilles. (*a*) » En 1740,
» M. Orri fit venir pour treize millions de
» bleds; il n'en vendit point, & ces bleds ger-
» mèrent, parce qu'à l'arrivée du fecours, les ma-
» gafins particuliers s'ouvrirent. » Ces magafins
particuliers peuvent donc fans nulle exportation
occafionner feuls une difette affreufe, & le Souverain doit par conféquent s'en occuper, comme
on a fait (*b*) dans tous les temps.

(*a*) Obfervat. fur la liberté du Commerce des grains, p. 51.
(*b*) *V. L. unic. c. de Monop.* Ordonn. du Roi Jean, de 1355,
Ordonn. de François I, à Paris le 20 Juin, art. 3, & de Vil-
lers-Cotterets, en Août 1539, art. 191.

On ne doit pas les prohiber, puisqu'il en faut aux Négocians, qui, dans les années d'abondance, font commerce de bled avec l'étranger, ou qui le font de Province à Province ; mais il faut les connaître, & savoir ce qu'ils contiennent. La Loi de 1770 ordonnait à ceux qui voulaient exercer le commerce des bleds, de faire enrégiſtrer leurs noms & qualités au greffe des Juriſdictions dont ils dépendent.

On a eu raiſon de dire que cette partie de la Loi était inutile, puiſqu'elle n'était point suivie de l'obligation impoſée à ces marchands de donner une connaiſſance détaillée de leurs opérations ; c'eſt elles qu'il importe de connaître ; & le nom des Marchands n'eſt néceſſaire à ſavoir que pour y parvenir : mais on a eu tort de dire que cet enrégiſtrement de noms était fait pour dégoûter les Négocians riches, puiſque la crainte qu'on leur ſuppoſe de paſſer pour monopoleurs n'aurait plus de fondement, au moyen des précautions que le Souverain aurait priſes, & que tout le monde connaîtrait.

Il faudrait donc qu'ils fuſſent obligés de dénoncer à la Police la quantité de bleds qu'ils emmagaſineraient, ce qui ſerait inſcrit ſur un regiſtre, ainſi que le prix de leurs achats : il leur ſerait défendu d'acheter quand le bled ſerait

parvenu pendant deux halles à trente livres le
septier, jusqu'à ce que pendant deux autres halles il fut redevenu à vingt-cinq livres le septier. Suivant l'ordre de leur tableau, & l'importance de leurs magasins, le Juge de Police aurait le droit de les forcer de vendre, pourvu
qu'ils pussent retirer, sur le prix de la vente
l'intérêt de leur argent, & les frais de logement
& de garde.

Par ces précautions, moins sévères que la
fixation des prix de certaines denrées, contre
laquelle on ne se récrie pas, les magasins particuliers deviendraient la sûreté publique, & le
Souverain n'aurait plus à s'occuper des besoins
ni de l'approvisionnement de chaque canton.

CHAPITRE XIII.

Moyens de prévenir quelques-uns des Crimes de société particulière,

Idées générales.

CE n'eſt point au Souverain à prendre des précautions relatives à ſureté des ſociétés particulières ; c'eſt aſſez qu'il veille ſur la vie, la liberté, le bonheur, l'honneur, l'état, la fortune & le repos des citoyens : les nouveaux rapports qu'ils font naître ſont tous ſubordonnés à ces rapports généraux ſur leſquels la Loi a prononcé. C'eſt aux citoyens à établir cette relation, par des actes inconteſtables, afin de faire concourir l'autorité, s'il en eſt beſoin, au maintien de leurs arrangemens particuliers.

CHAPITRE XIV.

Moyens de prévenir quelques-uns des crimes de domesticité naturelle.

Idées générales.

IL faut, comme je n'ai pas cessé de le dire, subvenir à l'autorité que les pères tiennent de la nature ; mais il ne faut pas leur en conférer d'autre qui par sa sévérité lui soit directement contraire. » La (a) douceur de l'autorité pater- » nelle regarde plus à l'avantage de celui qui » obéit, qu'à l'utilité de celui qui commande ; » & cependant par un renversement de principes, on voit le droit épouvantable de vie & de mort accordé à la Chine aux pères sur leurs enfans. Les Romains adoptèrent (b) la même erreur & la trouvèrent aussi établie chez les (c) Gaulois ; je ne doute même pas qu'elle n'ait fait & qu'elle ne fasse encore le tour du Globe ; c'est un mal trop voisin du bien pour n'être pas universel, & les sacrifices d'enfans faits aux Dieux ou à la patrie, par les Carthaginois, les Ammonites, les

(a) Discours sur l'origine & les fondemens de l'inégalité parmi les hommes.

(b) L. ult. c. de Patria potest.

(c) De bell. gall. lib. 6, cap. 4.

Lacédémoniens, les Gaulois, &c. font à mon avis des témoignages du despotisme des pères, confirmé par la Loi, & rendu barbare par l'esprit des tems & des lieux dont il s'agit.

Il est donc bien intéressant de fixer l'esprit des hommes sur l'espèce d'autorité que la nature accorde aux pères sur leurs enfans. C'est le droit de faire adopter aux enfans des conseils qui ne sont dictés que par la tendresse paternelle, & ce droit ne s'exerce que par persuasion, que la confiance, le respect & l'attachement filial rendent très-facile.

Cette autorité est & doit être d'un exercice bien plus fréquent depuis l'établissement des sociétés d'institution, qu'auparavant, puisque les rapports de l'homme se font extrêmement multipliés, & qu'on ne les connaît que par le moyen de l'expérience ; & que cependant il faut les connaître pour se conduire sagement.

C'est dans ces cas que le père subvient à l'inexpérience de ses enfans, non pas pour leur faire exécuter sa volonté, mais pour leur faire pratiquer ce qui doit leur être avantageux.

Tel est le bien, telle est la vérité. Combien l'abus qu'on en a fait est effrayant !

C'est faire naître cet abus, que de rendre les pères responsables des fautes de leurs enfans, comme cela se pratique à la Chine, & comme cela se faisait au Pérou. Je ne prétends pas réformer singulièrement sur ce point, ni sur aucuns autres, les Chinois ignorans & présomptueux: ils seront long-temps dans les ténèbres, quand tout ce qui les environne sera éclairé, & la lumière ne pénétrera chez eux que peu à peu & par des chocs répétés en tous sens. Il n'y a plus à réformer sur ce point, ni sur aucun autre, le Gouvernement des Incas qui ne subsiste plus: mais les erreurs des nations, quelqu'étrangères qu'elles soient, nous sont encore plus utiles que curieuses, puisque souvent c'est l'examen d'une erreur qui nous fait découvrir une vérité.

Puisque l'autorité paternelle a pour motif l'intérêt des enfans, & pour base leur tendresse & leur respect, c'est à entretenir & à accroître ce respect que le Gouvernement doit appliquer ses soins, au lieu d'armer les pères, & d'en faire des tyrans: car si-tôt qu'ils veulent employer la violence, ils sapent l'édifice qu'avait élevé la nature, & leur véritable autorité disparaît comme l'amour filial qui lui servait de fondement.

Pour entretenir & accroître le respect filial, le Souverain doit honorer l'expérience; (*a*) c'est

_____

(*a*) Leve-toi devant les cheveux blancs, & honore le vieillard, Lévit. ch. 19, v. 32.

une juſtice pour ceux qui ont vieilli dans la pratique exacte de leurs devoirs, & c'eſt une douce
conſolation dans leurs vieux ans, que les hom-
mages publics que l'on rend à leur probité éprou-
vée & à leur expérience. Je n'aime Licurgue que
parce qu'on dit qu'il eſt l'inſtituteur des hôpitaux, & par le reſpect qu'il ſut faire naître pour
la vieilleſſe : (a) *maximum honorem non divitum*
& potentium, ſed pro gradu ætatis ſenum eſſe
voluit : nec ſanè uſquam terrarum locum ho-
noratiorem ſenectus habet. Quand cette opinion
ſera univerſellement répandue, on verra les enfans redoubler de confiance pour leurs pères ;
les nœuds des familles ſe reſſerreront, & l'amour
paternel qui n'éprouvera plus d'obſtacle de la
part des enfans, rendra l'autorité auſſi douce
qu'utile.

(a) Juſtin. I. 3, cap. 3.

CHAPITRE XV.

Moyens de prévenir quelques-uns des crimes de domesticité civile.

Idées générales.

Q U E perfonne ne puiſſe embraſſer une pro-feſſion , ſans faire preuve de bonnes mœurs, & qu'aucun domeſtique ne ſoit reçu en ſervice, ſans repréſenter un certificat de probité & de bonne conduite , alors les vertus privées devien-dront néceſſaires.

LIVRE V.

De la différence qu'il y a entre les sociétés actuelles & les sociétés primordiales, dans ce qui constitue les obligations du Citoyen, & de la différence que cela doit occasionner dans les Loix pénales.

> » Nam fic habetote nullo in genere difputandi magis
> » honefta patefieri quid fit homini naturâ tributum,
> » quantam vim rerum optimarum mens humana conti-
> » neat, cujus muneris colendi, efficiendique caufâ nati
> » & in lucem editi fimus, quæ fit conjunctio hominum,
> » quæ naturalis focietas inter ipfos. His enim explicatis
> » fons Legum inveniri poteft. *Cicer. de Leg. L. 1.*

CHAPITRE I.

De la société domestique ou naturelle.

Il s'établit une société entre l'homme & la femme, c'est la société domestique ou naturelle.

Cette société est le résultat des rapports physiques de l'un & de l'autre.

Cette société peut & doit être durable.

La certitude de sa durée est constatée par la

Q ij

société actuelle, & par celle des peuples les plus sauvages.

Cette durée est un résultat nécessaire des causes physiques, du besoin continuel qu'un sexe a de l'autre, du besoin que la mère & l'enfant nouveau né ont l'un de l'autre , & de la pitié qu'ils inspirent tous deux à l'homme témoin du plus attendrissant spectacle qui puisse jamais s'offrir à ses yeux.

CHAPITRE II.

De la société d'institution.

Après la société naturelle vint la société d'institution ; elle eft la réunion de plufieurs hommes qui ne fe tiennent rapprochés par aucun lien du fang ou de la nature, mais feulement par raifon de commodité : c'eft ici que commence l'empire de l'opinion, dont on connaît maintenant la force & les progrès.

La première époque de ces fociétés eft impoffible à fixer : elles furent trop obfcures, & ce qui les occafionna fut toujours marqué par des différences, fuivant la fituation des lieux où les hommes fe réunirent ; car qu'on n'imagine pas qu'une feule fociété poliça toute la terre.

La perfectibilité naturelle aux habitans des zones glacées, comme à ceux d'un climat plus doux, fe développait chez les uns & chez les autres ; & comme leurs moyens de fubfifter & les objets de leurs craintes n'étaient pas les mêmes, l'induftrie, la mère de toute fociété, s'exerçait différemment chez eux.

L'habitant du Groenland, dont la terre durcie par les glaces ne laiffe pendant prefque toute

Q iij

l'année nul accès à la végétation, n'a pas été amené à la vie civile par les mêmes chemins qui y ont conduit l'habitant de ces heureuses contrées, où les fruits de toute espèce pendent aux arbres, & n'attendent pour faire place à de nouvelles fleurs, que la main avide de l'homme qui les détache & s'en nourrit. L'activité de ce dernier n'aurait peut-être jamais été excitée sans les dangers auxquels il était exposé de la part des animaux de toute espèce, qui lui disputeront sans cesse un séjour dont ils ressentent comme lui les avantages.

L'homme placé par la nature sous les zones tempérées, partagea le bien & le mal des situations opposées, & son industrie fut participante de celle des autres hommes.

Mais les uns & les autres, soit qu'ils fussent ictiophages, frugivores ou chasseurs, sortirent de l'état de domesticité, à l'instant où un d'entr'eux inventa des instrumens pour se procurer sa subsistance, ou pour détruire avec moins de danger l'ennemi naturel qui l'avoisinait. Celui-là devint un modèle qu'on tâcha d'imiter ; & pour y parvenir, il s'établit une communication entre des hommes, qui étaient avant cela presqu'aussi étrangers les uns aux autres, qu'aux choses qui n'étaient point à leur usage.

L'âge du développement de l'esprit humain était arrivé & la communication naissante venait au secours de la nature. Une idée donnée se trouvait accrue par celui qui la recevait, & le copiste devenant à son tour un modèle, la société s'étendait, & ses liens devenaient de jour en jour plus forts.

Ces liens volontaires, & véritablement utiles, n'imprimaient point de honte, & leur poids était insensible. On connaissait l'émulation, mais non point encore l'envie. Nulles conventions expresses ; les secours accordés n'avaient en vue que la perfection de la chose qu'on faisait, & non d'obliger les autres à de pareils secours qui se rendaient aussi naturellement qu'ils avaient été accordés. L'homme s'ordonnait par rapport à à l'homme, avec la même simplicité que fait la plante au sujet d'une autre plante, ou du sol qui la nourrit : si ses racines rencontrent un rocher, elles se détournent ou s'introduisent après quelques tâtonnemens entre les bancs de pierre, & y croissent sans nuire à rien & sans effort.

· Des commencemens aussi heureux étaient bien capables d'encourager ceux qui en ressentaient les effets. L'homme découvrait tous les jours en lui de nouvelles facultés ; sa puissance morale &

physique recevait coup sur coup de nouveaux accroissemens, & prenait à chaque instant un empire plus marqué sur les choses qui l'environnaient, & son cœur tendre & confiant trouvait par-tout des cœurs qui lui répondaient.

Cependant le temps qui altère ou détruit tout, le temps dont la course rapide ne peut s'arrêter, & qui porte avec lui les secrets de la nature & des hommes, vint montrer à nos pères que leur bonheur n'était pas inaltérable.

Voici une seconde époque dans l'histoire de la société : ici s'offre l'analyse d'effets nécessaires, mais non prévus; car si l'esprit de l'homme est incapable de tout voir, même de tout combiner dans un seul plan, sa sagacité naturelle, sa prévoyance est étouffée par le sentiment actuel, quand il est profond.

Cette association, le charme du peu d'heures qu'il avait à vivre, étendit ses rapports, & l'identifia avec les choses qu'il venait d'acquérir : aussi leur perte dut-elle lui être extrêmement douloureuse : mais sa sensibilité, excitée par la haine, fut au comble, s'il vint à savoir que ce qui lui était si cher, lui avait été ravi; cependant cette injustice était une suite naturelle de l'industrie & du développement des passions humaines.

En effet l'industrie allait en augmentant comme le defir des jouiffances qu'elle procure. De l'activité plus ou moins grande de ce defir , naquit la première inégalité de fortune ou de propriété. Cette différence aurait été long-temps feule & peu fenfible , fi la même génération, qui l'avait vue s'établir , eût toujours fubfifté avec les mêmes inclinations : mais les générations qui fuccédèrent la virent s'accroître bien autrement, & il en naquit de nouvelles.

Le fils d'un père indolent fut indolent comme lui, mais fes enfans ne lui reffemblèrent point : cependant, comme ils ne purent r'attrapper le temps qu'avaient perdu leurs pères , & qui avait été mis à profit par les autres, ils furent réduits à folliciter des enfans de ces derniers, ce qui faifait l'objet de leurs defirs.

On le leur vendit à prix coûtant , c'eft-à-dire qu'ils travaillèrent pour l'acquérir, & que leurs travaux vertirent au bénéfice du vendeur qui fe trouvait feul en poffeffion des uftenfiles néceffaires au travail , uftenfiles qu'il aurait été trop long pour les autres de fe procurer , tandis qu'ils étaient preffés de jouir. De cette manière les hommes pauvres concourrurent à affurer la fortune du riche, & à augmenter les richeffes qu'il voulait bien partager avec eux.

Delà les rapports du maître & du ferviteur, & delà l'envie & le vol qui marche immédiatement & néceffairement à fa fuite.

Qu'on n'aille pas croire que j'aie voulu dire dans l'exemple que je viens de propofer, que le premier vol qui fut commis entre les hommes, fut le vol domeftique. Je ne me fuis laiffé aller à l'idée qui y donnerait lieu, je ne l'ai placée ici que pour offrir un exemple non pas unique, mais dont le détail préfente une image vive & profonde des premières inftitutions fociales. Quant au vol, de quelque maniere qu'il ait été commis dans l'origine, il fuffit à mon plan d'avoir prouvé qu'il fut une fuite de l'envie, & que celle-ci doit fon origine aux progrès inégaux de l'induftrie : or l'exemple que j'ai choifi l'établit peut-être un peu mieux qu'un autre.

Si le vol était une fatalité inévitable, un mal néceffaire par le défaut de prévoyance & de perfection des hommes, la vengeance qu'il occafionna en était un autre par la même raifon, auffi difficile à prévenir. Cette vengeance qui fut en proportion compofée de l'intérêt qu'on prenait à la chofe volée, & de l'étonnement & de la haine que la nouveauté de cette action infpirait, ne put manquer d'être fort févère.

Pour en juger, il ne faut pas s'en rapporter

à fon reffentiment dans le cas d'un vol. Quelque mauvaife éducation que nous recevions, on nous apprend toujours à nous fupporter les uns les autres, du moins jufqu'à un certain point; cela fuppofe un fait qui n'eft que trop vrai, c'eft l'habitude de s'entre-nuire, dans laquelle les hommes de toutes les conditions fort élevés parmi nous. Nous naiffons & croiffons au milieu de l'injuftice, pour laquelle nous nous formons, fans nous en appercevoir, une heureufe indulgence qui éloigne de nous les fentimens profonds & terribles qu'elle doit faire naître dans un cœur qui ne l'a point encore connue.

Je ne balance point à croire que cette vengeance fut la mort du voleur, & qu'on y applaudit univerfellement. Ce fut l'inftant où tous les efprits s'accordèrent pour la première fois fur la moralité des actions humaines.

Quand le crime eut une feule fois défenchanté la vie de nos pères, le foupçon qu'il traîne après lui, vint prendre place dans leurs cœurs, & la paix fut bannie de deffus la terre : car file foupçon eft un enfant du crime, bientôt il le fait renaître auffi; cette liaifon néceffaire fe rencontre dans le mal comme dans le bien. Heureux quiconque s'eft fait des principes, dont il ne peut point appréhender les conféquences!

Le crime, pour s'être multiplié, ne demeura pas sans châtiment : l'exemple donné fut suivi quand le même crime se représenta, & la répétition constante de cette vengeance fut le premier ordre moral d'institution parmi les hommes. C'est ici une troisième époque dans la société.

Le plus grand nombre des écrivains confondant les trois âges que je viens de distinguer, supposent, lors de la réunion des premières familles, des conventions en grand nombre, tacites, à la vérité, (*a*) mais si naturelles, qu'elles n'avaient pas besoin d'être exprimées pour que chacun s'y soumît. Ce qu'ils disent à cet égard serait très-bon si la société, avant son origine, eût été long-temps méditée, ou par quelqu'un qui se fut chargé d'en expliquer les progrès à ceux qui voulaient y être admis, ou par ces derniers avant leur réunion : car autrement le bien & le mal ne s'étant développé que successivement & à l'imprévu, il n'a pas été possible qu'on stipulât sur des objets non existans & inconnus. Or cette prévoyance subite & ces longues méditations me semblent tellement surpasser les forces de l'esprit humain, dans les temps qui précédèrent les premières sociétés, que j'aime mieux, avec *Ciceron*

_____

(*a*) De l'origine des Loix des Arts, & des Sciences, tome premier, liv. I, p. 17.

les voir naître du hazard , comme toutes les in-
ventions, comme tous les arts qui s'y font in-
troduits depuis. Les conventions tacites , dont ils
veulent parler, furent donc un réfultat de l'expérience que les hommes n'acquirent qu'après
l'ufage de la fociété. Elles ne purent être que
tacites avant l'établiffement du Gouvernement :
car, pourquoi euffent-elles été exprimées ? A quoi
cela eut-il fervi , vu qu'il n'y avait perfonne qui
eût le droit & le pouvoir de les faire obferver ?

Les premières de ces conventions furent relatives à la propriété & non à la vie. Cette propofition eft un paradoxe & mérite une explication.

Le rapprochement de plufieurs familles put, &
dut, il eft vrai, multiplier les querelles perfon-
nelles , mais comme ce n'était pas une chofe nouvelle, elles fe vuidèrent comme auparavant, &
on ne vit pas à rien ftatuer fur une chofe qui
s'ordonnait d'elle-même , & par la feule impulfion naturelle. La manière d'appaifer ces querelles fut même un objet tardif des foins du Gouvernement. On peut s'en affurer par la fimple
lecture du premier titre de notre Coutume de
Normandie où fe trouvent fix articles au fujet
des trèves. (a) Ces trèves étaient une défenfe faite

_____

(a) Ces trèves ne furent imaginées en France qu'en 1044,
fous le nom de trèves ou paix de Dieu, & delà elles s'établirent

par le Juge ordinaire à des hommes qui avaient
eu querelle, de rien attenter les uns contre les
autres; car c'était une coutume en France que
quand un particulier avait été outragé, ses pá-
rens & amis se liguaient pour le venger. Ainsi
au temps de la rédaction de cette Coutume qui
se fit en 1583, il restait encore des traces assez
communes de ces vengeances particulières, le
fruit de l'instinct qui naît indépendamment de
toute convention; vengeances même consacrées
par la Loi, ainsi que je viens de le remarquer à
la note, en parlant du droit de faïde, dont du
Cange fait mention dans son Glossaire.

On savait donc, avant l'établissement de la société, le risque qu'on courait en outrageant
quelqu'un: on savait aussi la manière de réparer
cet outrage; mais on ignorait, avant l'établissement
de la propriété, ce qu'on ferait dans le cas d'un
attentat à cette propriété. Un exemple l'apprit,
& il se forma, comme nous l'avons dit, de la
répétition de cet exemple une convention tacite
d'agir de la même manière dans un cas semblable.

---

dans toute la Chrétienté. V. l'Abr. Chr. de Mezeral, t. 2, p.
277, à l'année 1183. Avant elles le droit de faïde, qui est
le droit de venger la mort de son parent, était même établi
par les Loix des Barbares. V. le t. 9, liv. 43, de l'Hist. Ec-
clésiast. par M. l'Abbé Fleury.

Un long-temps s'écoula fans doute durant lequel des conventions pareilles réglèrent les fociétés déja formées depuis tant de fiècles. Mais queft-ce que les années que l'on peut nombrer par rapport aux lenteurs de la civilifation! Cependant tous les jours faifaient goûter de nouveaux biens, & appréhender de nouveaux maux. Les intérêts fe multipliaient & les rapports fe croifaient en mille manières. Or plus les actions devenaient com- pofées, moins il devenait facile de les apprécier ; & comme chacun était juge de la gravité du tort qui lui était fait, fi les torts fe multiplièrent, il fe glifla des abus terribles dans la vengeance; tantôt trop fevère, & tantôt impuiffante felon la force & les moyens des perfonnes offenfées, elle devint aufli redoutable par fes fuites les plus loin- taines, que par fes effets immédiats.

Alors un défordre univerfel vint effacer les tra- ces du bonheur, & le genre humain gémiffant fur les ruines de fa félicité paflée, regretta fon igno- rance & fa fimplicité primitive.

Ces regrets ne furent point impuiffans dans le cœur d'un grand nombre d'hommes ; ils brifèrent les hochets devenus trop pefans pour leurs faibles mains, & fuyant avec précipitation le voifinage contagieux de leurs compagnons abufés, ils ren- trèrent dans l'épaiffeur des forêts, en fe béniffant eux-mêmes d'avoir refpecté dans leurs entreprifes paffées, l'azile de la paix & de la liberté.

D'autres plus fenfibles à la jouiffance des objets qu'ils avaient acquis fe roidirent contre les obftacles, & entreprirent de les furmonter. Pourquoi non, puifque le bien & le mal étaient également leur ouvrage ?

C'eft ici la quatrième époque de la fociété d'inftitution ; c'eft par ces effets qu'à commencé le Gouvernement, fi fimple alors, & devenu fi compofé par la fuite des temps.

Loin de renoncer aux produits de notre induftrie, affurons-en la jouiffance à chacun de nous, dit un homme hardi & éloquent ; jurons de fubvenir à celui qu'on voudrait en priver ; qu'avec notre aide il tire une vengeance certaine de quiconque l'opprimerait, ou plutôt que cette vengeance devienne un châtiment public, & l'homme entreprenant qui compte fur fa force, fera contenu par une jufte crainte. A peine eut-il parlé, que chacun de ceux qui l'entendirent proféra tout haut le ferment auquel on allait être redevable d'une paix fi défirée. Tel eft le fondement & l'origine de toutes nos obligations politiques & civiles. Voyons à faire fentir la différence de ce qu'elles furent autrefois, à ce qu'elles font aujourd'hui.

CHAPITRE

CHAPITRE III.

De la différence qu'il y a entre les sociétés pri-
mordiales & les sociétés actuelles, dans ce qui
conſtitue les obligations du ſujet.

NE perdons pas de vue que les premières
conventions de la ſociété politique furent relatives à la propriété, ce que nous nous ſommes
efforcé d'établir par l'analyſe des progrès naturels & néceſſaires des hommes vivans en ſociété.
La néceſſité des conventions de cette eſpèce ſe
fait ſentir à ceux qui réfléchiſſent le moins, &
leur priorité d'inſtitution eſt un réſultat de l'ordre naiſſant. En effet une ſociété dans laquelle
il n'y aurait de Réglemens que par rapport aux
injures perſonnelles, ſe diſſoudrait bientôt, par
les différends qui naîtraient au ſujet de la propriété; au contraire une ſociété qui n'aurait fait
de réglemens que par rapport à la propriété, ne
laiſſerait pas de ſubſiſter malgré les injures perſonnelles qui ſe termineraient comme ci-devant.

Ce que nous diſons a été ſenti par l'orateur
philoſophe, quand il dit: *detrahere igitur ali-*
quid alteri , & hominem hominis incommodo
ſuum augere commodum, magis eſt contrà na-

R

turam quam mors, quam paupertas, quam dolor, quam cœtera quæ poſſunt aut corpori accedere aut rebus externis, nam principio tollit convictum humanum & ſocietatem. Si enim ſic erimus affecti, ut propter ſuum quiſque emolumentum ſpoliet aut violet alterum, diſrumpi neceſſe eſt eam, quæ maximè eſt ſecundùm naturam, humani generis ſocietatem. (a)

Les premières conventions qui aſſurèrent la durée de la ſociété n'eurent donc pas d'autre objet que de conſerver irrévocablement à chacun ſa propriété. (b) N'ayant été arrêtées que pour l'avantage des propriétaires, on ſent bien que ces conventions ne furent faites qu'entr'eux, c'eſt-à-dire, entre ceux à qui elles devaient profiter : pour les autres, comme ils n'avaient rien, ces conventions ne pouvaient leur être utiles ; au contraire elles étaient faites pour les premiers, préciſément contre ces derniers ; ce qui fit qu'aucun d'eux n'y accéda, & qu'ils ſe ſéparèrent pour vivre comme auparavant, juſqu'à ce qu'un nouveau triage s'étant fait parmi eux, & pluſieurs autres enſuite, toujours occaſionnés par les mêmes motifs, tous les hommes ſe trouvèrent de leur plein gré, & pour leur bien, ſoumis à des conventions politiques qui furent leur ouvrage.

(a) *De Off. Lib. 3.*
(b) *Nullum ſcelus apud Scythas furto gravius. Juſt. t. 2. l. 2.*

Dans ces temps l'esprit de l'homme encore
très-borné, & n'allant point au-delà des choses
qu'il avait acquises, se crut, par leur possession,
assuré d'un bonheur inaltérable; aussi ne manqua-
t-il rien à la sincérité des sermens qui furent
proférés, & la peine des parjures ne parut pas
pouvoir être trop sévère. *Furtum autem capi-*
tale crimen apud majores fuit ante pœnam qua-
drupli. Mais tout ce qui provient de l'homme
doit participer de son inperfection & de son
instabilité.

Ce peu de choses pour la conservation desquelles on avait tant fait, fut tôt ou tard insuf-
fisant pour le bonheur ; car l'esprit de l'homme
aussi inquiet que son cœur est insatiable, faisait
tous les jours de nouvelles découvertes. Cependant la crainte d'un supplice certain maintenait
l'ordre des propriétés : mais cette crainte faisant
accroître l'envie, la changeait en une haine mor-
telle, & le sang humain fut répandu par ceux
qui se traitaient auparavant d'amis sincères.

Ce nouveau désordre était bien plus terrible
que celui auquel on avait remédié, puisque la race
humaine allait s'éteindre : mais au milieu de ces
ténèbres sanglantes, la raison qui n'est que l'expérience mise à profit, vint élever sa voix ferme
& persuasive. Faisons pour la conservation de

nos vies, dit quelqu'un , la même ligue & les
mêmes fermens que nous avons faits pour la confervation de nos propriétés. Ces paroles furent
entendues du pauvre comme du riche , car tous
avaient une vie à conferver , & tous la voyaient
en danger : auffi chacun fe hâta de jeter fes armes
meurtrières, pour accourir plus promptement fe
placer fous le bouclier de la force publique, qui
s'accrut en raifon de fon utilité.

Voici comment les hommes fe font fait des
Loix. Leur intérêt les fit naître, & les a fait changer tant de fois, & c'eft toujours fur leur intérêt
qu'on doit fonder leurs obligations.

Les hommes de toutes les contrées fe font fait
leurs Loix à eux-mêmes; car c'eft la même chofe
de les avoir faites par un accord fubit & unanime,
ou d'avoir chargé quelqu'un de les faire, & de
les avoir agréées enfuite dans une affemblée générale. C'eft ici une vérité, même hiftorique, &
c'en eft une fi claire, qu'il n'eft pas befoin d'avoir
recours à l'hiftoire pour la démontrer.

Ils ont fait leurs Loix; ils fe font impofé
des obligations, pour fe conferver leurs jouiffances, & pour s'affurer le repos. A peine ont-elles
été imaginées qu'ils en ont reffenti les doux effets,
& béniffant l'heure de leur promulgation, la génération qui les avait inventées s'y conformait

moins qu'elle n'en jouiſſait, tant le ſouvenir du déſordre paſſé avait laiſſé de profondes traces dans la mémoire des hommes.

D'ailleurs ces obligations étant en très-petit nombre, il était facile de s'y conformer. Il n'en eſt pas de même aujourd'hui, leur nombre ne ſaurait preſque ſe compter : il eſt tel, qu'il n'y a peut-être nul homme vivant actuellement qui ne ſe ſoit mis dans le cas d'un châtiment public, ſi l'on faiſait valoir contre lui toutes les Ordonnances. Notre condition eſt donc bien plus gênante, nos obligations ſe ſont multipliées, & notre intérêt qui doit leur ſervir de baſe s'eſt cependant prodigieuſement affaibli.

Auſſi voyant l'anarchie & l'état de guerre dans un ſi grand éloignement, la plupart des Ecrivains de ce ſiècle ont oſé le préférer à l'ordre actuel. Quelque choſe qu'on leur diſe, ils vous répondent *malo periculoſum libertatem quam tranquillam ſervitutem.* Cependant loin d'éprouver un eſclavage politique, nous ſommes plus libres de nous-mêmes qu'on ne l'était dans ces Républiques fameuſes par leurs conquêtes & par leurs ſacrifices journaliers des Républicains. Nous ſommes plus libres, la ſomme des jouiſſances s'eſt accrue, & cependant nous nous plaignons : qu'elle en eſt donc la cauſe ?

Elle n'eſt pas difficile à ſaiſir dans l'ordre général : elle ſe prend de l'extrême inégalité qui
règne dans les Etats policés de l'Europe, inégalité qui croît en raiſon directe de l'induſtrie,
& qui, par conſéquent, n'eſt pas comparable à
ce qu'elle fut dans les premiers temps de la ſociété. Un Miniſtre bien cher à la nation a dit
dans un ouvrage vraiment philoſophique, que
de vingt-quatre millions d'hommes qu'on compte
en France, la plus grande partie ne vivent que
de pain, & l'on ſait la manière ſomptueuſe &
délicate dont y vivent les gens riches. Un Anglais
(Mr King) a fait voir dans ſes calculs, que dans
cinq millions d'hommes qui, de ſon temps, com-
poſaient la population anglaiſe, il y avait treize
çens mille pauvres qui avaient beſoin pour vivre
d'être ſoulagés par les aumônes.

D'après ces calculs effrayans que l'intérêt de
l'humanité nous force à remettre ſous les yeux
des Souverains, qu'ils jugent de la ſituation du
pauvre !

Ils verront que le peu de jouiſſances qu'il a
ſe réduit preſqu'à des eſpérances, le plus ſouvent
trompeuſes ; ils verront qu'ainſi ſon intérêt à la
ſociété n'eſt plus à mettre en comparaiſon avec
celui des hommes qui la formèrent, ou qui du
moins en conſacrèrent la durée par la fixation

dès Loix ; cependant ils verront qu'il eſt plus tenté que ces derniers, parce qu'on lui ſuſcite en
quelque ſorte de nouveaux beſoins, en lui offrant
ſans ceſſe le ſpectacle de nouvelles jouiſſances :
alors peſant ſon intérêt ſi prodigieuſement affaibli,
ils ſentiront combien ſes obligations ont dû s'affaiblir auſſi , & par conſéquent avec combien de
ménagemens il faut exiger de lui ces mêmes
obligations, qui ſont cependant d'une néceſſité
abſolue.

Ils verront que pour reſter dans la ſociété, le
pauvre n'a de motifs que la force toute puiſſante
de l'habitude, & l'eſpoir d'un mieux qui n'arrivera peut-être jamais; car tel eſt le rapport utile
de l'induſtrie au Gouvernement : elle enchaîne le-
riche par les commodités ; elle enchaîne auſſi le
pauvre par les ſpéculations qu'elle lui fait faire ;
elle le réſoud encore à vivre aujourd'hui pour un
lendemain qui n'arrivera peut-être pas. Qu'on
juge d'après cela des Loix Egyptiennes qui dé-
fendaient aux enfans d'exercer d'autre profeſſion
que celle de leur père : qu'on juge de toutes les
Loix pareilles, qui , en bornant l'induſtrie de
certains hommes à certains objets, leur enlèvent
les eſpérances les plus flatteuſes, par l'excluſion
qu'elles leur donnent de certaines profeſſions.

Mais le pauvre qui, comme on le voit, n'a

R iv

guères envers la fociété d'obligations juftement fondées, que celles qui réfultent de fon féjour dans cette fociété, n'eft pas le feul à fe plaindre. L'homme placé par le hazard dans la médiocrité le fait prefqu'auffi amèrement que lui.

Il y a long-temps qu'on vante la médiocrité pour la paix qui l'accompagne. On dit ce qui devrait être, mais ce qui eft impoffible pour la multitude. On fait toujours l'homme ou plus parfait ou plus méchant qu'il n'eft, c'eft le défaut de tous les moraliftes. L'homme parfait eft une chimère : l'homme toujours méchant en eft une auffi : par la nature il eft empêché d'être méchant : les arts & les commodités de la fociété qui excitent fes defirs, le portent à être injufte. Voudrait-on qu'il fut infenfible aux jouiffances dont il eft témoin, parce qu'il eft dans l'impuiffance de fe les procurer ? Ce ferait vouloir deux chofes contradictoires, qu'un être fenfible ne le fut pas. Tout ce qu'on peut exiger de lui, c'eft que fes defirs ne le rendent pas injufte; & ce qu'on peut lui confeiller de mieux, eft de détourner les yeux de deffus les objets qui exciteraient fes defirs, & qu'on lui offre de toutes parts. La médiocrité fuppofe donc des combats perpétuels, & la fageffe confifte à remporter la victoire : or on fent bien que le plus grand nombre ne peut pas être celui des fages: ainfi la médiocrité n'eft pas un port tranquille à l'abri de tous les orages.

L'homme élevé dans la médiocrité eft dans le vrai point de vue pour bien voir les jouif-fances du riche; il eft également placé pour con-naître les miferes du pauvre qu'il emploie & qu'il foulage tous les jours : or fi l'état de l'un excite fon envie, il tremble d'être réduit un jour à la condition de l'autre dont il eft fi voi-fin, & dans laquelle le moindre revers peut le faire defcendre lui ou fes enfans qui font une moitié de lui-même. Dans cette follicitude ac-cablante, & qui empoifonne les plus doux mo-mens de fa vie, il s'agite & ne fe donne point de relâche; tous fes momens font partagés entre les foins les plus preffans & les plus minutieux : fa dernière heure le furprend encore dans la peine.

Qu'il eft malheureux, dit-il, quand on eft encore dans l'âge brillant des illufions, de rom-pre tout-à-coup dès l'âge de trente ans avec de fi douces habitudes, & de livrer fon ame toute entière aux foins d'une petite fortune! S'il fe réveille au dedans de nous-mêmes quelques-unes des fenfations qui nous avaient rendu la vie un bien précieux, elle expire en naiffant,

& cette lueur paffagère en faifant naître nos regrets, nous défefpère par l'idée d'une vieilleffe prématurée : c'eft un malheur alors d'avoir reçu de la nature une imagination vive & un cœur fenfible.

C'eft bien autre chofe, fi moins raifonnable & plus facile à s'enflammer par l'idée des jouiffances, l'homme né dans la médiocrité arrête trop long-temps fes regards fur les objets qui les procurent. Bientôt il fe fent tourmenté par une multitude de fantaifies que l'exemple des hommes a tournées en befoins, & l'ennui qui le ronge lui applanit fouvent la voie du crime. S'il eut prévu paffer fa vie dans les noirs accès de cette paffion fatale, ou la finir par des tourmens honteux, n'aurait-il pas fui bien loin des hommes ?

Si les dix-huit vingtièmes de la fociété fe plaignent de l'ordre qui y règne, & ont de juftes raifons de fe plaindre, prifes de leurs befoins & des paffions naturelles à l'homme ; fi l'intérêt primitif à l'affociation eft prefque anéanti ou prodigieufement diminué, les obligations qu'elle leur impofe ont dû s'affaiblir dans la même proportion, ou bien la fociété doit fe diffoudre.

Cela arriverait auffi fi les temps pouvaient fe rapprocher, & fi ceux qui la formèrent les pre-

miers vivaient encore. Ils avaient l'expérience
d'une autre vie qu'ils ne quittèrent que pour une
meilleure : ils verraient leur erreur, & feraient
un nouvel échange de leur politeſſe & de leurs
arts, contre la rudeſſe & la liberté de la vie
ſauvage, dont leurs deſcendans ſortiraient enſuite
comme eux.

Mais cet échange eſt preſqu'impoſſible pour
nous. On ne nous laiſſe pas entièrement la liberté de le faire ; & tandis qu'une force extérieure nous maîtriſe juſqu'à un certain point, tandis que l'incertitude d'un ſort que nous ne con-
naiſſons pas nous effraye, des raiſons priſes au
dedans de nous-mêmes & nées des circonſtances
nous retiennent.

Nous naiſſons dans la ſociété dont nous con-
tractons chaque jour le beſoin, & quand l'âge
de la réflexion eſt venu l'habitude eſt priſe, &
ſes liens ſont ſi multipliés & ſi forts, qu'il faudrait
une force extraordinaire pour les rompre ; d'ailleurs peu de gens en ſont tentés ; ils ne ſont plus
dans le vrai point de vue pour enviſager leur
condition. Profondément occupés de la ſenſation
préſente, ils confondent & mêlent toutes les
idées, par la dépendance où ils cherchent à
les mettre de leur ſituation actuelle : alors le
chaos qu'ils ont fait naître leur paraiſſant impoſ-

fible à ordonner , ils fe hâtent d'en fortir , & laff
d'un effort inutile , ils fe promettent de n'en plu
faire ·de femblables , en déclarant que tout n
faurait être autrement qu'il eft. Ce parti eft celu
de la fageffe ; il comporte néceffairement celui
de la foumiffion aux Loix : quant à ceux qui
croient pouvoir fe plaindre d'une néceffité fatale
qu'ils fortent de l'état focial , on ne les y retient
point affez pour qu'ils ne puiffent pas le faire;
ou s'il y reftent, qu'ils vivent paifibles & qu'ils
fe taifent ; cependant le Souverain doit connaître
leur fituation, afin d'y proportionner les peines.

Les motifs qui font que la fociété fubfifte,
quoiqu'ils foient efficaces, comme nous l'avons
fait voir, & comme l'expérience le prouve, font
cependant bien inférieurs à ceux qui lui ont
donné le jour. Si la politique pouvait les con-
fondre, ce ferait une politique barbare, & non
celle qui eft fondée fur la morale univerfelle,
la feule vraie, la feule qu'il foit permis d'avouer.
Nos obligations ayant une bafe différente de celle
des premières fociétés, il doit en reffortir des différences & des effets politiques intermédiaires,
auffi héceffaires que ceux qui arrivent en phyfique, quand deux caufes différentes produifent
un dernier effet femblable.

CHAPITRE IV.

a différence qu'il y a entre les motifs actuels qui font subsister la société, & ceux qui lui ont donné naissance, doit occasionner des changemens dans les Loix Pénales.

Nos Loix Criminelles font prifes chez les Romains qui les tenaient des Grecs, & ces derniers les avaient reçues des Egyptiens, (a) non pas qu'elles foient précifément les mêmes chez nous qu'elles étaient en Egypte; car on fait qu'elles ont été retouchées un grand nombre de fois : mais chaque Légiflateur tour-à-tour faifi du même efprit, puifé apparemment dans l'étude des Loix des autres peuples, a répété, ou à peu près, ce qui avait été dit avant lui.

Cette répétition me paraît avoir trois caufes : mais avant de les indiquer, il eft néceffaire de différencier dans les Loix Criminelles la fin d'avec les moyens.

La fin qu'elles fe propofent eft de maintenir l'ordre focial, en prévenant les crimes.

(a) *Solon fententiis adjutus Ægypti Sacerdotum, latis jufto moderamine Legibus, romano quoque juri maximum addidit firmamentum.* Amm. Marcel. L. 22, c. 16, p. 346.

Les moyens qu'elles emploient font les peine ou châtimens qu'elles décernent contre ceu qui commettent des crimes.

Ces peines font prononcées par la même Lo qui défend les crimes : de forte que dans cha cune de ces Loix j'en vois deux ; la première que j'appelle Loi Criminelle, proprement dite & la deuxième, Loi Pénale.

La plupart des Loix Criminelles font & doivent être de tous les pays, puifqu'elles défendent les actions qui boulverferaient & anéantiraient la fociété ; mais les mêmes Loix Pénales ne font point néceffaires ; &, faute de les avoir diftinguées des premières qu'on fe trouvait forcé de répéter dans chaque Code, on a également répété ces dernières, comme une dépendance néceffaire des autres : c'eft cette confufion qui eft la première caufe d'une erreur auffi dangereufe.

En fecond lieu, celui qu'on charge de rédiger un Code de Loix, réuniffant en lui feul (par l'amour propre naturel à l'homme) l'intérêt de tous à la confervation de l'ordre qu'il établit, devient cruel vis-à-vis de ceux qu'il juge capables de l'enfreindre : il s'autorife de l'exemple des premières légiflations, qui, comme nous l'avons vu, ne pouvaient manquer d'être très-févères ; & comme, lors de l'examen de ces

Loix , ce qui occupe principalement le peuple qui les confacre , eſt l'attente de l'ordre & la haine du mal, il reçoit ſans examen tout ce qui favoriſe ces ſentimens.

Enfin les Loix Pénales ont continué d'être les mêmes , ou du moins elles n'ont pas diminué de févérité , ce dont on fent aujourd'hui la né-ceſſité , parce que l'humanité n'a été d'aucun fiècle comme du nôtre, parce que la raiſon eſt infiniment plus avancée qu'elle ne le fut jamais, & que la plupart des fiècles qui nous ont pré-cédé, ont été des temps d'ignorance & de bar-barie ; dans leſquels les dépoſitaires momentanés d'une autorité d'autant plus cruelle qu'elle était chancelante & fouvent uſurpée, étaient incapa-bles de voir que les hommes en général font faciles à mener par la raiſon, & toujours ré-voltés contre la tyrannie.

Heureux l'âge de la vérité ! L'homme de bien y parle comme il penſe ; le Souverain l'écoute & ſe fait adorer ; la cité connaît ſes devoirs , & le méchant , honteux de lui-même, ne trouve point d'afyle ni de conſolateur. Les Loix ſont obſervées, mais on s'occupe de les rendre meil-leures , & le ſujet ne court point riſque de ſa tête, comme autrefois chez les Thuriens, pour propoſer des réformations.

Il n'en est point qui intéressent tant l'humanité, qui puissent autant honorer les Souverains,
& qui soient aussi justes, que celles que la raison
& les temps sollicitent dans les Loix Pénales.
Ces Loix qui nous punissent de la violation
des devoirs que nous nous sommes imposés,
sont plus soigneusement gardées, suivant que
les crimes qu'elles tendent à prévenir sont plus
communs; elles doivent être aussi plus ou moins
sévères, suivant le plus ou moins d'intérêt que
le coupable avait à l'ordre qu'il a interverti. En
effet, quoiqu'il ne doive pas être permis au
Magistrat de se rendre Juge du plus ou moins
de malice d'un criminel, dans la crainte des
abus terribles qui pourraient naître de la prévention, ou même de la méchanceté d'un Juge,
la Loi qui est sans passion, sans prononcer sur
les individus, prononce sur les faits, & doit
les différencier, tant par le tort qu'ils occasionnent, que par la méchanceté qu'ils comportent; afin que, pour avoir égard à ce dernier
rapport, elle éloigne plus ou moins long-temps
le coupable de la société, suivant ce qu'on
doit attendre ou non de sa réformation.

De cette manière l'homme riche qui s'est
rendu criminel est plus punissable qu'un autre,
puisqu'aux motifs qu'a ce dernier de respecter

l'ordre

l'ordre, celui-là joignait encore l'intérêt qu'eurent les premiers hommes à son établissement. Cette morale prêchée par un million de voix n'en est pas plus mise en pratique; au contraire les châtimens s'adoucissent quand il s'agit de ceux qui par leur situation & leurs richesses ne peuvent être considérés, lorsqu'ils ont commis des crimes, que comme dangereusement & irrémédiablement méchans.

La contradiction qui se trouve entre nos usages & la vérité, ne l'a cependant pas étouffée, puisque publiquement & par-tout on la réclame. Chacun sent que les Loix Criminelles qui prohibent les actions destructives de l'ordre sont nécessaires, & que les Loix Pénales qui doivent être la mesure exacte de notre intérêt à cet ordre, doivent varier selon le rang que l'on occupe dans la société : cependant on sent également que ces variations ne sauraient être aussi multipliées que les rangs ; il suffit à la raison universelle qu'elles soient marquées une ou deux fois seulement : alors le peuple est content, sans que les Codes soient trop nombreux.

Je viens de dire que les Loix Pénales doivent être la mesure exacte de notre intérêt à l'ordre établi. Cette définition générale ne convient peut-être aux Loix d'aucun temps : sûrement

S

elle convient moins aux nôtres qu'à celles des premiers âges de la société, puisque des termes à comparer, celui justement qu'il aurait fallu s'accroître, s'est, au contraire, affaibli. En effet une habitude contractée à notre insu ne saurait être comparée à un engagement formel; & une espérance de bonheur, le plus souvent trompeuse, est bien peu de chose auprès de la réalité. Telle est cependant, comme je l'ai fait voir dans le Chapitre précédent, notre situation actuelle, comparée à la situation de ceux qui, les premiers, imaginèrent des peines pour punir l'infraction de l'ordre, & qui s'y soumirent de leur plein gré pour le bien qu'ils en devaient retirer.

Puisque notre intérêt à l'ordre qu'elles maintiennent, est étrangement affaibli, la mesure de l'un à l'autre doit donc diminuer, c'est-à-dire, que les Loix Pénales doivent être moins sévères. Voilà la Justice; mais on craint qu'elle ne soit funeste. On appréhende que le bien n'aille engendrer le mal, & que cette diminution dans la rigueur des châtimens ne rende les crimes plus fréquens.

A cela je réponds, soyons justes avant tout indépendamment des conséquences; c'est le moyen d'apprendre aux autres à l'être; & je

demande si ce n'est pas aux Gouvernement à donner l'exemple aux sujets ? D'ailleurs ces conséquences terribles, quel prédit avec froideur la
cruelle opinière, sont-elles donc nécessaires ?
Jugeons-en par l'exemple, par la comparaison
d'un peuple à l'autre, & n'oublions pas surtout
de faire remarquer que si la sensibilité physique de l'homme n'a pas changé, sa sensibilité
morale s'est accrue, & qu'en ménageant l'une,
on peut regagner sur l'autre ce qu'on aurait
perdu sur la première. Mais cette comparaison
sur laquelle il n'y a point de lecteur qui n'ait
déja quelques idées, trouvera mieux sa place ailleurs. Il me suffit, pour le moment, d'avoir
prouvé la nécessité de tempérer & d'adoucir la
rigueur des Loix pénales, par la juste considération que les crimes sont moindres qu'ils n'é-
taient du temps où l'on songea pour la première
fois à les prévenir, puisque les obligations qu'ils
enfreignent, sans avoir diminué de nombre, ont
cependant des motifs bien moins forts, & nous
sont bien moins utiles qu'alors. C'est sur l'utilité
que les hommes retirent de ces obligations,
qu'est fondée l'injustice qu'il y a à les enfreindre.

Après avoir examiné les Loix pénales, relativement aux différens états de la société, voyons
à les examiner en elles-mêmes.

LIVRE VI.

Des Loix Pénales.

CHAPITRE I.

De l'origine & de la nécessité des Loix Pénales.

NOUS avons vu que du rapprochement
des hommes il naissait entre eux des rapports
moraux aussi nécessaires que les rapports physiques qui surviennent entre des corps inanimes
qu'une force étrangère fait agir les uns sur les
autres. Ainsi les choses morales ont des principes fixes, & peuvent par conséquent être soumises à des loix aussi certaines que celles qui
régissent la matière. Cela posé, je vois que
l'obligation, pour le Souverain, de rechercher
& de publier ces loix, est absolue; puisque
tant qu'elle ne seront pas publiées, tant qu'il
n'y aura que les Philosophes qui les connaîtra-
ront au petit nombre de ceux qui les écoutent,
elles deviendront impraticables pour ceux-là
mêmes, par les obstacles répétés qu'elles éprou-

veront de la part des autres ; ce qui aura également lieu quand il n'y en aura qu'une partie
de connues.

Le Code des Loix ne peut donc pas être un
ouvrage imparfait : il faut que toutes ses parties
intimement liées les unes aux autres, ne laissent
aucun passage au crime ; ou du moins que par
un mouvement continuel elles le chassent au
dehors, puisqu'il est un ingrédient nécessaire
dans la société des hommes : ainsi les eaux d'un
fleuve rejetent vers ses bords, les corps étrangers qu'elles ont dégradés sur leur passage. Les
Loix parvenues à cette unité, & à cette perfection, seraient un ouvrage aussi grand, aussi digne
de nos respects & de notre admiration, que
l'ordre qui gouverne le monde physique : mais,
pour les amener à ce but si désirable, il faudrait les refondre entièrement ; en supprimer
un grand nombre ; en mitiger d'autres ; en inventer encore plus ; & les rendre toutes dépen-
dantes les unes des autres. On n'a pensé que
très-rarement à établir cette dépendance, que je
crois si nécessaire. On n'y a certainement pas
pensé lors de la promulgation des Loix Pénales.

Ces Loix qui, comme je l'ai dit, sont ou
doivent être la mesure exacte de notre intérêt
à l'ordre établi, ont été promulguées à la hâte, &

S iij

fans aucun autre égard qu'au mal préfent : cependant il fallait comparer chacune d'elles aux autres Loix ; ou plutôt il fallait premièrement
comparer entr'eux les maux même les plus étrangers, & les intérêts les plus éloignés, afin que
dans cette revue on vît clairement la grandeur
du mal, ainfi que de l'intérêt préfent, & que la
mesure nouvelle s'accordât avec les autres, &
fût un quotient jufte de la divifion faite de la
fomme des intérêts qui nous lient à la société,
ou une divifion exacte de l'échelle générale des
peines.

Mais toutes ces comparaifons fi nécessaires
étaient impoffibles à faire dans l'origine des fociétés, où le mal naiffait à l'imprévu, & l'un
après l'autre : il n'eft donc pas étonnant que la
proportion de ce mal à l'intérêt des hommes
ait été déterminée fi fautivement par les premiers
peuples : d'ailleurs ils étaient trop préoccupés
de la nouveauté du mal, ou bien ils s'exagé-
raient l'intérêt qu'ils avaient à l'ordre nou-
vellement établi. Il faut après s'être approché
d'un objet s'en éloigner enfuite jufqu'à une certaine diftance pour le bien voir & en juger fai-
nement : or ces hommes n'étaient pas encore à
la diftance requife pour prononcer fur l'état de
domefticité naturelle qu'ils venaient de quitter

à la hâte, & sur la société nouvelle qui ne se montrait que par parties.

Cependant leurs méprises, quelques grandes qu'elles puissent être, n'étaient pas autant à appréhender qu'une indifférence meurtrière. En effet, si la force publique ne fut pas née, & qu'elle ne se fut pas appliquée à la punition des crimes; les passions des hommes ainsi rapprochés, excitées par mille objets différens auraient semé le désordre de tous les côtés, & l'établissement nouveau aurait disparu dans le sang humain, comme le prodige de Cadmus, sans qu'il fut resté personne pour bâtir une seule cité.

La précipitation des premiers peuples, lors de la promulgation des Loix pénales, était donc un effet nécessaire de leur situation, & une faute heureuse à laquelle nous devons la continuation de la société. C'est à nous maintenant d'en profiter; c'est à nous de ne plus prendre pour modèle des peines publiques les vengeances particulieres, ce qui eut lieu dans l'origine: c'est à nous à faire les comparaisons nécessaires, que nous avons décrites au commencement de ce chapitre, puisque les termes de comparaison nous sont ou nous doivent être connus.

CHAPITRE III.

De la sévérité des Loix pénales dans l'origine des sociétés.

LE premier effet de la précipitation des Loix pénales fut leur extrême sévérité. Je n'ai point lu la manière dont les Babyloniens & les Assyriens punissaient les crimes : l'histoire de ces premières Monarchies nous est trop peu connue. Cependant on lit dans Strabon (ce que je ne dois pas passer sous silence) que les Souverains d'Assyrie avaient établi trois sortes de Tribunaux : le premier réglait les mariages, & punissait les adultères; le second punissait les vols, & le troisième toutes les actions de violence.

L'ordre de ces Tribunaux s'accorde parfaitement avec l'opinion où je suis, que le vol fut un objet plus pressant à réprimer que les violences que l'on peut nommer personnelles; & si l'adultère précède ici tous les crimes, c'est par une raison semblable, c'était les nouveaux rapports des hommes qu'il s'agissait de régler; la nature avait pourvu à ceux qui ne doivent leur établissement qu'à elle seule.

Les Egyptiens qui sont le peuple le plus ancien pour la police, après ceux dont je viens de

parler, avaient des Loix Pénales très-sévéres. On
y puniſſait l'adultere (*a*) par mille coups de verge,
& on coupait le nez de la femme.

Je ſais que le vol y devint très-commun, &
qu'on dit même, ce qui eſt évidemment faux,
que ce ſut une profeſſion publique que d'être
voleur; mais cet abus & le relâchement général
des Loix à l'égard des vols, n'eſt pas la premiere
époque de la ſociété. Le vol était certainement
un grand crime chez les premiers Egyptiens.
Comment les freres de Joſeph ne s'en défendi-
rent-ils pas, quand il eut fait cacher ſa coupe
d'argent dans le ſac de Benjamin? Juda dit que
le coupable méritait la mort, & il s'engagea lui
& ſes autres freres à ſubir l'eſclavage ſi le vaſe
ſe trouvait parmi leurs effets. L'eſclavage de Benjamin, auquel Joſeph ſe réduiſit, était une punition juſte & conforme à l'uſage; or l'eſpece de ce
châtiment, quoique très-grave, prouve cependant combien ce temps était éloigné de l'origine de la ſociété parmi les Egyptiens; & plus
cet éloignement eſt grand, plus l'intérêt primitif
& l'eſpece de ſes motifs s'affaibliſſent, moins par
conſéquent le vol eſt ſévérement puni : on ne
revient à la ſévérité que par des circonſtances

_____

(*a*) Diod. L. I. §. 85 & 90.

particulières, ou quand le relâchement a trop multiplié les abus.

On coupait les mains (a) à ceux qui commettaient quelque faux.

L'homicide volontaire, (b) le parjure & la négligence à sauver la vie d'un homme qu'on voyait en danger, ces actions étaient punies de mort.

Le calomniateur (c) subissait la même peine qu'aurait subie l'accusé s'il eut été coupable.

On coupait la langue à celui qui découvrait aux ennemis le secret de l'Etat. (d)

On rendait eunuque celui qui avait violé une femme libre. (e)

Le supplice des parricides (f) était de leur faire entrer dans toutes les parties du corps des morceaux de roseau, & de les envelopper ensuite dans des fagots d'épine auxquels on mettait le feu.

La peine de l'infanticide (g) était la seule dont le rapport à la gravité du crime & à la nature de l'homme fut sensible & raisonné.

(a) Diod. L. 1, p. 86 & 87.
(b) Ibid.
(c) Ibid. p. 88.
(d) Ibid.
(e) Ibid. p. 89.
(f) Ibid.
(g) Ibid. p. 88.

Ce font les peuples originaux qu'il faut citer, quand il s'agit de découvrir quel est l'esprit qui dicta les Loix pénales aux premières sociétés. Je ne parlerai donc point ici des Loix données aux Médes par Déjocès, *(a)* quelques sévères qu'elles fussent, ni des Loix Juives, ni des Loix des Grecs policés par les Egyptiens &c.

Qu'on se reporte aux Loix Pénales des anciens Gaulois, on y voit le supplice du feu décerné contre les voleurs *(b)* & les autres coupables.

Chez les Germains on pendait les traîtres, & on noyait les lâches & ceux qui avaient honteusement prostitué leur corps : le mari était le juge de sa femme adultère, & la punissait toujours très-sévérement. *(c)*

Il n'y a rien d'aussi cruel que les Loix Pénales du Japon. Mʳ *de Montesquieu (d)* en cite une qui punit de mort un homme qui hazarde de l'argent au jeu.

Les Tlascaltèques punissaient de mort *(e)* le mensonge, le manque de respect d'un fils à son père, & le péché contre nature ; & du bannissement, le larcin, l'adultère & l'yvrognerie.

(a) *Herod. L.* 1.
(b. *De Bell. Gal. L.* 6, c. 4.
(c) *De mor. Germ.*
(d) L. 6, Chap. 13 de l'Esprit des Loix.
(e) *Hist. Phil. & Polit. des Etab. &c.*, t. 3 p. 33 & 34.

Loix pénales.

Cet ordre de Loix est peu conforme à l'ordre général; mais les Tlafcaltèques étaient un phénomène dans l'ordre politique; ce peuple nouveau, soit qu'il le dût à sa sagesse, ou à des circonstances que nous ignorons, avait la meilleure forme de Gouvernement des peuples les plus anciens. Les Espagnols y trouvèrent un véritable amphictionnat.

La peine de mort devait être très-fréquente au Mexique, puisqu'on y faisait mourir quiconque manquait (a) de respect à la Religion & à l'Empereur, & qu'il n'y avait point de Loix écrites.

Au Pérou, la peine de mort était (b) très-commune; il paraît même qu'on s'était étudié à la rendre cruelle, si, comme le dit M. *de Paw*, (c) on y condamnait aux crapauds qui y étaient d'une grosseur prodigieuse, comme à Rome on condamnait aux lions : la sévérité des Loix y était telle, (d) que toute une Décurie était punie du crime d'un des siens. (e) Les Atlantes, (n'importe dans ce moment sous quel méridien

(a) Hift. des établ. des Europ. dans les Indes, tom. 3, p. 46.
(b) Ibid., p. 157 & 162.
(c) Rech. phil. fur les Amer., tom. 1, p. 9.
(d) Hift. des Etabl. &c., tom. 3, p. 162.
(e) *Critias vel Atlanticus. Oper. Platonis, Lib.* 33.

& dans quelle zone on les place) il suffit qu'on
soit forcé de convenir de leur existence, dont
le souvenir est tout ce qu'il y a de plus ancien
dans l'histoire ; les Atlantes, dis-je, avaient
établi chez eux la peine de mort.

Ce qui rendit les Loix pénales si sévères lors
de l'établissement des premières sociétés, c'est
que nul ne voyait de risque en châtiant le crime
de la manière la plus dure ; parce qu'aucun de
ceux qui se soumettaient à ces peines ne pouvait
penser qu'un jour il pût les encourir ; sans quoi
il n'aurait pas adhéré au pacte social, qui n'eut
eu lieu, je le répéte, qu'entre ceux qui croyaient
n'avoir plus rien à desirer que le repos dans
leurs jouissances. Chacun stipulait son avantage
contre tous les autres, & cependant toutes ces
voix ennemies n'en firent qu'une. On ne pré-
sentait pas alors l'obligation de ménager la force
des châtimens, & d'établir une proportion, sans
laquelle les remèdes cessent de produire leur
effet. Tout crime méritait la mort.

Les premiers hommes n'avaient encore ressenti
les incommodités de l'association, que par le
crime : au reste il leur semblait qu'ils devaient
retirer de leur réunion toute la somme de bonheur possible. Ils ignoraient l'ambition, les an-
xiétés, les doutes, les maux qui viennent des

choses même, & qui devaient traverser leur
carrière : de forte que, pour arrêter les seuls
maux qu'ils croyaient pouvoir altérer leur bonheur, ils eurent recours aux remèdes les plus
violens : peut-être même pensa-t-on dès ce
temps à aggraver la mort par la durée des souf-
frances. Le spectacle du désordre naissant rendit
l'homme cruel. Il n'est que trop facile de le
rendre tel, & il ne l'est pas également de le
ramener aux sentimens de douceur & d'humanité, qui, presque toujours, le forceraient à
des sacrifices.

CHAPITRE III.

De la dégénération des Loix pénales.

Un arc trop tendu perd bientôt son ressort, de même les moyens qu'on employait pour conduire les Peuples, étaient trop violens pour être de durée. Qu'arriva-t-il delà ? Un relâchement trop grand suivit trop de sévérité. Telle est la marche ordinaire de l'esprit humain soumis à la loi qui gouverne les corps élastiques. Il faut d'ailleurs qu'il tâtonne long-temps entre les extrêmes, pour trouver un juste-milieu, ce qu'atteste une continuelle expérience.

Ainsi, dit-on, que les Egyptiens finirent par tolérer le vol qu'on assure être devenu chez eux une (*a*) profession publique ; & chez les Lacédémoniens il fut non-seulement toléré, mais même applaudi, tant que le voleur ne se laissait pas surprendre ; c'est-à-dire, comme je l'ima-

---

(*a*) Je veux bien croire qu'il y eut des temps où le vol fut très-commun en Egypte ; mais je n'en rejette pas moins l'assertion de Diodore & d'Ariston qui prétendent que le vol fut une profession publique chez les Egyptiens. M. *de Paw*, capable d'élaguer les faussetés de l'histoire, explique dans ses Recherches sur les Egyptiens & les Chinois, tom. 2, sect. 9, ce qui a pu donner lieu à cette erreur insoutenable.

gine, tant qu'il ne s'expofait pas à la vengeance de celui qu'il volait, tant que fon action ne devait pas occafionner un meurtre.

Les crimes contre la pudeur devinrent auffi très-communs, & il s'introduifit, à cet égard, un efprit tout différent de celui qui avait gouverné les premiers Peuples. Uliffe (*a*) ne rougiffait point de dire au fidéle Eumée, qu'il était le fils d'une concubine. (*b*) On lit encore dans l'Odiffée, que l'adultère fe rachetait par des amendes pécuniaires au bénéfice du mari injurié. Qu'on compare l'efprit de ces temps à celui qui dirigeait les Grecs, quand l'Aréopage (*c*) décida que Mars qui avait tué le fils de Neptune, pour avoir abufé de fa fille, n'avait point pris une vengeance difproportionnée à l'outrage qu'il avait reçu.

Les crimes contre les premières conventions ne font pas les feuls dont la peine ait fi étrangement diminué : fi cela était, on pourrait regarder cette diminution comme un réfultat des réflexions, & comme un fruit de la fageffe des hommes, ternie, à la vérité, par quelques abus.

(*a*) Odiffée L. 14.
(*b*) *Ibid.* L. 8.
(*c*) De l'orig. des Loix, des Arts & des Sciences, tom. 2.

Mais

Mais la peine des crimes qu'on reconnut par la suite plus graves & plus puniffables s'affaiblit en même proportion.

Le Souverain ne faifant plus d'attention aux particuliers, n'eut plus d'égard à leurs vengeances individuelles ; mais voulant accroître fon pouvoir par toutes fortes de moyens, & n'ayant que cela en vue, il chercha, dans la punition, toujours néceffaire des crimes, de quoi contenter fon avarice & fon ambition. Alors la peine du talion, ainfi que toutes les autres, furent changées en des peines pécuniaires, & les confifcations au profit du fifc commencèrent d'avoir lieu.

J'admire avec quel art la confifcation s'établit & prit faveur dans la Gréce. Je vois auffi dans cet établiffement un relâchement abfolu fur la punition des crimes. Quelqu'un était-il accufé d'un crime capital ? Il pouvait mettre fa perfonne en fureté, en renonçant à fes biens; on le laiffait libre jufqu'au jugement : ainfi quand il le preffentait défavorable, il s'évadait, & alors tous fes biens étaient (a) confifqués & vendus à l'encan. A Rome (b) la même liberté fut accordée aux accufés.

(a) De l'origine des Loix, des Arts & des Siences, t. 2.
(b) Tite-Live, Liv. 1.

T

Chez les Germains, vous voyez comme les peines pécuniaires ont remplacé les peines corporelles. (*a*)

Même chez grand nombre de sauvages (*b*) (moins de caufes y ont contribué) la réparation de l'homicide confiste dans des préfens que le meurtrier est obligé de faire aux parens du défunt.

Les Loix Pénales ont donc dégénéré ; & fi, fuivant les lieux, une multitude de caufes différentes y ont contribué, il en eft de générales, prifes dans la nature de l'homme & dans la rigueur des premières Loix pénales, qui auraient fuffi pour opérer ce changement. Dailleurs tant qu'elles ne feront pas ce qu'elles doivent être, tant que les parties de ce grand édifice ne feront pas juftement afforties & ne fe prêteront pas un mutuel fecours, il y aura toujours tant à y refaire, que fouvent les hommes fe détermineront, même par négligence, à l'abattre & à le reconftruire ; & alors

---

(*a*) Les Loix des Allemands & celles des Ripuaires ne condamnaient qu'à des peines pécuniaires. Chez les Bavarrois on rachetait tous les crimes à prix d'argent, fauf les confpirations contre le pays ou contre le Chef. On ne puniffait de mort que fort peu de crimes dans l'Ancienne Loi des Saxons. La Loi des Saliens ne portait que des peines pécuniaires, ce qui eut lieu jufqu'à un Décret de Childebert qui prononce la peine de mort dans prefque tous les cas qu'il expofe.

(*b*) Mœurs des Sauvages, t. 1, p. 491 & 492.

on les verra paffer de la févérité au relâchement, & du relâchement à une trop grande févérité.

En Grèce, Dracon fit des Loix de fang, pour remédier au trop grand relâchement qui s'était introduit ; Solon ramena les efprits vers la douceur : c'en était le moment : on était effrayé de ce qu'on avait laiffé faire à Dracon.

A Rome, Tullus Hoftilius (*a*) fit écarteler par des chevaux le dictateur Métius. La Loi des douze Tables portait la peine du feu & celle de la mort moins violente, dans bien des cas, comme pour le vol. La Loi *Valeria* (*b*) & la Loi *Simpronia* (*c*) diminuèrent la fréquence de ces châtimens que la Loi *Porcia* (*d*) abolit tout à fait.

Les Empereurs imaginèrent enfuite des fupplices terribles, & nous y avons puifé, comme à plaifir, nos Loix Pénales. Mais fi nous nous fommes étudiés à rendre la mort plus douloureufe, nous ne la prononçons pas auffi fouvent qu'on la prononça jadis. Cependant on peut dire que nous fommes retournés à la févérité des premiers temps, & qu'il nous a femblé trop difficile, ou trop long de rechercher un jufte milieu entre la cruauté & l'indifférence.

(*a*) Tit. L. 1 de la premiere Décade.
(*b*) *Ibid.* L. 10.
(*c*) *Cicer. Orat.* 4 in *Catil.*
(*d*) *Cic.* pro *Rabirio.*

T ij

CHAPITRE IV.

De la confiscation.

JE me propose deux objets dans ce Chapitre,
l'un de détruire des erreurs, l'autre de démontrer
des vérités : de-là naît sa division en deux parties.
Dans la première, j'examinerai quels font les effets
de la confiscation actuelle : dans la seconde , je
ferai voir comment & dans quelque cas on peut
user de cette peine.

» Il faut (*a*) distinguer deux espèces de con-
» fiscations : la première, de tous les biens,
» telle que celle des condamnés pour crimes,
» qui méritent cette peine: comme font en Fran-
» ce les crimes de ceux qui font condamnés ou
» à mort , ou aux galères à perpétuité , ou à un
» banniffement perpétuel hors du Royaume: la
» seconde , de certaines espèces de chofes qui
» font acquises au fifc par des contraventions à
» des Régle.....s qui ont établi cette peine:
» ainfi, par exemple, on confifque les denrées
» & marchandifes de ceux qui ont fraudé les
» droits qui étaient dûs.

_____

(*a*) Le Droit public de Domat, des Finances, p. 45.

Le même Auteur dit dans l'article fuivant, pour completter fa divifion, qu'on peut met. tre au rang des confifcations les condamnations d'amendes.

Je n'ai rien à dire au fujet de la feconde efpèce de confifcation qui me paraît tout-à-fait jufte. Quant aux amendes, je voudrais qu'elles fuffent toutes adjugées aux pauvres & aux Hôpitaux, & que le Prince ne fe fît point un Domaine des crimes de fes fujets, car c'eft là qu'eft le danger.

La confifcation de tous les biens en cas de mort civile eft très-ancienne, comme on a pu le voir au Chapitre 3 de ce Livre, & n'en eft pas plus raifonnable.

Si le coupable a fubi la mort naturelle, ce n'eft plus fur lui qu'on confifque, c'eft fur fes enfans qui ne font point coupables, & qu'on dépouille de leurs biens, après leur avoir ôté l'honneur. N'eft-ce pas les forcer à troubler la fociété dans laquelle ils n'ont plus rien à perdre & dont ils ont tant à fe plaindre ? (a) Qu'il eft

---

(a) » Et non-feulement la Loi de Dieu & naturelle femblent » être violées en de telles confifcations ; ains encore la difette » & pauvreté où fe voient réduits les enfans, mêmement ceux-là » qui font nourris en délices, les met fouvent en défefpoir, » qu'il n,y a ni méchancetés qu'ils ne faffent, foit pour venger, » foit pour finir la pauvreté qui les preffe : car il ne faut pas » s'attendre que ceux-là qui font nourris en Seigneurs, fervent » en boutique ; & s'ils n'ont rien appris, ils no commenceront

affligeant de répéter tant de fois inutilement des choses fi fimples, & de confeiller en vain des changemens fi juftes, contre lefquels il y a fi peu d'obftacles.'

Si le coupable eft condamné aux galères ou au banniffement à perpétuité, la confifcation de fes biens qui eft une nouvelle peine très-diftincte des deux autres, porte, il eft vrai, fur lui, mais elle frappe également des innocens qui n'ont point mérité qu'on fufpende & qu'on interverriffe à leur égard l'ordre naturel des fucceffions : ainfi la confifcation eft une peine imméritée pour les enfans des condamnés aux galères, ou au banniffement à perpétuité. (*a*) Elle eft auffi une arme bien dangereufe en de certaines mains. (*b*) Combien Tibère & Néron ne firent-

---

» pas alors que tous moyens leur font ôtés. Joint auffi que
» la honte qu'ils ont, foit de mendier, foit de fouffrir la con-
» tumelie des infâmes, les force de fe bannir volontairement,
» & fe ranger avec les voleurs ou corfaires ; en forte que ;
» pour un confifqué, il en fort quelquefois deux ou trois pires
» que celui qui a perdu les biens & la vie ; au lieu que la
» peine qui doit fervir non-feulement pour la vengeance des
» forfaits, ains auffi pour diminuer le nombre des méchans,
» & pour la fureté des bons, vient à produire des effets tous
» contraires. *République de Bodin, L.* 5, *chap.* 3.

(*a*) *Nam cum tam moderata judicia populi fint à majoribus conftituta, primum ut ne pæna capitis cum pecunia conjungatur.* Cicero pro domo fuâ ad Pontifices.

(*b*) *Quæ præcipua tua gloria eft, fæpius vincitur fifcus cujus mala caufa nufquam eft, nifi fub bono principe.* C. Plin. paneg. Traj. Aug. Dic.

ils pas périr d'innocens pour confifquer leurs biens ? *Hoc agamus*, (a) difait ce dernier, *ne quis quidquam habeat.* Oubliera-t-on jamais l'Arrêt déshonorant pour ceux qui le rendirent, & pour ceux qui le firent rendre, qui fit quitter à *Jacques Cœur* un pays ingrat qui lui avait les plus grandes obligations ? Mais ce ne font là que des maux particuliers, & le droit de con-fifcation en a produit de bien plus grands, puif-qu'il a tant de fois armé les Princes les uns contre les autres, la confifcation ayant lieu pour le crime de félonie d'un vaffal envers fon Seigneur.

Il eft bien étonnant que cette Loi fe foit con-fervée auffi entière depuis tant de fiècles, malgré les maux qu'elle occafionna, malgré les plaintes des peuples, malgré l'exemple de quelques Prin-ces qui l'ont adoucie ou fupprimée pendant leur règne, & dont le nom refpectable fe confervera mieux dans le cœur des hommes que fur le mar-bre & l'airain. L'Empereur Adrien fit même une Loi(b) qui anéantiffait la confifcation dans le cas où le condamné aurait plufieurs enfans, & qui la réduifait aux onze douziemes, dans le cas où il n'en aurait qu'un.

On peut compter trois grandes époques dans

(a) Suetone L. 6.
(b) *De bonis damn.* L. 7, § 3.

T iv

l'hiftoire des Loix pénales. La première qui commence à l'origine des fociétés d'inftitution, pendant laquelle toutes les peines ont été capitales :
La feconde à laquelle il ferait difficile d'affigner
une durée, mais dont nous avons des exemples
dans l'hiftoire, eft celle des peines pécuniaires :
& la troifième qui a le plus de durée, & qui
fubfifte encore actuellement, eft un mélange des
peines criminelles qui comprennent les peines capitales & autres corporelles, avec les peines civiles.

Dans le premier âge les hommes furent cruels.
Dans le fecond ils furent, par avarice, com-
plaifans pour les crimes. Dans le troifième ils
retournèrent à la cruauté, fans renoncer aux bénéfices que leur avarice leur avait fait retirer
des crimes même.

Cependant il ne faut pas feulement envifager
la confifcation au regard de celui à qui elle pro-
fite ; il faut encore l'examiner dans fon rapport
à celui qui en fupporte la peine, ce que nous
n'avons fait qu'en la fuppofant mêlée à la peine
capitale : voyons à la confidérer feule.

C'eft par les chofes qu'eft créée la fociété
d'inftitution ; c'eft pour la confervation des chofes que le Gouvernement a pris naiffance ; & les
premières Loix qui ont été faites, ont eu pour
objet la propriété. C'eft la propriété, comme
l'on fait, qui conftitue le Citoyen, & non l'ha-

bitation dans la cité. C'eſt donc la propriété de
chacun qui eſt le véritable lien qui l'attache à
l'Etat, les perſonnes n'étant là que pour la faire
valoir : ainſi les peines les plus conformes à la
nature des choſes, ſont celles qui ſont relatives
à la propriété.

Ce principe poſé, il s'agit maintenant de le
réduire en pratique.

Deux cas ſe préſentent, 1° où la confiſcation
eſt de la totalité des biens, 2° où la confiſcation
n'eſt que partie des biens.

Pour que la confiſcation ſoit de la totalité
des biens, il faut que le crime pourſuivi ſoit
très-grave, & il ſerait trop dangereux de remettre dans la ſociété un méchant ainſi châtié,
qui aurait un nouveau motif très-puiſſant de
troubler le bon ordre. La confiſcation totale ſuppoſe donc une détention perpétuelle du coupable.

C'eſt ſur lui qu'on confiſque, & non ſur ſes
enfans, parce que c'eſt lui qu'il s'agit de punir,
& non pas eux ; n'étant nullement coupables,
ils ne peuvent pas voir changer leur condition,
ſans une injuſtice révoltante.

La confiſcation n'eſt donc que de l'uſufruit
des biens du condamné pendant ſa vie.

Mais pour que la condition des enfans ne
change pas, il faut que ſur cet uſufruit il ſoit
fait réſerve pour eux d'une ſomme néceſſaire

à leur entretien & à leur éducation , conformément à l'état de 'eurs parens.

La confiscation totale doit donc être la même
chose que la garde royale, & le jugement de
confiscation nommera des tuteurs aux enfans ,
s'ils font en bas âge , & adjugera des pensions
à ceux qui feront majeurs.

La confiscation de partie des biens peut être
d'une partie de l'héritage qui fera remife en partage après la mort du condamné.

Les amendes ne doivent pas excéder une année du revenu des perfonnes condamnées.

Les deniers provenans des confiscations furent
autrefois employés à l'entretien de l'Ordre de
l'Etoile , & aux réparations du Palais. On pourrait les deftiner à l'entretien des maifons de
force. J'aime à rapprocher les chofes , pour
peu qu'elles aient des rapports : c'eft le moyen
de ne fe point écarter de la vérité , ou d'en pré-
parer la découverte.

La peine de la confiscation fait venir l'idée
de l'interdiction, qui n'a lieu que pour prévenir la diffipation occafionnée par la démence ,
la prodigalité ou la folie. Mais en rangeant
l'interdiction parmi les peines , il faudrait l'ac-
compagner de circonftances qui marquaffent la
différence qu'il y aurait entre l'interdiction criminelle & l'interdiction civile.

CHAPITRE V.

Des Prisons.

LES prisons n'ont dû être imaginées que bien long-temps après l'origine des sociétés ; cependant l'histoire en atteste l'usage de la plus haute antiquité. Joseph fut mis, pour le crime que lui imputa la femme de Putiphar, *dans le lieu où les prisonniers du Roi étaient renfermés.* La Grèce a été long-temps sans prisons, puisque les accusés y jouissaient d'une liberté entière, ce qui n'avait cependant plus lieu au temps de Socrate.

Les prisons commencèrent sans doute par être des lieux de sûreté, où l'on retenait les accusés jusqu'à la fin de leurs procès ; (a) ensuite on les destina au châtiment de certains crimes, & alors on les rendit aussi affreuses qu'étroites ; ce furent des souterrains obscurs, des basses fosses infectes & mal saines, où séparés de la nature entière, les hommes n'avaient plus de sentimens que ceux de la haine & de la fureur; enterrés tous vifs dans ces tombeaux, ils étaient

_____

(a) *Carcer enim ad continendos homines , non ad punienda, haberi debet.* D. L. 8, § 9.

chargés eux-mêmes d'y prolonger leurs souf-
frances par des alimens que la faim victorieuse
de tout, & qu'on avait soin d'entretenir, les
forçait à recevoir. Tel est le tableau de ces
prisons connues à Rome sous le nom de *Lato-
miæ* (a) & de *Lapidicinæ* : puisse-t-il ne
convenir jamais qu'aux temps passés.

La liberté de l'homme étant la faculté d'agir
conformément au système de bonheur qu'il s'est
fait, c'était une punition sage & naturelle que
d'élever une barrière entre le méchant & les
moyens que la société fournit à ceux qui sont
fidèles à ses conventions, pour se procurer des
jouissances. Cette peine imaginée dans le même
esprit que la confiscation, peut la suppléer dans
le cas où le coupable est absolument pauvre.

Mais dès que cette barrière est insurmontable,
l'objet du Gouvernement est rempli : l'homme
privé de sa liberté apprend à la chérir encore
davantage, & son propre intérêt qui se déve-
loppe à ses yeux dans ses vrais rapports avec
les intérêts des autres, lui fait une Loi sentie
de se conformer à l'ordre établi, quand il aura
recouvré sa liberté : d'ailleurs il est puni du mal
qu'il a fait par la suspension de ses espérances,

_____

a) *Cicero in Verrem.*

& par la privation momentanée du partage des biens que procure la fociété, qui ne peut, fans injuftice pour elle-même, faire du bien à ceux qui l'oppriment.

Le rapport naturel du pacte focial à cette efpèce de punition fuppofe donc feulement la privation de la liberté; fi on y ajoute quelque chofe de plus, cet excédent forme un alliage impur qui défunit les parties homogênes, rompt l'unité & la fimplicité des Loïx pénales.

Cependant les prifons étant des lieux de réuhion pour certains hommes, il peut & il doit s'y commettre de nouveaux abus contre lefquels il faut févir; on peut le faire par un nouveau triage des méchans, pour qui la première peine étant infuffifante, il eft jufte de leur en infliger une plus grande; alors on les enferme dans des fouterrains, dans des cachots, & l'on peut dire que le cachot eft à la prifon, ce que la prifon eft la fociété.

Les prifons deftinées à renfermer les perfonnes accufées de crime, ne fauraient, fans inconvénient, être les mêmes que les autres, parce que, pour être accufé, on n'eft pas toujours coupable, & que la fociété ne doit pas commencer par infliger une peine, qui, quelquefois tombe fur des innocens, & dont il eft prefque

impoſſible de laver la honte. On me dira peut-
être qu'une priſon deſtinée aux perſonnes accu-
ſées, étant auſſi bien une priſon que toute autre,
on eſt également puni d'être enfermé dans celle-
ci ou dans celle-là. Je réponds que l'opinion
fait une partie conſidérable de la peine. C'eſt
elle qui en perpétue la durée; & rend la réparation de l'innocent preſqu'impoſſible. Or
l'opinion ſera contre ceux qui ſeront condamnés, & non contre les accuſés, & on ne les
confondra plus les uns avec les autres, quand
le lieu de leur détention ſera différent. Tel eſt
le véritable eſprit dans lequel il faut ordonner
la conſtruction de deux eſpèces de priſons.

Les unes & les autres doivent être ſoigneu-
ſement gardées; mais les dernières qui ne ſont
que des lieux de ſureté, doivent être commo-
des, & il faut qu'on puiſſe y oublier qu'on
n'y eſt pas libre : telles ſont, nous dit-on,
les priſons à la Chine.

CHAPITRE VI.

Du Banniſſement.

LE banniſſement fut une peine antérieure à celle de la priſon. Il était plus ſimple de renvoyer un méchant que de l'enfermer ; c'eſt ce qui ſe pratique encore chez pluſieurs nations ſauvages qui ſont bien éloignées de conſtruire des priſons.

Le banniſſement était alors à perpétuité, parce que toutes les fois qu'on inventa un châtiment, il fut toujours auſſi ſévère qu'il pouvait l'être. Mais cette peine eſt de toutes, celle qui devait le plutôt recevoir les adouciſſemens dont elle était ſuſceptible : auſſi l'on ne tarda pas à régler des cas où le banniſſement n'aurait lieu que pendant un temps.

Cette dernière peine connue chez les Romains ſous le nom de *relegatio*, n'emportait point la mort civile, comme ce qu'ils nommaient *deportatio*, qu'ils regardaient comme un équivalent à la condamnation à perpétuité aux travaux publics, & qui cependant n'était pas encore un banniſſement perpétuel.

Le banniſſement perpétuel eſt l'expulſion perpétuelle hors de l'Etat, occaſionnée par des actions telles qu'il n'y a plus lieu de rien efpérer dans le même pays de celui qui s'en eft rendu coupable, & qu'au contraire on doit tout en appréhender. Cette peine emporte néceffairement la confifcation de la totalité des biens, dont les profits ne doivent être affurés qu'à ceux qui, par l'ufage qu'ils en font, les font vertir à l'avantage de la communauté, & qui contribuent à la force publique occupée de veiller à la confervation des propriétés.

Ce châtiment eft moins grave que celui de la prifon perpétuelle, qui ne doit être infligée à la place du banniffement, que quand on fe croit certain que le coupable, quelque part qu'il fût tranfplanté, y commettrait des crimes; ce qui fait que, par raifon d'humanité, on le fépare de toute fociété. Cependant le banniffement perpétuel eft une peine qui porte atteinte à prefque tous les rapports moraux que l'homme s'eft fait. Je voudrais feulement qu'on lui donnât plus d'éclat par trois raifons : la première, parce que ce ferait le moyen d'accroître la moralité de la peine; la feconde, parce qu'elle en ferait plus furement exécutée; la troifième, parce qu'il eft jufte d'avertir fes voifins du danger auquel ils vont fe trouver expofés, par le féjour que le banni va faire parmi eux, les nations

étant

étant à l'égard les unes des autres, ce que font les hommes entr'eux.

Pour remplir ces vues, je voudrais que le jugement du banni à perpétuité fût envoyé dans tous les Tribunaux du Royaume, & que le nom de la perfonne fût infcrit dans chaque greffe, fur un tableau deſtiné à cet ufage, auquel on aurait recours en cas de befoin. Je voudrais encore que le jugement lui enjoignît de fe rendre fur la frontière, où il ſerait conduit de ville en ville par la Maréchauffée de chaque endroit, & là remis au corps-de-garde étranger le plus voifin, avec un *autant* de fa condamnation. (*a*)

Quant au banniffement à temps, il ne doit être ordonné que d'une ville, d'un canton, ou d'une province. On peut en faire une nouvelle peine, en y joignant la confifcation de tout ou de partie du bien de la perfonne condamnée, pendant la durée de fon ban. J'ai dit à l'article 4 du chapitre 4 du Livre 4, comment cette peine devait être infligée. Le banniffement à perpétuité

(*a*) On verra par l'application que je ferai de cette peine, que je ne remets point chez l'étranger des fcélérats qu'on doit rejetter de par-tout, & que l'intérêt de l'humanité force à priver de leur liberté ; mais feulement des gens mécontens, & uniquement dangereux pour le lieu d'où on les expulfe

V.

d'une ville ou d'une province, est plus souvent
une précaution qu'une peine.

L'infraction du ban peut se punir par la pri-
son perpétuelle, ou à temps , suivant l'espèce
du bannissement enfreint.

CHAPITRE VII.

De la condamnation aux travaux publics.

IMMÉDIATEMENT à la suite de l'esclavage qui, comme l'on sait, est très-ancien, vint la condamnation aux travaux publics. Les Israélites y furent condamnés chez les Egyptiens, & bâtirent à *Pharaon*, *Pithon* & *Rahamsès* ; de même les Ilottes à Sparte cultivèrent les terres de la République ; & il ne paraît pas qu'il y eût de justes raisons de sévir de cette manière contre les uns ni les autres. Les Romains se conduisirent différemment, & les esclaves employés aux travaux publics, furent ceux qui avaient mérité par quelque crime l'asservissement pénible auquel ils étaient réduits : ainsi nous faisons faire par des criminels le service des galères.

On pourrait multiplier cette peine, en la dirigeant vers une infinité d'autres objets de travail. Qu'on ne craigne pas d'en manquer. L'entretien seul des grands chemins en fournit plus qu'on n'en ferait faire (a) par les criminels. L'art. 2 de

_____

(a) On estime que la réparation annuelle des grandes routes de France équivaut à la confection de vingt-cinq lieues de nouvelles routes, & je dirai pour ceux qui n'ont pas d'idée de ce

V ij

de la Déclaration du 20 Juillet 1724, ordonnait
d'y employer les mendians valides distribués en
compagnies de vingt hommes, sous la conduite
d'un sergent. En 1773, étant à Paris, je vis
quelques-unes de ces compagnies formées sur
un nouveau plan, travailler sur le chemin de
Neuilly. La forme de leur établissement pouvait peut-être convenir pour des gens qui n'ont
de tort avec la société, que de se refuser au travail, en surchargeant les bons citoyens : mais
je serais bien fâché qu'on s'y prît de cette manière avec les criminels condamnés aux travaux
publics. Loin de répandre parmi eux une certaine
pompe qui accompagne toujours les armes, il
faut que leur aspect inspire le dégoût & la terreur.

La condamnation aux travaux publics n'est
plus simplement la privation des avantages que
procure la société ; ce n'est plus seulement une
peine de citoyen, c'est une vraie peine physique, c'est une peine d'homme : or la société
a-t-elle le droit d'en infliger de pareille ? Cette
question sera discutée au chapitre 11 de la peine.

travail, qu'on estime que le prix moyen d'une lieue de route
nouvelle est de quatre-vingt mille francs, ce qui, en mettant
la journée à 15 sols, donne 106,666 journées, qui multipliées
par 25, donnent un produit de deux millions six cens soixante-
six mille six cent cinquante journées, qui ne peuvent être faites
par moins de 8888 hommes, travaillans tous les jours, sauf
les Dimanches & Fêtes.

de mort, & au chap. 12; en attendant j'obfer-
verai, ce qui eft indépendant de cette difcuffion,
que les perfonnes condamnées à une prifon perpétuelle, font, quant à leur garde, à leur nourriture & à leur vêtement, à la charge de l'Etat. (a)
Leur garde, il eft vrai, n'intéreffe que le refte des
citoyens; ainfi l'on aurait mauvaife grace d'exiger d'eux une indemnité pour des dépenfes qu'ils
ne demanderaient pas mieux qu'on s'épargnât.

Mais pour leur nourriture & leur vêtement
qui n'intéreffe abfolument qu'eux, il doivent
une indemnité, qui ne peut être que leur travail.

(a) On pourrait craindre d'abord que cette charge ne devint
trop pefante par le grand nombre d'hommes qu'il faudrait garder, vêtir, nourrir & loger. Faifons un calcul à cet égard. On peut
eftimer le travail journalier d'un homme à 12 fols : le Roi accorde
3 fols 4 d. pour la nourriture de chaque prifonnier, refte 8 fols
8 deniers de profit, defquels on doit retrancher 1 fol 6 den.
pour leur entretien, refte 7 fols 2 deniers de produit net, ce
qui doit vifiblement excéder les frais de garde & de logement.
Quand même ce bénéfice ne ferait que fuffifant pour fubvenir
aux frais de garde & de logement, il en réfulterait toujours cet
avantage de multiplier le nombre des Manouvriers, & les travaux publics en iraient plus promptement. Quant aux travaux
des femmes, ils feront d'une efpèce différente de ceux des
hommes, & les produits ne feront guères moindres. J'ai pro-
mis ailleurs que je m'occuperais de ces détails s'ils devenaient
néceffaires. J'ai cru qu'il fallait commencer par propofer la Loi :
on la trouvera dans ce Livre. Elle ferait inutile & dérifoire fi
elle était d'une exécution impoffible. Cette note & la précédente,
prouvent affez clairement qu'elle n'eft pas telle. Ce ferait enfuite
brouiller inutilement du papier, que de décrire jufques dans
fes plus petits détails une adminiftration qui n'aura peut-être
jamais lieu : il faut attendre qu'elle foit jugée néceffaire.

CHAPITRE VIII.

De la déportation ou exil dans les Colonies.

L'EXIL dans les Colonies eſt à temps ou à perpétuité. Cet exil, toujours accompagné de la condamnation aux travaux publics, diffère en cela du banniſſement : il en diffère encore, en ce que le coupable ne ceſſant pas de tenir au corps politique, peut encore eſpérer, par des ſervices extraordinaires, d'être réintégré dans ſon premier état. Cette peine eſt donc moindre que celle du banniſſement perpétuel ; elle eſt moindre auſſi que la condamnation aux travaux publics dans la métropole ; car les travaux des Colonies ſont moins honteux, parce qu'ils ſont plus immédiatement utiles, ou d'une utilité mieux ſentie, ce qui détermine le jugement de la multitude, jugement auquel on ne doit pas toujours condeſcendre, mais auquel il faut avoir égard, ſur-tout dans le cas préſent.

Je ne reconnaîtrais jamais d'exil que celui qui eſt prononcé par les Tribunaux. Cependant le Souverain peut interdire ſa maiſon à qui lui plaît, c'eſt le droit de tout homme, & cette interdiction eſt une peine : il eſt inutile de dire pourquoi

CHAPITRE IX.

De l'admonition & du blâme.

CE font là des corrections paternelles ; & là où on les trouve, on ne croirait pas trouver auffi la peine du feu, celle de la roue &c. Chez nous le blâme eft imfamant, & l'admonition ne l'eft pas.

CHAPITRE X.

De l'infamie.

L'HONNEUR est un être moral qui doit son existence à la société : c'est un bien qu'elle donne, & qu'elle peut par conséquent ôter ; ainsi l'infamie est une peine conforme à la nature de la société, qui donne & garantit à de certaines conditions, sans l'observation desquelles elle retire où cesse ses bienfaits. Cependant cette peine n'est guère prononcée seule par les Tribunaux ; elle est ordinairement encourue par d'autres peines qui sont déclarées infamantes ; de sorte que par une méprise grossière, dont l'influence est plus dangereuse qu'on ne pense, on a séparé ces deux idées, naturellement liées, crime & infamie, pour joindre plus immédiatement la dernière à l'idée de châtiment.

Il y a certainement une très-grande analogie entre ces deux dernières idées, mais elle est dépendante de celle qui subsiste entre les deux précédentes ; de sorte que loin de désaprouver que l'infamie suive certains châtimens, je voudrais seulement que, dans certains cas, elle fut aussi la seule peine des crimes.

L'infamie est la perte de l'honneur ; dès-lors plus de confiance à la personne qui s'est attiré cette peine : ainsi les suites de l'infamie sont 1°. l'incapacité de tester : 2° l'exclusion des Magistratures; 3° celle des fonctions publiques, de quelque nature qu'elles soient. Je voudrais qu'on y ajoutât l'expulsion des lieux publics , (a) telle qu'elle se pratique à l'égard des Marchands qui ont failli, auxquels on interdit l'entrée des bourses.

Ces suites de l'infamie sont une nouvelle classe de peines également conformes à la nature du pacte social ; on peut les multiplier en diversifiant leur durée.

_____

(a) Par lieux publics , on entend les Spectacles & les Promenades publiques.

CHAPITRE XI.

De la peine de mort.

Sɪ l'ancienneté d'une Loi suffisait pour prouver son excellence, il n'y en aurait point qui fut aussi juste que celle qui prononce en général la peine de mort : cependant si l'on se rappelle ce que j'ai dit de l'origine des Loix Pénales, on y verra qu'on ne prit de règle que des vengeances particulières. Rien ne parut si simple, rien ne vint sitôt à l'esprit, rien ne repugna moins. Il ne se rassemblait à l'ombre de ces Loix que des hommes à qui elles pouvaient être utiles, & pas un de ceux à qui elles pouvaient nuire. Si on se rappelle ces choses, dis-je, on pourra soupçonner à juste titre, l'équité des Loix Pénales de ce temps là, puisqu'elles ne furent point discutées, mais seulement imaginées, & qu'on cherchait à les rendre terribles. C'était le moyen de sortir des bornes de la raison qui en prescrit à tout, & qui ramene chaque chose au centre de ses rapports, pour lui conserver dans le système général & particulier l'équilibre que leur jeu réciproque entretient.

L'ancienneté de la peine de mort (*a*) ne prouve donc pas qu'elle foit jufte. J'ai dit les raifons qui l'ont fait répéter par prefque tous les Légiflateurs ; & cés raifons ne la juftifient pas.

Qui en prouvera donc la juftice ? Son univerfalité : mais elle n'eft pas abfolue ; & les exceptions ont, dans ce cas une force invincible contre la néceffité de la règle : or ces exceptions font en grand nombre.

Sabacon, (*b*) Roi d'Ethiopie, ayant conquis l'Egypte, (ce qu'on rapporte à l'an du monde 3277) abolit la peine de mort dans fes nouveaux Etats, & y fubftitua la condamnation aux travaux publics.

Il y avait, dit Strabon, quelques nations auprès du Caucafe, qui ne connaiffaient pas la peine de mort.

La Loi *Porcia* (*c*) qui fut faite l'an de Rome

(*a*) *Leges non annorum numerus, fed conditorum dignitas, fed fola æquitas commendat, atque ideò fi iniqua cognofcuntur meritò damnantur.* Tertul. Apolog.

(*b*) Herod. L. 2, n. 137. —— M. de Paw refufe à Sabacon le caractère doux que l'abolition de la peine de mort fait préfumer. Il lui reproche juftement des excès, finon vis-à-vis de Bocchoris, au moins vis-à-vis de Neco & de Pfammétique. Il ne veut pas lui laiffer l'honneur d'avoir commué la peine de mort en celle des travaux publics, mais au moins il convient que ce Prince fubftitua le banniffement avec une mutilation, à la peine de mort. Recherch. fur les Egyp. & les Chin. t. 2, p. 252.

(*c*) Tite-Live. Ciceron *pro Rabirio.*

454, & qui était encore en vigueur au temps de la conjuration de Catilina, ainſi qu'on peut le voir dans Salluſte, (*a*) défendit non-ſeulement de mettre à mort un Citoyen Romain, mais meme de le battre de verges.

La plupart des Empereurs n'y eurent plus d'égard : ils inventèrent au contraire des ſup- plicés affreux : cependant on en vit encore quel- ques-uns rejetter la peine de mort par différens motifs. Titus ſe fit Souverain Pontife, dit Sue- tone, (*b*) *ut puras ſervaret manus : nec auctor poſt hac cujuſdam necis, nec conſcius, quam- vis interdum ulciſcendi cauſa non deeſſet, ſed periturum ſe potius quam perditurum adjurans.* Anaſtaſe, Maurice & Iſaac Lange rejettèrent auſſi la peine de mort. L'Empereur Theodoſe (*c*) donnait la grace aux criminels avant qu'ils ſor- tiſſent des portes de la ville, pour aller au lieu de l'exécution.

J'ai déja cité les anciennes Loix des Allemands, des Ripuaires & des Saliens, qui n'admettaient pour tous les crimes, que des peines pécuniaires.

Dans l'Origine des Colonies Anglaiſes en

(*a*) *Oratio Cæſaris in Conjuratos.*
(*b*) L. 8.
(*c*) Hiſt. Eccléſiaſt. par M. l'Abbé Fleury, tom. 5 Liv. 24.

Amérique, on y faisait passer ceux qui, par quelque crime avaient mérité la mort. (a)

Enfin on sait qu'Elisabeth, Impératrice de Russie, abolit la peine de mort à son avénement au trône, & que son règne de vingt années n'en fut ni moins tranquille ni moins heureux. Cet exemple récent, imité, dit-on, encore par celle qui la remplace aujourd'hui, doit être d'un grand poids pour quiconque est capable de réflexion, & peut comparer les faits aux circonstances, qui paraissaient toutes au désavantage de la modéra-tion des peines dans un pays nouveau, & même barbare dans sa plus grande étendue.

Comment, après des exceptions aussi formel-les, peut-on argumenter encore de la nécessité de la peine de mort ? Elle ne doit avoir lieu,

(a) « Tous ces divers Colons eurent à leur disposition, pour défricher & cultiver leurs terres, les scélérats des trois Royaumes d'Angleterre, qui, pour des crimes capitaux, avaient mérité la mort ; mais que, par un esprit de politique humaine & raisonnée, on faisait vivre & travailler pour le bien de la nation. Transportés aux isles où ils devaient passer un certain nombre d'années dans l'esclavage, les malfaiteurs contractèrent dans les fers le goût du travail & des habitudes qui les remirent dans la voie de la fortune. On en vit qui, rendus à la société par la liberté, devinrent cultivateurs, chefs de familles & propriétaires des meilleures habitations : tant cette modération dans les Loix pénales, si conforme à la nature humaine qui est faible & sensible, capable du bien, même après le mal, s'accorde avec les intérêts des Etats ci-vilisés. *Hist. phil. & polit. tom. 4, p. 204.*

fuivant Platon, (*a*) qu'au regard de ceux qui
ne peuvent être ramenés au bien, *infanabiles.*
On n'a droit de faire mourir, pour l'exemple,
» que celui qu'on ne peut conferver fans dan-
» ger, dit un Auteur de ce fiècle. » (*b*) Mais
ces deux hommes célèbres auraient bien dû nous
dire quand & pourquoi les criminels doivent
être déclarés *infanabiles,* (*c*) quand on ne peut
les conferver fans danger. S'ils s'en font rendu
compte à eux-mêmes, ils devaient bien nous
développer leur penfée; il n'en peut guère être
de plus utile, & il n'y en a pas qui fût auffi
effentielle à leur fujet. S'ils ne s'en font pas
rendu compte, ils ont donc fait une hypothèfe
pour fervir de fondement à une décifion qui
concerne la vie des hommes. Ils ont fuppofé ce
qu'ils devaient mettre en queftion; favoir, s'il
y avait des hommes qu'on dût regarder comme
irrémédiablement méchans; & après avoir décidé
cette queftion, affirmativement, fi l'on veut,
ils auraient enfuite dû propofer l'examen des

(*a*) *De Legib. Dial.* 9.

(*b*) Du Contrat focial, chap, 5, du droit de vie & de mort.
Ce qu'il y a de bien étrange, eft que cette phrafe vient immédiatement à la fuite de celle-ci. » Il n'y a point de méchant
» qu'on ne pût rendre bon à quelque chofe.

(*c*) Notre jurifprudence n'en reconnaît prefque point, puifque la prefcription en matière criminelle s'acquiert pour prefque
tous les crimes, ce qui eut auffi lieu chez les Romains.

moyens les plus sûrs, les plus juftes, & par conféquent les plus conformes à l'ordre naturel &
politique, de mettre la fociété à l'abri de leur
méchanceté. Cet examen feul eut pu les juftifier
aux yeux des hommes, du malheur d'admettre
la peine de mort, ou il la leur eut fait rejetter.

Le plan que je trace pour autrui, va être le
mien, & il n'eft devenu le mien qu'en le con-
feillant. Il eft cent routes qui menent à la découverte de la vérité, mais il en eft de préféra-
bles les unes aux autres.

Pour découvrir quelle eft la nature de l'homme, fi utile à connaître dans le moment préfent,
il faut le dépouiller de tout ce qui ne lui eft
point commun avec ceux de fon efpèce en général ; ce qui reftera, tant au phyfique qu'au
moral, eft précifément ce qu'on cherche : ainfi
la férocité des Antropophages & l'imbécille faibleffe des Indiens (a) ne forme point le vrai
caractère de l'homme. Il n'y a que les rapports
phyfiques du bien & du mal extérieur qui l'affectent, & eux feuls font naître les rapports moraux qui l'attachent à l'un, & qui l'éloignent
de l'autre ; & qui fouvent déterminent pour le
même objet fon amour & fa haine, & tempèrent
l'un par l'autre.

_____

(a) Ils ont des Hôpitaux pour les poux & les puces.

Les rapports phyfiques qu'il a avec le bien & le mal extérieur font les différens degrés de plaifir ou de peine qu'il reffent en s'affociant aux fenfations des autres, ce qu'il fait fans le vouloir. Cet effet admirable & néceffaire de notre organifation, fait ceffer l'indifférence naturelle pour le bien qui produit le plaifir, & pour le mal qui occafionne la douleur; de forte que l'homme devient bon prefqu'auffi-tôt qu'il eft né. Il ne cefferait jamais de l'être, & cette qualité fe perfectionnerait en lui par le charme de l'expérience, fi les affaires & les intérêts que fait naître la fociété, ne venaient contrarier fa pente naturelle. On n'eft jamais plus humain que quand on eft affez jeune pour n'avoir point d'affaires, & affez fait pour avoir la force d'être utile.

Mais les biens de la fociété en général ayant une mefure à peu près invariable, & chacun en reffentant le befoin, on fe fait une habitude malheureufe de regarder le bien de cette efpèce qui arrive à autrui, comme une ufurpation faite fur celui qu'on defire; de forte que fi, par un réfultat néceffaire de notre organifation, nous nous plaifons dans le bien d'autrui, fi nous fommes bons, par un effet auffi néceffaire des inftitutions fociales, toujours ramenés à notre

intérêt

Intérêt particulier, nous devenons envieux. Ces deux situations, j'ose dire nécessaires, sont les sources communes du bien & du mal moral : voilà les deux principes des Manichéens.

Nous éprouvons donc en même temps le choc de deux forces contraires. Heureux l'homme qui franchit l'obstacle que la société oppose sans le vouloir à ses inclinations généreuses ! Admirons celui qui sait tempérer le mal par le bien, & qui suit un système de conduite intermédiaire entre les inclinations que j'appellerai pour un moment naturelles, & celles qui résultent des choses d'institution : c'est en cela que consiste la justice. (a)

(a) Je ne puis dire combien cette pensée m'a fait de plaisir. J'étais hors de chez moi, & me promenais à grands pas, en cherchant à la résoudre ; quand j'y suis parvenu, je n'ai fait qu'un saut à ma chambre, ne voyant rien de ce qui se rencontrait sur mon passage, j'ai pris la plume, & tout de debout je me suis représenté en cette sorte sur le papier l'ordre que je venais de découvrir.

Bon.   Envieux.
Vertueux.   Méchant.
          Juste.

Ce tableau me paraît si fidèle, l'ordre des choses y est si bien établi, l'origine & la nature de la justice y sont si clairement énoncées, que je n'ai pu me résoudre à le supprimer. Si je n'appréhendais de détourner l'attention du Lecteur, de ce qui fait le sujet de ce chapitre, je m'en occuperais longuement, & je crois qu'il y aurait à gagner à ce que je dirais.

X

Mais cet équilibre parfait est la situation la plus difficile à obtenir & à conserver ; nous sommes sans cesse balottés entre les deux contraires : aussi n'y a-t-il point de méchant qui ne puisse compenser par quelques bonnes actions une partie du mal qu'il fait, & point d'homme vertueux qui n'ait à se reprocher quelques faiblesses. Tel est l'homme en général modifié par la société, tantôt bon, tantôt méchant, suivant les circonstances où il se trouve.

Il y a donc de la précipitation en général à désespérer d'un coupable, pour un crime qu'il aura commis ; c'est supposer qu'il est autrement organisé que nous, & que rien ne le porte au bien, ce qui est faux. Ne serait-il pas plutôt de l'humanité & de la justice de chercher les moyens de redonner de l'énergie à la voix qu'il ne veut plus entendre, tandis que celle qui l'égara est notre ouvrage ?

Combien de crimes sont punis de mort chez nous, & qui cependant ne supposent pas même un grand degré de méchanceté actuelle. Par exemple, le vol domestique dans certaines circonstances, le vol sur les grands chemins, la fausse monnoie, &c., les grands crimes même démontrent bien, il est vrai, un esprit égaré, un cœur capable de se fermer au cri de l'hu-

manité ; mais comment démontrent-ils que ceux
qui s'en font rendu coupables font incapables
de fe changer ? (a) N'eft-ce pas juger par prévention ? Et peut-il y en avoir raifonnablement
d'affez forte pour faire ôter la vie à quelqu'un ?

L'habitude même du crime, en tant qu'on n'a
point encore effayé fur le coupable l'effet des
châtimens modérés, ne prouve pas qu'on doive
en défefpérer. On ne peut le faire raifonnable-
ment qu'après l'inefficacité prouvée des remèdes.

Il n'y a donc que la répétition du crime,
après l'épreuve des châtimens, qui puiffe auto-
rifer à croire que le criminel eft irrémédiablement méchant, & à fe conduire avec lui con-
féquemment à cette croyance.

Encore y a-t-il lieu de trembler d'être dans
l'erreur, puifque le jugement par lequel il eft
déclaré *infanabilis*, n'a pour fondement qu'une
prévention, bien forte, il eft vrai, mais qui

(a) Un Empereur de la Chine trouva à fon avénement au
trône les prifons remplies de criminels qui avaient mérité la mort.
Dans le même temps on manquait d'hommes pour faire la moif-
fon ; l'Empereur fit ordonner aux prifonniers d'aller la faire,
& de rentrer dans leurs prifons ; ce qu'ils firent : touché de
leur obéiffance, l'Empereur leur pardonna & les fit remettre
en liberté ; aucun d'entr'eux ne mérita depuis une nouvelle punition, *Du Halde*, *Defcription de la Chine*. En Perfe, dit M.
Rollin, *tom. 2 de l'Hift. ancien*, le Roi n'avait point le
droit de condamner à mort pour une première faute.

X ij

n'est toujours qu'une prévention : c'est une raison à subjoindre à celles que nous allons déduire pour user de modération dans les peines.

Un homme étant déclaré méchant sans remède, il s'agit maintenant de rechercher la
conduite à tenir à son égard. Jadis la société se
substituait aux particuliers offensés qu'il fallait
appaiser, n'importe à quel prix, quand ils avaient
de justes sujets de plaintes ; elle en prenait en
même temps les sentimens & la défense : c'était
un moyen violent, mais nécessaire de leur faire
goûter la soumission qu'on exigeait d'eux. Il
fallait se mettre à leur portée, dans un temps
où la société ne consistant qu'en un très-petit
nombre d'hommes, un ou deux mécontens,
avec quelque apparence de justice, auraient
peut-être suffi pour la dissiper.

Aujourd'hui la société a pris son accroisse-
ment ; on n'a plus besoin de ménager, & d'employer une infinité de petits moyens pour la
faire subsister. Les plaintes de quelques-uns de
ses membres sont étouffées par le concours des
applaudissemens de la multitude : les peuples
peuvent changer & changeront sans cesse les Gouvernemens présens & à venir ; mais jamais ils ne
renonceront à la société, qui devient un besoin
pour chaque homme, par l'habitude qu'il en
contracte en naissant.

Exempte des foins relatifs à fa confervation, elle n'a plus qu'à s'occuper de fa perfection, c'eft-à-dire, de l'établiffement de meilleures Loix politiques, civiles & criminelles : c'eft alors que loin de fe fubftituer aux fentimens des hommes, il faut qu'elle foit fage au milieu d'eux, & fans paffions pour réprimer les leurs : car fi la fageffe de l'homme confifte à modérer ou à bien diriger fes paffions, la fageffe du Gouvernement confifte à n'en point avoir.

Il ne s'agit donc plus, au regard des criminels, d'imiter les vengeances particulières, il s'agit de punir, de donner l'exemple, & de procurer la fureté publique ; elle eft la feule fin qu'on fe propofe par la punition & par l'exemple ; de forte que la peine n'a lieu que pour opérer la fureté publique dans le préfent & dans l'avenir.

Quand je dis qu'elle n'eft infligée que dans cette vue, je crois dire une vérité à la portée de tout le monde. C'eft une des premières applications de la fageffe du Gouvernement. En effet, rechercher la douleur dans les peines d'un coupable, c'eft un acte d'homme affez paffionné pour impofer filence à la pitié. Cette recherche indigne de tout autre que d'un enhemi acharné, & diamétralement oppofée à la générofité d'un homme qui pardonne à fon ennemi terraffé, pourrait-elle appartenir à la Loi qui dut être méditée dans la paix du cœur & de l'efprit, & qui eft le réfultat de la fageffe univerfelle ?

Dès que la Loi ne cherche point la douleur dans la peine, elle ne doit s'y rencontrer qu'autant qu'elle y eft néceffaire pour opérer la fureté & la tranquillité publique dans le préfent comme dans l'avenir : mais elle y eft néceffaire, & ce font fes degrés différens qui forment l'échelle des peines : admettons-la donc ; mais avec le plus d'économie poffible.

Il y a deux efpèces de douleurs, les unes phyfiques, les autres morales : les premières affectent le corps, & par conféquent l'efprit ; les fecondes affectent l'efprit feulement. Les unes font l'ouvrage de la nature qui difpofe irréfiftiblement de nos corps ; comme parties du fyftême général, leurs mouvemens & les altérations qui leur furviennent, font des effets néceffaires dans la combinaifon univerfelle ; c'eft, pour ainfi dire, la condition à laquelle nous avons reçu la vie.

Les douleurs ou peines morales font les effets de notre éducation, dont la fociété d'inftitution a fait naître le plus grand nombre. La plupart des plaifirs moraux font les effets de cette même caufe : par-là nous voyons la différence des liens qui nous attachent à la nature & à la société.

Cette différence bien sentie, on ne demandera plus à la société des effets qu'on ne peut attendre que de la nature, à laquelle elle est toujours subordonnée comme premier principe, puisque sans société il peut exister des hommes, tandis que sans hommes il ne peut exister de société. De même on ne demandera point à la nature ce que la société seule peut donner. Ces deux principes bornés ainsi chacun à leur district, chacune de ces deux causes ramenée au centre de ses effets, y sera circonscrite par la sagesse : la société se réduira donc aux peines morales, & n'infligera plus celles qui sont du ressort de la nature.

Cette conclusion tirée de la comparaison rapide que nous venons de faire de la nature & de la société, n'est encore que la sensation confuse de la vérité. Ce n'est pas assez pour détruire des opinions profondément enracinées, il faut plus de clarté dans les idées, & c'est ici le cas d'être diffus en paroles & en preuves. On ne fait apprendre une chose aux enfans, qu'en la leur répétant un nombre infini de fois ; & les hommes sont pires que des enfans, quand on veut détruire chez eux les erreurs de l'éducation, & y substituer les vérités contraires : aussi, je le répéte, faut-il être diffus en paroles

Xiv

& en preuves, jusqu'à ce qu'il se soit formé un
esprit général, conforme à la vérité: alors une
phrase suffit pour présenter & démontrer cette vérité. C'est cette différence des temps qui nous
fait juger désavantageusement de certains Auteurs, qui, s'ils écrivaient de nos jours, ne feraient qu'une page d'un de leurs volumes.

On a beaucoup parlé de conformer la peine à la
nature des crimes; mais on n'a pas parlé de la
conformer à la nature de la société d'institution,
par où cependant il fallait commencer.

La société d'institution est la réunion de plusieurs hommes, en vue de leurs commodités.
Ces commodités font la base de la société. Elle
a donc pris naissance des *choses*; c'est en effet
la jouissance des *choses*, c'est l'industrie qui d'in-
tingue l'homme social de l'homme naturel. Otez
les *choses* & l'industrie, ils font les mêmes; il
n'y a donc rien de nouveau entr'eux que les
choses: ainsi les règles à établir pour l'homme
social, doivent être prises de ces *choses*-la
même; il faut le placer à leur centre, & tendre ou rompre les fils qui l'attachent à ces *choses*; tel est l'art du Gouvernement: c'est aussi à
quoi il doit se borner; car lorsqu'il n'y a plus
de l'homme que l'homme naturel, le Gouvernement n'a plus de prise sur lui, puisqu'il n'ap-
artient plus à la société.

Ce n'est pas ce que disent les Ecrivains qui
se sont occupés des Loix Criminelles. Ils ont vu
que, dans l'état primitif, personne ne veillait
à la conservation de la vie de l'homme, que
l'homme même ; & ils comptent, dans la société, une multitude de Loix qui ne sont faites
que pour prév... les attentats contre la vie des
sujets. Ils en concluent que le Gouvernement a
pris naissance pour la sûreté des personnes ; que
du moins c'est son but principal, & que la vie de
chaque sujet en est au moins un bienfait, quant
à sa conservation. Cela posé, voici comme ils rai-
sonnent. Le Souverain ne veille à la sûreté d'un
sujet, qu'autant qu'il respecte celle des autres.
La viole-t-il ? Le Souverain lui refuse la sûreté
qu'il lui avait accordée, & l'envoie à la mort.

Avant d'examiner ces propositions en elles-
mêmes, il faut en examiner la dernière conclusion, & faire voir qu'elle est mal déduite : en
effet il faudrait prouver que le refus fait par le
Souverain de la sûreté particulière, & l'envoi à
la mort, sont la même chose : or je suis bien
éloigné de croire à l'identité de ces deux propositions. Que le Souverain refuse à un coupable
la sûreté qu'il lui avait accordée, celui-ci devient
à la merci des hommes qui n'ont pas d'intérêt
à le tuer, à moins qu'il ne se rende coupable

encore , & qu'on ne peut fuppofer des bêtes
féroces qui fe guettent pour s'entre dévo-
rer. Ceux-mêmes qu'il aura offenfés font capables de compaffion ; remis entre leurs mains,
il ferait prefque affuré de fon pardon, au moins
l'obtiendrait-il quelquefois. Le refus de la fureté
qu'on regarde comme une efpèce de talion fait
à celui qui en a privé fon femblable, n'eft donc
pas la même chofe que la mort, qui n'en eft pas
non plus une fuite néceffaire : mais revenons aux
principes dont on a tiré cette conféquence.

» Dans l'état primitif perfonne ne veillait à la
» confervation de la vie de l'homme que l'homme
même : » non certainement, fi ce n'était les pères
qui veillaient à la confervation de leurs femmes &
de leurs enfans ; & ce n'eft pas d'eux dont il eft ici
queftion ; mais auffi l'homme feul pouvait fuffire à
fa propre défenfe ; il n'avait de guerre à foutenir
que contre le petit nombre de bêtes féroces qui
ne font pas effrayées de fe démarche altière &
faite pour en impofer. Confultons les voyageurs,
& nous verrons que par-tout où il entre habi-
tuellement en combat avec elles, il en fort vic-
torieux, ou il trouve dans la fuite, fur des arbres
ou ailleurs, un falut affuré. Que ceux qui veulent
apprécier la force de l'homme naturel ; lifent
l'hiftoire récente de Mademoifelle le Blanc,

» Il y a dans la société , ajoute-t-on, une
» multitude de Loix qui ne font faites que pour
» prévenir les attentats contre la vie des fujets.»
Oui l'homme focial eft devenu facilement l'ennemi de fon femblable. J'ai dit quelle en fut la
caufe qui fubfiftera toujours avec la fociété. C'eft
donc d'elle que provient le crime : or il eft jufte
qu'elle adminiftre des remèdes contre les maux
qu'elle a fait naître : ainfi loin de conclure , de
l'exiftence des Loix contre les affaffins, que les
hommes fe font réunis en fociété pour leur confervation, il faut en conclure que leur réunion
ayant mis leurs vies en danger, ils ont fagement
fait des Loix pour fe garantir.

Cet ordre chronologique des faits qui ont
amené la civilifation au point où elle eft de nos
jours , était néceffaire à relater. Il fe trouve établi
dans tout le corps de cet ouvrage; mais c'eft ici
fa place pour détruire l'argument le plus commun
en faveur de la peine de mort, qu'on veut infliger
à ceux qui ont porté atteinte à la vie des hommes,
non-feulement à caufe de leur cruauté, mais fur-
tout parce qu'ils agiffent contradictoirement au
but premier & principal que fe propofe le Gouvernement.

Le Gouvernement n'a fait que confacrer les
conventions de la fociété. Les premières furent

relatives à la propriété, fur laquelle on ne s'est
jamais autant relâché, que fur les conventions
postérieures qui ont eu pour objet la vie des fujets.
C'est donc la propriété, ce font donc les *chofes*
qui font le vrai, le premier & le principal objet
des fociétés & des Gouvernemens; le refte n'est
qu'accidentel; il est vrai que cet acceffoire est
bien grave, puifqu'il concerne la vie; mais n'étant
qu'acceffoire, il doit être rapporté au corps principal; il doit être dans la dépendance des conventions relatives aux *chofes*, loin que ces conventions lui foient foumifes : ainfi l'on doit
dire, que la fociété n'ayant lieu que pour la
jouiffance & la confervation des *chofes*, fes droits
ne s'étendent point au delà des *chofes*; & que par
conféquent les peines & les récompenfes ne feront
prifes que des *chofes*; & l'on ne dira plus que le
Gouvernement ayant été imaginé pour la confervation des vies qui étaient continuellement en danger, (a) il a pu ordonner le meurtre, pour obtenir cette fin précieufe, la fureté & la tranquillité
perfonnelle.

_____

(a) Il n'y aurait jamais eu d'intention plus fautive ; car il
périt infiniment plus d'hommes dans les guerres de nation à nation, par la navigation, l'extraction des mines, & une multitude d'arts & métiers, qui font tous les ans des victimes dans
chaque canton, qu'il n'en périrait de mort violente dans l'état
de domefticité naturelle. Je fais grace dans ce calcul, de ceux

Les Loix Pénales contre le meurtre, ne font donc que des moyens pour arriver à la fin qu'on fe propofe. Cette fin eft la confervation des *chofes*, & leur jouiffance paifible. Or ces moyens doivent toujours être fubordonnés à leur fin : donc, puifque les peines contre les meurtriers font néceffaires, elles doivent être prifes dans les *chofes*. Il n'eft pas équitable de demander plus qu'on ne donne. On ne donne que les *chofes*

---

qui périffent dans les guerres civiles, des perfonnes affaffinées, des affaffins & voleurs fuppliciés, afin qu'on ne me reproche pas d'argumenter des abus : cependant, par leur fréquence, ils pourraient entrer en ligne de compte. On me dirait qu'ils n'ont point été prévus, & cela ne changerait pas grand chofe à ma propofition. Mais, comme en parlant d'une chofe, il eft impoffible de n'en pas faire entendre plufieurs, je ne veux point donner lieu à ce qu'on affaibliffe ce que j'ai dit véritablement en contredifant, avec quelque avantage, ce que quelques-uns croiraient que j'ai voulu dire. Mais, dira-t-on, d'après cet expofé, on devrait attendre de la fociété l'anéantiffement de l'efpèce humaine, à moins que la terre ne fut repeuplée par les nations fauvages, qu'on ferait forcé de regarder comme la pépinière intariffable des hommes : or cette idée ferait on ne peut plus fauffe. Qu'on en juge par l'Amérique, qui, fuivant Templeman, équivaut, à peu près, aux trois autres parties de la terre, & dont la population qui devrait par conféquent être bien plus forte que celle des trois autres parties, n'en eft cependant, felon les tables des vivans de Sufsmilch, que le fixième.»

Je réponds à cela, 1° que la comparaifon n'eft pas admiffible, parce que l'Amérique, fans avoir nos loix, nos mœurs & nos ufages, n'eft pas habitée par des hommes que j'appelle primitifs, témoins leurs guerres qui contribuent à leur deftruction. D'ailleurs des caufes phyfiques peuvent bien, felon M. de Paw, s'oppofer à leur population. 2° Que malgré le plus

& non la vie : ainſi l'on ne peut reprendre que les *choſes* ; & non la vie.

Les principes ainſi expliqués, voici comme je crois qu'il faudrait les préſenter & en conclure.

Dans l'état primitif, l'homme veillait ſeul à ſa défenſe, & il y ſuffiſait.

La ſociété lui a ſuſcité preſque autant d'ennemis que d'aſſociés. Telle eſt la combinaiſon toùjours inévitable du bien & du mal.

Le Gouvernement a été établi pour aſſurer le bien, & pour réprimer ou prévenir, dans l'uſage de ce bien, le mal qui l'accompagne.

Les moyens qu'il emploie doivent être conformes à la nature de la ſociété, en proportion des biens dont elle fait jouir, & des maux qu'elle a à réprimer.

---

grand nombre de morts violentes dans l'état ſocial que dans l'état naturel, on ne doit pas craindre la dépopulation des Royaumes, parce qu'il y naît auſſi beaucoup plus d'hommes que dnas l'état prim..., ce qui y établit une compenſation néceſſaire, &, ſurèment même, un excédent en faveur de la ſociété : mais cet excédent ne peut être regardé comme réſultant de la protection accordée aux vivans, lorſqu'il eſt prouvé d'ailleurs que du nombre des vivans il en meurt beaucoup plus de mort violente dans l'état ſocial, que dans l'état primitif. Cet excédent eſt un réſultat de la ſociété, & non du gouvernement. C'eſt ſemer des hommes que de cultiver la terre ; mais c'eſt auſſi les armer les uns contre les autres, que d'établir entr'eux le tien & le mien. Cet établiſſement, objet principal du gouvernement, étant fait, on remédie enſuite, comme je l'ai dit, aux abus qu'il fait naître.

Les Loix Pénales ne doivent donc infliger que des douleurs morales, parce que la nature & la société ont chacune leur tâche, leurs droits & leurs diſtricts, & que la dernière étant ſoumiſe à l'autre, ne peut pas s'emparer de ſes droits, qu'elle doit toujours laiſſer intacts.

Les peines, enfin, doivent être priſes des choſes, parce que la nature même de la ſociété n'en comporte pas d'autres, parce que la Loi ne doit point être paſſionnée, comme le particulier qui repouſſerait, par une attaque perſonnelle, l'injure réelle ou perſonnelle qui lui ſerait faite ou aux ſiens : en effet ce particulier trouverait une excuſe dans la vivacité preſque indomptable des paſſions humaines à leur origine : mais la Loi qui ne peut avoir la même excuſe, ne peut preſcrire une marche ſemblable, ſans être juſtement accuſée de cruauté.

On prétend la juſtifier, quand elle ordonne la peine de mort, en diſant que le criminel eſt devenu l'ennemi de la ſociété. Sans examiner en elle-même cette aſſertion qui pourrait perdre beaucoup de ſon crédit, voyons à la conſidérer relativement aux conſéquences qu'on en déduit.

Le criminel eſt l'ennemi de la ſociété, j'y conſens, pour éviter des longueurs peut-être inutiles, & pour ne pas faire dégénérer en diſpute de mots, des difcuffions qui roulent fur les plus grands objets : il lui fait la guerre, foit.

Ainfi la confervation (a) de l'Etat eft incompatible avec la fienne ; il faut qu'un des deux périffe, & c'eft alors que le droit de la guerre eft de tuer le vaincu. C'eft ainfi qu'avec des mots qui préfentent de grandes images, on fait paffer des raifonnemens qui n'ont ni profondeur ni folidité.

La confervation de l'Etat eft, dit-on, incompatible avec celle du malfaicteur. Il faut s'entendre fur le mot *confervation* dans cette phrafe. Signifie-t-il, au rapport du malfaicteur, fa confervation comme malfaicteur ? L'incompatibilité eft certaine. (a) Signifie-t-il fa confervation comme malfaicteur, mais dans le paffé ? je ne vois rien alors qui établiffe l'incompatibilité, qui eft pofée comme un axiome, & qui n'eft pas même une vérité. Ce n'eft donc pas de ce principe qu'il faut partir pour établir la peine de mort.

Mais n'ayons pas l'air d'argumenter comme fur les bancs. Ce n'eft pas une méprife dans les

_____

(a) Cont. focial, chap. 5.
(b) De-là la févère garde autour des lieux qui renferment les perfonnes condamnées à des peines. Si elles échappent, les fentinelles peuvent les tuer dans leur fuite.

termes

termes qui nous donnerait raifon ; car la recherche de la vérité eft notre unique but, &
non la mince & frivole gloire de triompher de
nos adverfaires, qui ne font pas là pour nous
répondre. Il s'agit de favoir fi le criminel étant
déclaré l'ennemi de la fociété, elle peut & doit
le faire mourir.

Qu'elle le puiffe, c'eft ce qu'une expérience,
malheureufement journalière, ne prouve que
trop bien; mais qu'elle le doive, en conféquence
de la qualité d'ennemi qu'a le coupable, c'eft
autre chofe. Le meurtre eft autorifé dans un
combat; mais quand l'ennemi remis entre nos
mains eft réduit à l'impuiffance de nous nuire,
l'égorger eft une action lâche & cruelle. Comment ce qui ferait la honte d'un particulier,
peut-il être qualifié, quand c'eft le Gouvernement qui s'en rend coupable ? Or par la condamnation aux travaux publics, l'ennemi de la
fociété, le malfaiteur eft réduit à l'impuiffance
de nuire, on peut donc s'épargner fa mort: dès
qu'on le peut, on le doit. On a fait ce raifon-
nement pour juftifier l'efclavage des nations après
la victoire: c'était une fauffe application ; &
maintenant qu'il faudrait la faire, elle ne fe préfente à l'efprit de perfonne.

Cependant ce n'eft pas affez d'opérer la fureté

Y

& la tranquillité publiques dans le préfent , ce
ce qu'on obtient par la prifon & par la condamnation aux travaux publics ; il faut encore
l'opérer dans l'avenir , ce qui n'eft produit que
par l'exemple des châtimens qu'il faut rendre ,
autant qu'on le peut , & fréquens & frappans. (*a*)

Fréquens, ils ne fauraient l'être , en admettant
la peine de mort , qu'autant que les crimes le
feront auffi : dès-lors cette fréquence n'eft pas
ce que les partifans de la peine de mort doivent
fouhaiter , quelque defirable qu'elle leur parut ,
pour en obtenir l'effet qu'ils en attendent. C'eft
ainfi qu'en examinant une propofition fous toutes
fes faces & dans tous fes rapports , on parvient , fi
elle eft fauffe , à en découvrir l'incohérence
avec ce qui devrait lui appartenir immédiatement.
Eft-elle vraie ? L'examen lui fert de preuve , chacun de fes rapports vient l'étayer , & lui donne
en même temps de la clarté & de la folidité.

Si la fréquence ou la durée de l'exemple paraît avantageufe pour opérer dans l'avenir la fûreté & la tranquillité publiques , s'il eft réellement néceffaire que l'homme ait préfent à l'of-

------

(*a*) C'eft donc manquer le but , que d'infliger des peines
dans le fecret , ce qui fe pratiquait en Grèce , à Rome , & ce
qui fe voit encore chez nous , où certains coupables font juftifiés
entre les guichets ; c'eft rechercher la douleur dans la peine ,
c'eft une cruauté.

prit '~ g-rde que la Loi fait autour des proprié‑
tés & des personnes, la peine des travaux pu‑
blics est le véritable moyen qu'il faut mettre en
usage pour le lui rappeller , & je n'en vois
dériver aucun inconvénient.

Il ne paraît pas y avoir d'exemple plus frap‑
pant que celui qui résulte de la mort publique
du malfaiteur ; mais ce n'est pas assez pour la
faire juger nécessaire, si d'ailleurs il est prouvé
par une multitude d'autres rapports , qu'elle est
incompatible avec la société & le Gouvernement;
or outre ce que j'ai dit , la circonstance me sug‑
gère encore de nouvelles raisons de rejetter la
peine de mort.

La Loi ne l'inflige que pour le bien public,
& son effet le plus certain & le plus immédiat,
est la haine de l'autortié & de ses dépositaires.
Les honnêtes gens sont dans la stupeur & dans
l'indignation pendant une exécution , (a) & le
méchant qui sait que la mort est inévitable pour
tous les hommes, ne voit dans le supplice que
l'avancement & la fixation de sa fin. Il n'y voit

(a) *Carnifex vero , & obductio capitis , & nomen ipsum crucis ,
absit non modo à corpore Civium Romanorum , sed etiam à co‑
gitatione , oculis , auribus ; harum enim omnium rerum non so‑
lum eventus atque perpessio , sed etiam conditio , expectatio ,
mentio, ipsa denique indigna Cive Romano , atque homine libero
est.* Cic. pro Rab.

rien d'abfolument étranger aux autres hommes, & il confent à voir abréger fa vie, pourvu qu'au lieu de la paffer dans la mifere & dans les privations, il la rempliffe de jouiffances.

On voit par-là que la peine de mort n'eft d'un exemple frappant que pour ceux qui n'en ont pas befoin, & pour qui même elle eft un tourment immérité. Au refte elle parait téllement imaginée dans l'efprit même du méchant, qu'il femblerait qu'on l'eût confulté fur le fort qu'il doit éprouver; non pas, quoiqu'il s'y foit attendu, que l'inftant fatal ne foit pour lui le plus affreux des maux; mais ce fentiment eft réfervé au dernier jour où la vérité luit fans profit.

Sous quelques rapports qu'on envifage la peine de mort, quoiqu'elle foit, fans contredit, une punition, quoique cette punition foit exemplaire, quoiqu'elle paraiffe procurer la fureté & la tranquillité publiques dans le préfent & dans l'avenir, elle ne peut être admife; & les raifons qui la font rejetter, font prifes de l'ordre général, de la nature de la fociété, de la faibleffe de l'homme, & de l'indulgence que la fociété doit aux coupables, qui ne le font que par la fuite des inftitutions fociales; elles font encore prifes de la nature même de cette peine. Enfin l'imperfection néceffaire des preuves qui

conflatent le crime & le criminel, eft une nouvelle raifon victorieufe de rejetter la peine de
mort.

En effet, quel remède y a-t-il à cette peine
quand elle a été infligée injuftememt ? Cette
idée fait foulever ma poitrine. Eh quoi ! les Loix
feraient un nouveau fléau pour le genre humain,
pire que les maux fans nombre qui lui viennent
de la nature ? Quelle fituation plus affreufe que
celle d'un innocent qu'on conduit au fupplice !
la rage & le défefpoir lui ferment la paupière;
& de fon innocence reconnue, il réfulte un
autre malheureux, c'eft le Juge qui l'a condamné.
Ah ! combien l'homme doit méditer fes idées
avant de les donner pour règles, puifque fes inftitutions, les plus univerfellement applaudies,
font fi peu conformes à la droite raifon, &
ont de fi terribles fuites.

CHAPITRE XII.

Des peines à suppléer à celle de mort.

LES cas où la peine de mort aurait pu être jugée néceffaire, font ceux où les coupables ont été déclarés irrémédiablement méchans *infana-biles* : or, dans ces cas, comme dans ceux où ils font jugés avec moins de févérité, il faut que la Loi puniffe, donne l'exemple, & procure la fureté & la tranquilité publiques dans le préfent & dans l'avenir ; ou, plutôt qu'elle procure la fureté publique dans le préfent. Elle ne peut le faire que par une peine qu'il faut rechercher : elle doit donner un exemple public de cette peine, afin d'obtenir la fureté publique dans l'avenir, en intimidant ceux que des inclinations dépravées pourraient porter au mal.

Tels font les principes établis dans le Chapitre précédent. La fociété n'a droit d'infliger que des peines morales : ces peines doivent être prifes des *chofes*, dont la garde & la jouiffance font le véritable objet du Gouvernement. Il s'enfuit que le traitement conforme à la nature des chofes eft de priver l'homme irrémédiablement méchant, de tous les avantages que procure la fociété &

le Gouvernement ; c'est-à-dire, de lui ôter tout ce qu'il tient de l'une & de l'autre, de changer l'homme social & de le réduire à l'état d'homme primitif, d'homme naturel.

Mais la société qui doit s'élever au dessus des passions des hommes, ne doit point rechercher la douleur dans la peine ; elle ne doit même l'y souffrir, qu'autant qu'elle y est nécessaire pour corriger le coupable, qu'on peut espérer de ramener au bien, & pour effrayer, par son exemple ceux qui pourraient devenir méchans.

On a donc droit d'attendre de la société une grande modération dans les peines ; cependant, pour obtenir la fin qu'elle se propose dans l'établissement de ces peines, elle est réduite à les rendre sévères ; & pour faire usage de son autorité sur les *choses*, elle est forcée de faire violence aux personnes.

En effet, comment ôter à un homme la jouissance entière des *choses* ? Comment l'empêcher de participer aux fruits de l'industrie commune ? Ce n'est pas assez de le rendre pauvre, il peut redevenir riche. Il faut donc le forcer à rester dans la misère, ou, du moins, l'empêcher de faire des efforts pour en sortir ; ce qu'on ne peut faire sans exercer de violence sur la personne même du malfaiteur.

Mais, lors même qu'on y parviendrait fans lui faire de violence, ce ferait bien une punition & un exemple ; mais il n'y en aurait pas encore affez ; ce ferait employer les moyens, fans parvenir à la fin, qui eft la fureté publique, que le malfaiƈteur ferait plus que jamais dans le cas de troubler.

Une trifte, mais abfolue néceffité, force donc le Souverain à fubjoindre aux peines des *chofes*, des peines corporelles : mais ces nouvelles peines, qu'il faut infliger en gémiffant, n'ont rien de reffemblant aux mutilations honteufes & inutiles, qu'on met aƈtuellement en ufage. Elles ne doivent avoir de rapport qu'à la liberté du méchant, puifque c'eft uniquement pour mettre la fociété à l'abri de fa malice, qu'on eft autorifé à en ufer. Ainfi, la prifon perpétuelle doit être ajoutée à la confifcation, dans le cas où le malfaiƈteur a été jugé irrémédiablement méchant.

Ce n'eft cependant encore là qu'une idée générale qu'il faut modifier, quand il s'agit de l'application. En effet, la prifon eft un lieu de peines, mais c'eft un lieu de ténèbres où l'œil du citoyen ne peut compter les viƈtimes, où, par conféquent, leur nombre eft perdu pour l'exemple, qui n'a même guère lieu que dans l'inftant de la détention ; tandis qu'il eft fenfible que si, sans multiplier les crimes, on peut multiplier l'exemple des châtimens, on parvient enfin à les rendre moins nécessaires : d'ailleurs l'obscurité des prisons devient un sujet de défiance pour les citoyens ; ils supposent facilement qu'il s'y commet de grandes injustices ; soupçon qui naît, peut-être, de la manière dont s'administre la justice criminelle ; mais comme il existe, & qu'il est à craindre qu'il existe toujours, il faut, le moins possible, y donner lieu, & ne pas faire naître la pitié, quand il s'agit d'exciter l'indignation. Il y a certainement quelque chose qui va mal, quand la Loi, qui est faite pour le bien de la multitude, au lieu d'exciter sa reconnaissance, excite continuellement ses murmures.

La détention des méchans est donc nécessaire, & cependant elle est encore insuffisante. D'ailleurs il me paraîtrait injuste d'en faire encore un nouveau fardeau pour les honnêtes gens, qui travailleraient pour la nourriture de ceux-ci, tandis que ces derniers, s'ils le pouvaient, leur enlèveraient la leur. Tout change, si l'on ajoute à cette détention la condamnation aux travaux publics. Cette nouvelle peine n'a que des rapports justes & salutaires, & remplit entièrement la fin que se propose le Souverain dans la pu-

nition des coupables Elle eſt ſévère autant qu'il
le faut pour l'exemple ; elle ſe remet ſans ceſſe
ſous les yeux des citoyens, elle les pénétre de
l'idée, ſi avantageuſe, que le Souverain eſt uniquement occupé de faire reſſortir l'utilité publique, des mouvemens communs & particuliers :
par elle, la ſociété eſt en ſureté dans le préſent,
& le méchant qui ſe fait bien à l'idée de mourir quelques jours plutôt, à condition de vivre
plus heureux qu'il n'aurait fait, ne s'arrange pas
auſſi facilement ſur l'idée de devenir encore plus
malheureux, ſans l'eſpoir d'aucun remède. Cette
peine eſt donc plus efficace que la mort même
pour opérer la ſureté & la tranquillité publiques
dans l'avenir ; elle n'a pas, comme la peine de
mort, l'inconvénient terrible de tourner les eſprits vers la cruauté, d'habituer à l'effuſion du
ſang humain, qui ne ſaurait couler ſous la main
tranquillement barbare du bourreau, ſans révolter à la fois les cœurs & les eſprits, tandis qu'il
n'y a que le cœur qui ſouffre, en voyant commettre un autre meurtre. (*a*)

_____

(*a*) Si ce ſyſtème pénal était agréé, & qu'il n'y eût plus
de difficulté que relativement à l'établiſſement & à l'adminiſ-
tration des maiſons de correction, j'oſe promettre de fournir
à cet égard un Mémoire ſatisfaiſant ; mais ce n'eſt pas ici le
moment d'entrer dans ces détails.

Enfin la peine des travaux publics laiffe une entière facilité à la réparation de l'innocent fauffement condamné. La réparation peut même devenir auffi éclatante que la peine, ce qui eft jufte & néceffaire, puifque l'erreur à été publique.

On peut auffi, dans certains cas, tranfporter les malfaiteurs *infanabiles* fur des côtes incultes & défertes. Peut-être eft-ce par ce moyen qu'une partie de la terre s'eft policée, & fe policera encore après de nouvelles révolutions phyfiques du globe.

CHAPITRE XIII.

*Des différens rapports des Loix Pénales, &
Idées de la construction des Tableaux de ces
Loix.*

LES Loix pénales sont des conventions de
la société par lesquelles on inflige des peines aux
malfaiteurs, pour les avertir du danger qu'il y
a de troubler l'ordre public, & pour mettre la
société à l'abri de leur malice : & dans l'un &
l'autre cas, pour opérer la sureté & la tranquilité
publiques, par l'efficace de l'exemple.

Les Loix pénales doivent être prises dans la
nature même de l'homme, c'est-à-dire, dans sa
sensibilité physique & morale : voilà la voie tracée.
Elles doivent être proportionnées à sa force &
à sa faiblesse, voilà les bornes.

Nées dans la société & pour la société, il
faut qu'elles soient conformes à la nature de la
société, & proportionnées aux avantages qu'on
en retire. Enfin, elles doivent être conformes
à la nature des crimes, & proportionnées à leur
gravité & à la facilité qu'il y a à les commettre.

Chacun de ces rapports doit contribuer à l'é-
tablissement & à la durée des Loix pénales, qui

font encore fubordonnées à la fin qu'elles fe propofent. Partons de chacun de ces rapports pour pefer & fixer leur influence : car s'il faut emprunter de chacun d'eux , il ne faut pas faire cet emprunt fans choix : chaque chofe eft fubordonnée à celle à laquelle on prétend l'unir.

Nous avons établi ci-devant que l'homme ne devait éprouver de la part de la fociéte que des douleurs morales : nous avons également prouvé que fa faibleffe & fa facilité à fe laiffer aller au mal font très-grandes , & font l'ouvrage de la fociété ; elle ne doit donc pas le punir autant que fes crimes paraîtraient le mériter ; cependant il faut qu'elle le puniffe.

Les châtimens doivent être pris des *chofes*, autant que la fin qu'on fe propofe le permet , parce que la fociété eft la réunion des hommes, faite en vue de s'en procurer la jouiffance, & qu'elles font le véritable effet de la fociété.

Il faut proportionner les châtimens aux avantages que la fociété procure , & cette proportion ne faurait être mieux établie que par les peines des *chofes* qui font les avantages que procure la fociété.

La conformité des châtimens à la nature des crimes fut jadis établie par la peine du talion , dans un temps où l'on n'avait pas les vraies lumières fur le fyſtéme pénal : le rapport de cétte peine au crime eſt ſi immédiat, qu'il ſéduiſit tous les eſprits ; c'était la bouſſole qui dirigeait tous les Légiſlateurs ; ils y revenaient autant qu'il leur était poſſible ; & quand il n'y avait pas lieu au talion, ils faiſaient reſſortir le châtiment du crime même. Ainſi, Zaleucus, chez les Locriens, or-donna qu'on crevât les yeux à l'adultère. On a déja vu que les Egyptiens coupaient le nez de la femme adultère, afin de lui ôter une beauté dangereuſe : ce même peuple rendait eunuque quiconque violait une femme libre.

Le rapport de la peine à la nature du crime eſt frappant dans ces exemples ; & cependant ces peines ne font pas admiſſibles ; parce que ce n'eſt pas tout de conformer les peines à la nature des crimes ; il faut encore leur conſerver leurs pre-miers rapports auxquels celui-ci eſt ſubordonné comme poſtérieur, & moins néceſſaire : il eſt le complément de l'ordre, mais ſon abſence ne don-nerait pas lieu à un grand déſordre.

Il faut enſuite proportionner les peines à la différente gravité des crimes. Dracon employait la peine de mort pour tous. Il diſait qu'il n'y en avait point de ſi petits qui ne la méritaſſent, & qu'il n'avait pu trouver de plus grandes peines pour les autres. Ainſi au temps de Dracon, celui

qui avait pris querelle avec un citoyen d'Athénes,
n'avait qu'à l'égorger ensuite, lui & toute sa
famille, puis aller mettre le feu à la maison de
ses Juges, brûler l'aréopage & les temples, cette
vengeance assez douce au cœur du méchant, pour
le traitement qu'il devait essuyer, ne faisait rien
ajouter à son châtiment. Il n'est point de crimina-
liste moderne qui n'ait dit un mot sur la nécessité
de proportionner les peines à la gravité des crimes ; ces rapports-là sont trop frappans pour
échapper à personne.

Il reste ensuite à proportionner la peine à la
facilité plus ou moins grande qu'il y a à commettre le crime ; elles doivent être en raison
directe : en effet, plus il y a de facilité à commettre une méchante action, plus la Loi doit
veiller pour l'empêcher ; & l'on sait que l'exemple des châtimens est un des moyens les plus
efficaces. L'exemple doit être plus frappant
lorsque le crime est plus commun, c'est encore
ce que tout le monde a dit.

L'espèce de la peine doit encore être telle
qu'elle puisse prévenir les suites que peut occasionner le crime. Le ravisseur ne doit point
habiter le même lieu qu'habite la personne ra-
vie, &c. Ce dernier rapport des peines n'en
change point la sévérité ; il détermine seulement

le choix pour une espèce, plutôt que pour une
autre.

La nature des Loix pénales en général se trouve
déterminée par les rapports qu'elles doivent avoir
avec la nature de l'homme, & celle de la
société. Les premiers rapports prescrivent des
peines corporelles ou civiles; les seconds fixent
le choix : cependant pour parvenir au but qu'on
se propose, on est quelquefois réduit à faire une
combinaison des peines civiles & des peines corporelles relatives à la liberté de l'homme : car
malgré nos efforts, les choses simples se trouvent aussi rarement dans le système moral, que
les élémens dans le système physique.

Après avoir déterminé le genre, il faut des-
cendre à l'examen des espèces qui sont différen-
ciées par la nature des crimes qu'elles doivent
punir : ainsi il doit y avoir autant de divisions
de Loix pénales, qu'il y a de divisions de crimes.

Enfin les cas particuliers où les Loix pénales
particulières à chaque cas sont réglées par la
gravité & par la fréquence des crimes, & par
leurs suites, & toutes ces peines doivent être
soumises à la considération de la faiblesse de
l'homme, qui est telle qu'on n'a peut-être jamais le droit de le traiter sans rémission.

L'échelle ou table générale des peines doit
donc

donc être compofée de plufieurs échelles particulières, toutes marquées par des différences,
prifes de la nature des crimes, & non de la
gravité relative de chaque crime particulier. Cette
dernière différence ne doit être obfervée qu'entre les peines de chaque divifion de l'échelle
générale : ainfi il y aura une échelle de peines
pour les crimes politiques contre l'Etat, une
de peines pour les crimes politiques contre les
perfonnes de l'Etat, une de peines pour les crimes contre les fujets de l'Etat, une de peines
pour les crimes d'homme-à-homme, contre la
vie &c. : & la réunion de ces échelles particulières formera l'échelle générale des peines. L'ordre de ces échelles eft déterminé par l'importance de la claffe, & par la gravité du genre
des crimes dont elle preferit la peine, & non
par la gravité relative de chaque crime particulier de l'échelle générale. Ce dernier rapport
borné, ainfi que je viens de le dire, aux crimes
du même genre, fert uniquement à régler l'ordre
des échelles particulières. Ainfi la peine de la
défertion des troupes, qui eft un crime bien
moindre que celui du poifon, doit cependant
être rangée à la première échelle, tandis que la
peine du poifon n'appartient qu'à la troifième,
parce que la défertion tient à une claffe de crimes

plus graves que celle dans laquelle est rangé le crime de poison, & que l'ordre des échelles est déterminé par l'importance des classes & la gravité des genres, & non par la gravité des crimes particuliers.

Pour conformer chaque peine de chaque échelle particulière à la nature du crime pour lequel elle a été imaginée, il faut la conformer à la nature de la classe & du genre, auxquels appartient ce crime. Cette conformité devant avoir lieu pour toutes les peines de la même échelle, malgré la différence qu'elles ont entr'elles, on doit voir qu'il est pour chaque classe & pour chaque genre de crime, une peine fondamentale qu'il faut trouver, & que c'est elle qu'il faut modifier ensuite, selon la gravité des crimes, pour l'adapter avec ses modifications à chacune des divisions de l'échelle particulière à laquelle elle convient.

La nature des différentes classes & genres de crimes a été expliquée au Livre premier ; que le Lecteur s'y reporte, s'il le juge à propos, pour se familiariser avec ce que nous y avons dit : il faut s'en souvenir pour saisir la conformité des peines, avec la nature des crimes.

Les crimes politiques contre l'Etat, tendans à la subversion de l'Etat, & à l'anéantissement

de la conſtitution, la peine conforme à la nature de ces crimes en général, eſt d'être chaſſé
de l'Etat, & privé des avantages qu'il procure
aux ſujets; c'eſt le banniſſement à perpétuité.

Les crimes politiques contre les perſonnes de
l'Etat étant commis en haine de leurs fonctions,
les peines conformes à leur nature devraient encore être le banniſſement perpétuel de l'Etat; mais
comme il eſt naturel à l'homme de ſe révolter
contre l'autorité, à moins qu'il n'en reconnaiſſe
l'utilité pour lui-même, cette conſidération doit
faire commuer l'expulſion en une réprimande &
une correction, telle que la priſon à temps.

Les crimes politiques contre les ſujets de l'Etat
ſont commis par mépris ou uſurpation de l'autorité, ou par l'abus de ſon exercice : ainſi la
peine eſt la deſtitution des emplois publics, & la
déclaration de l'incapacité d'en remplir : or comme le coupable pourrait n'en point occuper, ſa
peine ſera l'infamie qui comprend les peines
ſuſdites, & qui eſt applicable à tous les cas.

On peut donc faire cette première table des
peines fondamentales conformes à chaque genre
des crimes politiques.

TABLE des peines fondamentales convenables à la première claſſe des crimes.

	Peines.
Crimes politiques du premier genre.	Banniſſement perpétuel du Royaume.
Crimes politiques du ſecond genre.	La priſon.
Crimes politiques du troiſième genre.	L'infamie.

Je vais paſſer aux autres Tables, ſans rappeller la nature des claſſes & genres de crimes qu'on doit connaître, & ſans inſiſter ſur leur conformité avec les peines, parce qu'elle eſt ſenſible.

Table des peines fondamentales convenables à la ſeconde claſſe des crimes.

	Peines.
Crimes d'homme-à-Homme du premier genre, ou crimes contre la vie.	L'éloignement à perpétuité de toute ſociété, c'eſt-à-dire, la condamnation aux travaux publics à perpétuité.

La gravité de ce genre de crime, & les ſuites qui peuvent en réſulter, forcent à en uſer vis-à-vis de ceux qui s'en sont rendus coupables, de la même manière que s'ils étaient déclarés *infanabiles.*

Crimes de la deuxième classe.	Peines.
Second genre contre la liberté.	La prison.
Troisième genre contre le bonheur.	Le banniffement.
Quatrième genre contre l'état des personnes.	La déportation ou exil dans les Colonies.
Cinquième genre contre l'honneur.	L'infamie.
Sixième genre contre la fortune.	La confiscation,
Septième genre contre le repos.	Le banniffement.

Table des peines fondamentales convenables à la troisième classe des crimes.

	Peines.
Crimes de la troisième classe, ou crimes civils.	L'infamie & la confiscation.

Peine fondamentale pour les crimes de la qua-
trième claffe, ou crimes municipaux.

Le Banniffement.

Peine fondamentale convenable aux crimes de
la cinquième claffe, ou crimes contre les fo-
ciétés particulières.

La confifcation au profit des affociés.

Peine fondamentale convenable aux crimes
de la fixième claffe, ou crimes de domefticité
naturelle.

L'Infamie.

Peine fondamentale pour les crimes de la fep-
tième claffe, ou crimes de domefticité civile.

Admonition.

CHAPITRE XIV.

Table des Loix pénales propres à réprimer les
crimes politiques du premier genre.

LE modèle des peines convenables à cette
classe de crimes est donné ; il s'agit maintenant
de le modifier suivant la différence des cas particuliers.

Cette différence prise de la gravité & de la
fréquence plus ou moins grande des crimes a
été expliquée au Livre troisième , & on s'y est
conformé dans les Tables des crimes, autant qu'on
n'a pas été forcé de conserver la liaison naturelle
qui s'observe entre certains crimes d'une analogie
telle que l'un sert d'explication ou de prépa-
ration à l'autre. Dans ce cas seulement, & dans
celui ou un moindre crime est le type d'un autre
plus grand, où on a fait précéder le plus grand
du plus petit, on ne s'est point conformé à l'ordre
de gravité & à la fréquence plus ou moins grande
qui, toutes les deux , servent de règle pour le
reste des Tables.

La gravité des crimes s'estime, ainsi que je l'ai
dit , par les rapports plus ou moins grands de ces
crimes, aux choses plus ou moins publiques : tout

Z iv

le monde eſt à portée de ſaiſir ces rapports : par
le nombre plus ou moins grand de rapports ſenſibles que chaque crime a avec d'autres claſſes,
ce que j'ai fait remarquer dans l'analyſe de chaque
crime : & enfin par le plus ou moins de méchanceté de l'action, ſur quoi le ſentiment ſert de
règle.

La gravité du crime comme crime eſt déterminée par la méchanceté qu'il comporte ; la
gravité du crime dans ſon rapport avec la ſociété
eſt déterminée par les deux eſpèces de rapports
dont je viens de parler : ainſi ces rapports ſervent
à fixer la nature de l'exemple public qu'il faut
donner dans le cas de tel crime ; & la méchanceté plus ou moins grande met à portée d'apprécier
ce qu'on doit craindre du malfaiteur, & règle
par conſéquent la peine dans le rapport qu'elle
a avec lui.

Cependant quoique la même action puiſſe être
commiſe avec des circonſtances qui annoncent
des degrés différens de malice, comme il n'y a
rien tant à appréhende que l'arbitraire dans les
jugemens, ces divers degrés de méchanceté ne
doivent point être obſervés ; il vaut mieux ne
pas punir un méchant autant qu'il le mérite, que
d'expoſer la ſociété à la tyrannie des Magiſtrats
ſans nombre, qu'elle eſt forcée de créer. Le Lé-

giflateur doit donc fuppofer à chaque crime un degré propre de méchanceté, & fe conformer à cette fuppofition, en affignant la peine convenable à ce crime; fans laiffer l'eftimation de cette méchanceté au Juge, qui ferait toujours au deffus ou au deffous de la vérité, fuivant les paffions excitées par la follicitation, par la préfence du coupable, ou par tout autre motif. En général ce n'eft pas le moment de porter une Loi quand on a fous les yeux celui qu'elle doit châtier : l'indignation ou la pitié viennent infailliblement troubler notre ame. Le Légiflateur doit s'éloigner des hommes, après s'en être rapproché pour les connaître. Ce travail doit être le fruit de la méditation, & non du fentiment.

La fréquence des crimes eft une circonftance particulière dans l'ordre général : elle eft donc fujette à des variations, ce qui oblige de temps en temps le Souverain à revoir les Loix Pénales, afin de fe régler fur l'état de ces variations. Je le répéte; il ne faut rien laiffer à faire au Magiftrat, qui n'eft que trop fouvent tenté d'outrepaffer fes pouvoirs; ce n'eft pas le vice de la magiftrature, c'eft le vice du Magiftrat, parce qu'il eft homme.

Nous prenons les chofes telles qu'elles font, & telles qu'elles feront prefque toujours, relati-

vement à la fréquence des crimes. Il y arrivera
des changemens, mais ce n'est pas le temps de
s'en occuper ; les misères présentes sont bien assez
graves, & en assez grand nombre, pour fixer
elles seules toute notre attention.

Il est temps d'entrer en matière. Tout ce que
j'ai dit jusqu'à présent était pour l'intelligence,
le développement & la preuve de ce qui me reste
à dire. Je me flatte d'avoir instruit les hommes
de ce qui les intéresse le plus immédiatement ;
d'avoir fourni aux Législateurs à venir de grands
matériaux ; d'avoir dégagé la vérité des ténèbres
épaisses qui l'environnaient, de l'avoir offerte
à l'univers, parée de tous ses ornemens naturels,
tandis que jusqu'à ce jour on ne l'avait vue que
par parties séparées, par des intervalles également
étendus & déserts, d'où naissait pour elle une
tiédeur qui ne s'est que trop fait sentir dans les
établissemens humains, & un dégoût pour sa pour-
suite, regardée comme trop difficile, même comme inutile. J'ai prouvé la nécessité d'une correspondance intime entre les choses naturelles &
les choses d'institution, entre les choses morales & les choses physiques, & entre chacune des
choses morales ; j'ai même préparé & commencé
cette correspondance admirable : mais maintenant
qu'il s'agit de l'achever, une juste défiance s'em-

pare de moi. Je crois voir que , pour finir
mon ouvrage , il faut des siècles de méditation
dans plus d'une tête; car un seul homme s'égare
bien facilement , & ne revient sur ses pas que par
un prodige. J'offre donc le fruit de mes méditations, sans aveuglement: il faut pour le mûrir
du temps & des sucs nouveaux : mais je n'ai pas
non plus le projet d'intéresser par une fausse
modestie: le grand pas est fait , & c'est moi qui
l'ai fait; car il y a infiniment moins de distance
de ce que je propose, à ce qui doit être, qu'il
n'y en a de ce qui est à ce que j'enseigne.

Peine fondamentale convenable aux crimes politiques du premier genre.

Le bannissement de l'Etat à perpétuité.

Crimes.	Peines.
Conspirer contre son pays.	La nécessité de l'exemple , qu'on n'obtiendrait pas d'une manière effi-
Susciter à son pays des ennemis étrangers.	cace , parce que ces crimes sont malheu- reusement payés par
Donner accès à l'ennemi dans son pays.	les ennemis qui ne volent pas qu'ils ten- tent par ce moyen leurs sujets de les
Vendre le secret de l'Etat.	trahir de même : cet- te nécessité, dis-je,

Crimes.	*Peines.*
	force de changer le bannissement, dans lequel le criminel jouirait du fruit de son crime, en
	La condamnation à perpétuité aux travaux publics.
Publier le secret de l'Etat par négligence. Abandonner à l'ennemi un poste intéressant, par indifférence, ou par crainte.	La déportation pendant vingt années.
Quitter son emploi dans le temps où l'on doit être utile, & quand on ne peut être remplacé.	Le bannissement de l'Etat à perpétuité.
Déserter des Troupes.	La condamnation aux travaux publics pendant quinze ans.
Faire déserter autrui.	Aux travaux publics pendant vingt ans.
Déserter des Troupes, pour servir chez l'ennemi.	Aux travaux publics à perpétuité.

Crimes.	Peines.
Porter les armes contre son pays.	Le bannissement à perpétuité de l'Etat. Cette peine a un effet presque toujours sensible, même pour celui qui s'absente volontairement, par le moyen de la confiscation, qui y est nécessairement attachée.
Ecrire contre le Gouvernement.	Le bannissement de l'Etat à perpétuité.
Imprimer & distribuer ces Ecrits.	Même peine.
Voler ou dissiper les revenus de l'Etat	Le vol des deniers publics emporte La condamnation à perpétuité aux travaux publics. Dans le cas de dissipation de ces deniers de la part de ceux qui les perçoivent. Si la restitution ne peut pas avoir lieu dans un temps limité par le Souverain, la peine doit être La condamnation

Crimes.	Peines.
	à perpétuité aux travaux publics.
	Si la reftitution fe fait dans le temps marqué,
	Exclufion à perpétuité de toutes fonctions & emplois publics.
Fabrication de fauffe monnoie, & altération de la vraie	Condamnation à perpétuité aux travaux publics.
Contrefaction des Sceaux ou Marques Royales, dont l'appofition ne fe fait qu'après une perception de deniers.	Banniffement de l'Etat à perpétuité.
Refus de payer les impofitions. *Quand ce refus eft fait fans fédition.*	Saifie & vente au nom du Roi, jufqu'à la concurrence des frais & de la dette.
Si le refus eft fait avec fédition.	Déportation pendant vingt ans.
Ufurpation de Nobleffe & autres titres ou marques honorifiques.	Interdiction à perpétuité des Magiftratures & celle des lieux publics pendant trois mois.
En cas de récidive.	Aux travaux publics pendant trois ans.
Seconde récidive.	Aux travaux publics à perpétuité.

Crimes.		Peines.
Engager les sujets de l'Etat à renoncer à leur pays, & à s'établir ailleurs.	*Si c'est un Embaucheur, sa peine sera la condamnation*	Aux travaux publics pendant quinze ans.
	Dans un autre cas	La déportation pendant un an.

CHAPITRE XV.

Table des Loix pénales convenables aux crimes politiques du second genre.

Peine fondamentale.

La Prison.

Crimes.	Peines.
Attenter à la vie du Souverain. A sa liberté. A son bonheur. A l'état de ceux qui ont ou qui peuvent avoir des droits à la Couronne.	Je l'ai déja dit, les crimes de ce genre font le comble de l'audace & de la témérité : quiconque s'en est rendu coupable, doit être livré à toute la fureur du Peuple.
Sédition.	Déportation pendant vingt années.
Rebellion.	Confiscation de la moitié des propriétés , & Prison pendant trois ans
En cas de récidive.	Bannissement de l'Etat
Refuser de prêter main-forte à la justice.	Interdiction des lieux Publics pendant un mois.

Bris

Crimes.		Peines.
Bris des Prisons,		Le malfaiteur jugé qui brise sa Prison, peut être justement tué dans sa fuite, puisqu'il n'y a plus que ce moyen de mettre la société en sureté contre lui. S'il est repris dans sa fuite, il faut le surveiller davantage, & pour cela le resserrer dans un cachot.
Facilité de s'évader donnée aux prisonniers.		Déportation pendant quinze ans.
Evasion des Galères ou de tout autre lieu de sureté, ou de correction.	*Ce crime est le même que le bris des Prisons, & doit occasionner le même traitement.*	Cachot.
		Les facilités données pour l'évasion des Galères, même peine que pour les facilités données pour l'évasion des Prisons.
Injures faites ou dites aux personnes constituées en dignité, en haine de leurs fonctions.	*Les injures de coups doivent être punies de*	Dix années de Prison, & destitution de tout emploi.

A a

Crimes.		Peines.
	Les injures de paroles font plus ou moins graves , fuivant la nature des paroles fans nombre , qui expriment des idées idjurieufes. Les plus graves doivent être punies de	Deux ans de prifon.
Pendant l'exercice de leurs fonctions.	*Les injures de fait doivent dans ce cas être punies de*	Quinze années de prifon.
	Celles de paroles emportent	Une amende avec la deftitution de tous emplois, & cinq années de prifon.
Sans aucun égard à leurs fonctions , & hors de leurs fonctions.	*Les injures de fait ne feront punies dans ce cas que de*	Six années de prifon , & deftitution de tous emplois.
	Celles de paroles.	Six mois de prifon & incapacié de remplir aucunes charges & Emplois militaires pendant le même nombre d'années
	En cas de récidives d'injures de fait vis-à-vis de la même perfonne.	Condamnation aux travaux publics pendant autant de temps qu'aura duré la détention.

Crimes.	*Peines.*
La récidive de fait vis-à-vis d'un autre.	La déportation pendant le même temps qu'aura duré la première peine.
La récidive d'injures de paroles vis-à-vis de la personne déja injuriée, doit être punie par	La première peine avec l'augmentation du double de temps.
Vis-à-vis d'un autre.	La première peine & ensuite l'interdiction des lieux publics pendant autant de temps.

CHAPITRE XVI.

Table des peines convenables aux crimes poli-
tiques du troifième genre.

Peine fondamentale.

L'infamie.

Crimes.	Peines.
Appeller en duel fon fupérieur.	Le banniffement à perpétuité.
Son égal ou fon inférieur. Confeiller ou faciliter le duel.	Incapacité de remplir aucunes Charges publiques & confifcation de la moitié de fon bien.
Ufurper le droit de faire infliger des peines, comme d'emprifonner &c.	Infamie.
S'ériger en juge & employer des voies rigoureufes pour faire adopter fes décifions.	L'infamie
Outre-paffer dans fon jugement la rigueur de la Loi.	Deftitution de fon Emploi, & banniffement du reffort de fa Jurifdiction.

Il faut remarquer que ces peines n'ôtent pas à l'offenfé le droit de demander des réparations pécuniaires.

Crimes.		Peines.
Faire punir des innocens par haine ou par négligence dans l'examen de leurs procès.		Dans le premier cas, l'infamie, & cinq ans de prison. Dans le second, l'infamie.
Taire les crimes dénoncés.		Destitution de son Emploi & banniffement du reffort de fa Jurifdiction.
Coneuffion.	*Cette confifcation ne doit pas être de l'ufufruit feulement, mais même du fonds.*	Confifcation de la totalité des chofes acquifes depuis qu'on eft en Charge, avec deftitution de fon Emploi & interdiction des lieux publics pendant trois ans.
	Dans le cas où la concuffion eft faite par un Gouverneur dans les Ifles.	L'infamie & la confifcation totale.
Maltraiter fans néceffité l'homme qu'on arrête par ordre de la Juftice. Rendre plus dure qu'il ne l'eft ordonné la captivité de ceux qui font commis à notre garde.		Deftitution de fon Emploi, Interdiction des lieux publics pendant un an.

Crimes.		*Peines.*
Continuer , au mépris d'un juge- ment , l'oppreffion encommencée.		Prifon pendant un mois.
	En cas de récidi- ve.	Prifon pendant un an.
	Seconde récidive.	Déportation pen- dant dix ans.
Infraction du Ban.	L'infraction du ban , hors le Ro- yaume , doit être pu- nie de	Condamnation à perpétuité aux tra- vaux publics.
	L'infraction du ban à perpétuité , hors d'une ville ou d'une province.	Un an de prifon.
	En cas de réci- dive.	Bannissement de l'Etat.
	L'infraction du ban à temps d'une ville ou d'une pro- vince.	Six mois de pri- fon.
	En cas de réci- dive.	Un an de prifon.
	Nouvelle récidive.	Bannissement de l'Etat.
Détériorer ou s'approprier la cho- fe commife à fa gar- de par l'autorité de la Justice.		Destitution de fon Emploi, & in- terdiction des lieux publics pendant un an.
Refus de témoi- gner en Justice.		Prifon pendant deux mois , & fi le refus continue , l'infamie.

CHAPITRE XVII.

Crimes de la deuxième claſſe.

Table des peines convenables aux crimes d'hom-
me-à-homme du premier genre.

Peine fondamentale.

L'éloignement à perpétuité de la ſociété, c'eſt-
à-dire , la condamnation à perpétuité aux
travaux publics.

Crimes.	Peines.
Poiſon.	Aux travaux publics à perpétuité.
Incendie,	Aux travaux publics à perpétuité.
Aſſaſſinat.	Aux travaux publics pendant trente ans.
Homicide de guet-à-pens.	Aux travaux publics pendant vingt-cinq ans.
Homicide volontaire non prémédité.	Aux travaux publics pendant vingt ans.

Aa iv

Loix pénales.

Crimes.		Peines.

Homicide caufé par un animal domeftique.

Si l'animal a déja bleffé quelqu'un, & que fon maître en ait été informé,

Si l'animal n'a encore bleffé perfonne, le maître ne fera point puni, mais l'animal fera tué.

Un an de prifon, & élever à fes frais un bâtard ou orphelin, qui fera défigné par Juftice.

Homicide arrivé par négligence, comme d'un enfant qu'on aurait laiffé noyer ou brûler faute de foins.

Si l'homicide eft arrivé par négligence d'une Nourrice ou d'un Domeftique.

S'il eft arrivé par négligence d'un pere ou d'une mere,

Prifon pendant un an.

Interdiction des lieux publics pendant un an.

L'homicide involontaire n'eft point un crime ; mais celui qui a eu le malheur de le commettre doit garder prifon jufqu'au jugement qui prononcera fur la nature de fon action. Cette prifon n'eft pas une peine ; il faut la confidérer comme la caution que donne une perfonne qui peut être foupçonnée, jufqu'à l'éclairciffement des motifs de fufpicion.

Avortement,

S'il eft prouvé que ce crime ait été médité.

S'il eft occafionné par une rixe, le coupable doit être condamné à

Aux travaux publics pendant trente ans.

Un an de prifon, & à payer la penfion d'un bâtard, & lui faire apprendre un métier avec lequel il puiffe fe paffer de fecours.

Crimes.		Peines.
Mutiler un homme ou un enfant.	*Je crois que pour prévenir ces haines interminables , il faut condamner le coupable aux travaux publics à perpétuité.*	Aux travaux publics à perpétuité.
Faire empirer les maux des malades, par des drogues nuisibles.	*En cas de récidive.*	Un an de prison. Déportation pendant dix ans,
	En cas de nouvelle récidive.	Condamnation à perpétuité aux travaux publics.
Empêcher par force les secours de la Médecine.		Six mois de prison,
Allumer la nuit des feux trompeurs sur les grèves de la mer & dans des lieux périlleux, pour y attirer & faire perdre les navires,		Aux travaux publics pendant dix ans,

CHAPITRE XVIII.

Table des peines convenables aux crimes d'hom-
me-à-homme du second genre.

Peine fondamentale.
La prison.

Crimes.		Peines.
Vendre ou ache- ter quelqu'un pour l'esclavage.		Condamnation aux travaux publics pen- nt quinze ans, & issement de l'E- ta expiration de ce t. e.
Enchaîner quel- qu'un & le retenir, ou le laisser loin de tout secours.		Un an de prison.
Déserter quel- qu'un dans une Isle ou ailleurs.		C'est ici le cas de la peine du talion.
Enlever par force une fille ou un jeune homme.		La déportation pendant cinq ans, & le bannissement de sa Jurisdiction à perpétuité.
Forcer quelqu'un à signer un engage- ment dans les Trou- pes.	*Si c'est un Soldat.* *Si cette violence est commise par un autre homme.*	Congé retardé de huit ans. Deux ans de pri- son.
Forcer quelqu'un à signer un contrat, une obligation, ou une décharge.		Deux ans de pri- son.

Table des peines convenables aux crimes d'hom-
me-à-homme du troisième genre.

Peine fondamentale.

Le bannissement.

Crimes.	Peines.
Débaucher pour le compte d'autrui une femme mariée.	Infamie & bannissement perpétuel de sa province.
L'enlever par force.	La déportation pendant huit ans.
Lui faire violence.	La déportation pendant douze ans, & dans les deux cas le bannissement perpétuel de sa province.
L'enlever de son consentement.	Bannissement perpétuel de sa province.
Poligamie.	Bannissement de l'Etat.
Adultère commis par la femme.	Clôture perpétuelle dans un couvent.
Adultère commis par le mari.	Privation des avantages qui résultent de son contrat de mariage.

Crimes.		Peines.
Enlevement d'une fille contractée. Mariage forcé. Mariage d'un Mineur, fait sans l'autorisation de ses parens.		Déportation pendant cinq ans, & le bannissement perpétuel de sa province.
Défaut de publication de Bancs. Mariage fait malgré une opposition, & avant qu'elle soit levée par justice.	*Dans tous ces cas le mariage est déclaré nul, & le Ministre qui marie, déclaré incapable des fonctions de son état, & condamné au*	Bannissement de sa province à perpétuité.

CHAPITRE XX.

Table des peines convenables aux crimes d'hom-
me-à-homme du quatrième genre.

Peine fondamentale.

La déportation ou exil dans les Colonies.

Crimes.	*Peines.*
Enlever un enfant.	Déportation pendant dix ans.
Changer un enfant en nourrice. Substituer un enfant à la place d'un autre mort en nourrice. Naiffance d'un Enfant celée.	Même peine.
Souftraction ou falfification des Regiftres de naiffance.	Même peine.
Omiffion d'infcription fur les Regiftres de naiffance.	Deftitution de tous Emplois, & interdiction des lieux publics à perpétuité.
Enlèvement de papiers de famille. Falfification ou altération de ces papiers.	Déportation pendant dix ans.
En cas de récidive.	Aux travaux publics à perpétuité.
Suppofition de perfonnes.	Déportation pendant fix ans.

CHAPITRE XXI.

Table des peines convenables aux crimes d'homme-à-homme du cinquième genre.

Peine fondamentale.

L'infamie.

Crimes.		Peines.
Débaucher une fille pour le compte d'autrui.		Infamie & banniſſement de la ville à perpétuité.
Faire violence à une fille.		La déportation pendant dix ans , & le banniſſement perpétuel de ſa Province.
Conduire une femme ou une fille dans un lieu de débauche.		Infamie & banniſſement perpétuel de la Ville.
Rapt de séduction.		Banniſſement perpétuel de ſa Province.
Faire, commander , imprimer, afficher ou diſtribuer des Chanſons & Ecrits calomnieux ſur l'honneur des femmes & des filles.		Infamie.
	En cas de récidive.	Déportation pendant dix ans.

Crimes.		Peines.
Inventer & dire des chofes injurieufes à l'honneur des femmes ou des filles.	*En cas de récidive.*	Interdiction des lieux publics à perpétuité. Déportation pendant cinq ans.
Ravir la pudeur d'une fille, fous la fauffe promeffe de l'époufer.		Banniffement de fa Province à perpétuité.
Frapper ou faire frapper quelqu'un.		Prifon pendant trois ans, & deftitution de tous emplois civils & militaires.
	En cas de récidive vis-à-vis de la même perfonne.	Déportation pendant dix ans.
	En cas de récidive vis-à-vis d'un autre.	L'infamie.
Faire, commander, imprimer, afficher ou diftribuer des Chanfons ou Ecrits calomnieux fur l'honneur des hommes.		Un an de prifon fuivi d'un an d'interdiction des lieux publics.
	En cas de récidive.	Déportation pendant trois ans.
Inventer des fables injurieufes, & les débiter.	*En cas de récidive.*	L'admonition. Prifon pendant trois ans.
	Nouvelle récidive.	Déportation pendant dix ans.
Faire des tableaux ou emblêmes injurieux à certaines perfonnes.	*En cas de récidive.*	Un an de prifon. Comme ci-deffus.

Crimes.

Peines.

Mettre un écriteau ou certaines chofes au dos de quelqu'un , qui en le faifant remarquer le rendent un objet ridicule, & l'expofent au mépris.

Interdiction des lieux publics pendant fix mois.

En cas de récidive.

Six mois de prifon.

CHAPITRE

CHAPITRE XXII.

Table des peines convenables aux crimes d'homme-à-homme du sixième genre.

Peine fondamentale.

La Confiscation. (*a*)

Crimes.	Peines.
Voler avec attroupement & à main armée, dans les maisons, & sur les chemins.	Aux travaux publics pendant vingt ans.
Sans attroupement, mais à main armée.	Aux travaux publics pendant quinze ans.
En cas de récidive.	Même peine à perpétuité.
Piraterie.	Aux travaux publics à perpétuité.
Vol de cordages, ferrailles ou ustensiles d'un Vaisseau.	Confiscation totale au profit de l'équipage, & deux ans de travaux publics.

(*a*) La restitution de la chose volée est toujours supposée ; les dommages & intérêts dans ces cas, comme dans tous autres, font aussi indépendans du châtiment public.

Crimes.	Peines.
Dans le cas où les effets du voleur ne monteraient pas à la somme de deux cens livres, l'indemnité du vol prélevée.	Deux ans de travaux publics, & bannissement à perpétuité des ports de l'Etat.
Vol domestique avec effraction, ou à main armée.	Aux travaux publics pendant vingt ans.
Sans effraction & sans armes.	Même peine pendant dix ans.
Livrer à l'ennemi un vaisseau dont on a la conduite.	Aux travaux publics pendant vingt ans, & interdiction des ports de l'Etat à perpétuité.
Le faire méchamment échouer.	
Banqueroute frauduleuse.	Confiscation totale, aux travaux publics pendant trois ans.
S'il est prouvé que le banqueroutier ait fait passer des fonds chez l'Etranger.	Aux travaux publics pendant quinze ans.
Vol de bestiaux dans les pâturages, d'arbres dans les pépinières ou ailleurs, de bleds dans les champs, avant ou	Infamie & amende d'une somme équivalante à la moitié de la chose volée, ou confiscation jusqu'à concurrence.

Crimes.	Peines.
durant la moiſſon, de foin dans les prés, de poiſſon dans les étangs, viviers, réſervoirs, ou parcs des pêcheurs fur le bord de la mer.	A défaut de propriétés, condamnation aux travaux publics, à raiſon d'une année par chaque cent livres de valeur de la choſe volée.
En cas de récidive.	Déportation pendant dix ans.
Vol de grain ou de farine, par les Meûniers, dans leurs moulins.	Infamie & amende de trois cens liv. au profit du plaignant. Défenſe au Meûnier d'occuper à l'avenir aucun moulin.
Violation du dépôt néceſſaire.	Amende du double de la choſe volée, & banniſſement de la Province à perpétuité.
Violation du dépôt volontaire.	Amende de la moitié de la valeur de la choſe volée, & interdiction perpétuelle des lieux publics.
Filouterie dans les Egliſes.	Amende de la moitié de la choſe volée, & priſon pendant un an.

Crimes.	*Peines.*
	En cas de récidive. Déportation pendant cinq ans.
Dans les maisons Royales.	Même peine, avec la diminution de trois mois de prison.
Dans les maisons particulières, ou ailleurs.	Même peine, sauf la diminution de six mois de prison.
Faire ou fournir de fausses clefs, pour faciliter l'entrée des maisons, l'ouverture des armoires &c.	La confiscation totale, & la déportation pendant dix ans.
Receler une chose volée.	Infamie & amende de moitié du prix de la chose volée. En cas de récidive. La condamnation aux travaux publics pendant dix ans,
Acheter une chose volée, quand on sait d'où elle procède.	Même peine.
Retenir une chose trouvée, quoiqu'on en connaisse le véritable propriétaire, ou qu'on puisse le connaître.	Interdiction des lieux publics pendant un an.

CHAPITRE XXIII.

Table des peines convenables aux crimes d'hom-
me-à-homme du septième genre.

Peine fondamentale.

Le bannissement.

Crimes.	Peines.
Suppofer l'arrivée prochaine de l'enne-nemi, & occafionner une alerte.	La déportation pendant cinq ans.
Rompre des ponts qui fervent aux paf-fages publics.	Réparation de ces ponts, & ban-niffement pendant tro's ans de fa Ju-rifdiction.
En cas de récidi-ve.	La déportation pendant cinq ans.
Détériorer les chemins, en y creu-fant des foffes ou autrement.	Réparation des chemins, & banniff-fement de fa Jurif-diction pendant trois ans, & intérèts pour ceux qui auraient pu en fouffr·r.
S'il s'en était en-fuivi mort d'homme.	Aux travaux pu-blics pendant vingt ans.

B b iij

Crimes.		*Peines.*
Allumer des feux dans les places publiques ou ailleurs, d'où il puiſſe réſulter un incendie.		Banniſſement de la Juriſdiction pendant un an.
	En cas de récidive.	Deux ans de priſon.
	Nouvelle récidive.	Banniſſement de l'Etat.
Infecter par des immondices les eaux qui ſervent aux hommes ou aux animaux domeſtiques.		Banniſſement do ſa Juriſdiction pendant trois mois.
	En cas de récidive.	Trois mois de priſon.
Déranger le cours des rivières.		Même peine.
Empêcher par force ou par tumulte l'exercice des Religions.	*Dans le premier cas.*	Aux travaux publics pendant cinq ans.
	Dans le ſecond cas.	Un mois de priſon, & interdiction des lieux publics pendant un an.
Interrompre le repos de la nuit par des attroupemens tumultueux, & crier au feu ſans ſujet.		Priſon pendant un mois.
	En cas de récidive.	Banniſſement de ſa ville pendant un an.

Crimes.		Peines.
	Nouvelle récidive.	Deux ans de prison.
Troubler les affemblées publiques, foit en voulant y être admis par force, foit par un tumulte indécent.		Interdiction des lieux publics pendant fix mois.
	En eas de récidive.	Banniffement de fa Jurifdiction pendant un an.
Exhumer les morts.		Banniffement de fa Jurifdiction pendant un an.
Arracher les infcriptions qui fervent à indiquer les chemins, celles qui ont été mifes fur les pyramides, obélifques ou tombeaux. Caufer quelque dommage de quelque nature q'uil foit, à toutes fortes de monumens.		Banniffement de fa Jurifdiction pendant fix mois, & interdiction des lieux publics pendant fix autres mois.
	En cas de récidive.	Un an de prifon.
Enlévement ou tranfpofition de bornes.		Six mois de prifon.

Crimes.		*Peines.*
Donner des conseils qui tendraient à troubler le bon ordre.	*La peine doit être proportionnée à la nature des mauvais conseils. S'il s'en est suivi un crime, ces conseils rendent coupable de complicité & donnent lieu à la même peine que celle que doit subir le malfaiteur.*	Interdiction des lieux publics à temps.
S'introduire par force dans les maisons des particuliers.		Banniffement de sa Jurifdiction pendant six mois
	Récidive.	Même peine pendant un an.
	Nouvelle récidive.	Même peine à perpétuité.
Jouer des jeux ruineux & de pur hazard.		Interdiction des lieux publics pendant un mois.
	En cas de récidive.	Banniffement de sa Jurifdiction pendant un an.

CHAPITRE XXIV.

Troisième classe, ou crimes civils.

Table des peines convenables aux crimes civils.

Peines fondamentales.

Infamie & confiscation.

Crimes.		Peines.
Fabrication, suppression ou altération des jugemens, contrats, testamens, procès-verbaux, billets ou pièces d'écriture dans les procès.	*Si ces crimes sont commis par un officier public chargé de la garde des pièces d'écriture altérées ou supprimées, ou des pareilles de celles qu'il aurait fabriquées,*	Aux travaux publics pendant vingt ans.
	Toute autre personne en pareil cas ne sera condamnée qu'	Aux travaux publics pour dix ans.
Négligence dans la garde des actes publics.		Infamie & confiscation totale.
Supposition d'assignation.		Aux travaux publics pendant dix ans.
Vente de choses qui n'appartiennent point à celui qui les vend.		Infamie & amende de la moitié de la chose vendue.

Crimes.	Peines.
Vente d'une cho-se engagée, comme si elle était franche de toutes dettes.	L'infamie & une amende de la moitié des charges celées.
Usure.	L'infamie & la remise des intérêts à la personne usurée, & la confiscation du fort principal.
Subornation de témoins.	Aux travaux publics pendant vingt ans.
Infidélité dans la manière de recevoir les dépositions des témoins.	Aux travaux publics à perpétuité.
Négligence dans la manière de recevoir les dépositions.	L'infamie & la confiscation totale.
Faux témoignage.	Aux travaux publics pendant dix-huit ans.
Infidélité dans les poids & mesures.	Infamie & défense de faire aucun trafic.
Contracter plus de dettes qu'on ne peut en acquitter. *On nomme très-mal à propos cette action très-commune, banqueroute, c'est un vol qu'il faut punir de*	La déportation pendant trois ans.

CHAPITRE XXV.

Quatrième claffe, ou crimes municipaux.

*Table des peines convenables aux crimes mu-
nicipaux.*

Peine fondamentale.

Le banniffement de la Ville.

Crimes.	Peines.
Diffiper les reve-nus des Hôpitaux ; des Ecoles publi-ques ; des fonda-tions pour la vertu , ou les talens ; des Hôtels-de-Ville.	L'infamie & le banniffement de la Ville à perpétuité. Confifcation au pro-fit de ces établiffe-mens.
Déterminer l'em-ploi de ces revenus, fans la participation de ceux qui en ont la régie.	Exclufion des Ma-giftratures.
Laiffer affamer une Ville de l'appro-vifionnement de la-quelle on eft chargé. Enlever des hal-les & marchés tous les bleds & autres denrées de première néceffité , d'ou peut réfulter une difette.	Banniffement de la Ville à perpétuité.

Crimes.	*Peines.*
Augmenter la disette, en faisant des magasins , ou par d'autres moyens.	Infamie & bannissement perpétuel de la Jurisdiction.
Vendre à plus haut prix que celui fixé par la Police, les denrées dont elle détermine le prix.	Bannissement de la Ville pendant six mois , & interdiction du même genre de trafic.

CHAPITRE XXVI.

Cinquième claſſe.

Table des peines convenables aux crimes de ſociété particulière.

Peine fondamentale.

Confiſcation au profit des aſſociés.

·Crimes.	Peines.
Divulguer le ſecret de la ſociété, quand ce ſecret doit être gardé.	Confiſcation de ſon action au profit des aſſociés.
Négligence dans les affaires, d'où réſulte le dépériſſement de la choſe commune, à la garde de laquelle on aurait été particulièrement commis.	Même peine.

Les autres crimes de ſociété particulière rentrent dans la claſſe des crimes d'homme - à - homme du ſixièm: genre, & doivent être punis de même.

CHAPITRE XXVII.

Sixième classe, ou crimes de domesticité naturelle.

Table des peines convenables aux crimes de domesticité naturelle.

Peine fondamentale.

L'infamie.

Crimes.	Peines.
Parricide. Infanticide. Exposer ou faire exposer un enfant.	Aux travaux publics à perpétuité. Infamie, & condamnation à nourrir un orphelin. Faute de moyens, la déportation pendant dix ans.
Frapper ou maltraiter ses père & mère.	Déportation pendant dix ans.
Marquer du mépris à ses père & mère.	Dans les cas les plus graves, la prison pendant deux ans. Dans les moindres, l'interdiction des lieux publics pendant quelques mois.
Refuser à ses père, mère, femme ou enfant, la subsistance dont ils manquent.	Le blâme.

CHAPITRE XXVIII.

Septième claſſe, ou crimes de domeſticité civile.

Table des peines convenables aux crimes de domeſticité civile.

Peine fondamentale.

Admonition.

Crimes.		Peines.
Inculquer à ſes enfans des principes dangereux pour l'Etat & pour eux-mêmes.	*Voyez la Table des crimes d'homme-à-homme du ſeptième genre, à l'art. donnez des conſeils qui troublent ou tendent à troubler le bon ordre. Dans le cas de ce crime par un père ou une mère.*	Enfant mis hors de tutelle ; confié avec penſion au plus proche parent ou autre perſonne ſûre ; le père ou la mère interdit dans leurs biens.
Frapper ou maltraiter ſon ſerviteur.		Admonition.
	En cas de récidive.	Banniſſement de la ville pendant un an.
	En cas de nouvelle récidive.	Deux ans de priſon.

Crimes.		*Peines.*
Frapper ou mal-traiter son maître.		Aux travaux publics pendant cinq ans.
Injurier son maître.	*Pour les paroles les plus injurieuses, telles que coquin & fripon. Cette peine doit diminuer selon que les paroles sont moins offensantes.*	Dans les cas les plus graves, la prison pendant un an; dans les moindres, la condamnation d'une année de ses gages au profit des pauvres.

CHAPITRE

CHAPITRE XXIX.

*Des peines propres à l'infraction des Ordon-
nances promulguées en vue de prévenir les
crimes.*

CES Ordonnances peuvent recevoir le nom
de Police générale de l'Etat ; il n'y faut que
celles qui font néceffaires ; mais auffi il faut
févèrement tenir la main à leur obfervation
ce qui n'a pas lieu de nos jours.

Le relâchement extrêmement dangereux qu'on
remarque dans les Tribunaux, au fujet des actions qui ne font repréhenfibles que parce qu'elles font oppofées aux moyens pris par le Souverain pour prévenir le crime, ce relâchement,
dis-je, a deux caufes ; la première eft que ces
Ordonnances ont été trop multipliées , ou fe
font étendues à des objets trop minutieux : la
feconde eft l'excès de févérité prefcrit par ces
Ordonnances, ainfi qu'on peut le voir par l'Edit
de Henri II , du mois de Février 1559 , qui
prononce la même peine contre les recélés de
groffeffe, que contre les avortemens ; par l'Edit
de François I , à Châtillon-fur-Loing , en Mai

C c

1539, qui ordonne la confifcation de corps
& de biens de ceux qui font trouvés en armes
étant mafqués, &c.

Les moyens ne peuvent pas être raifonnable-
ment confondus avec la fin qu'ils fe propofent.
Les crimes contre la police générale ne peuvent
pas être mis au même rang que les crimes que
cette police tend à prévenir.

Les crimes contre la police générale ne font
que des actions d'infubordination. Il faut veiller
avec foin à les empêcher, puifque c'eft veiller
à prévenir les autres crimes ; il faut donc les
punir ; mais la peine conforme à la nature de
ces actions, eft de faire fentir à ceux qui s'en
font rendus coupables, le joug auquel ils veulent
fe dérober. S'ils retombent enfuite dans les mêmes fautes, il faut les bannir d'une fociété dans
laquelle ils ne veulent rien mettre du leur, &
de laquelle ils exigent des fervices : ce font
les bourdons qui confomment le miel des abeilles
laborieufes.

La peine de ces crimes peut être la prifon
durant quelques mois : cependant la peine des
vagabonds peut être la condamnation aux travaux publics à temps.

CHAPITRE XXX.

Du rapport des peines à l'état civil des personnes.

L A condamnation aux travaux publics à perpétuité emporte l'infamie & la confiscation totale : il en est de même quand la peine est infligée pour dix ans & au dessus.

Au dessous de dix ans la condamnation aux travaux publics emporte l'infamie, mais non pas la confiscation, qui doit être prononcée expressément pour avoir lieu : cependant la confiscation a lieu pendant la durée de la peine.

Il en est de même de la déportation. Le banniffement de l'Etat est toujours perpétuel, & emporte l'infamie & la confiscation totale.

L'infamie emporte l'incapacité de tester, l'exclusion des Magistratures, celle d'aucunes fonctions publiques de quelque nature qu'elles soient, & l'interdiction des lieux publics.

Le blâme emporte l'infamie.

Le banniffement à perpétuité de sa Province, de sa Jurifdiction ou de sa ville, emporte l'exclusion d'aucunes fonctions publiques. L'exclusion des Magistratures est la suite nécessaire de toute

Cc ij

eſpèce de peine : il faut être ſans tache pour rendre la juſtice aux hommes.

L'interdiction à perpétuité des lieux publics
emporte l'excluſion des fonctions publiques, de
même la priſon pendant un an : ce ſont là les
ſeules peines qui aient un rapport non exprimé
à l'état des perſonnes.

· Le fils de l'homme déclaré infame, ne pourra
jamais occuper de places de Magiſtratures ;
ſon petit fils le pourra.

CHAPITRE XXXI.

S'il doit y avoir des peines différentes pour les Nobles & les non Nobles.

PAR-TOUT où l'esclavage a eu lieu, il y a eu, & il a dû y avoir des peines différentes pour les personnes libres qui avaient des propriétés, & pour les esclaves qui n'avaient que la vie.

Par-tout on a puni, & on a dû punir plus sévèrement celui qui portait atteinte à la personne du chef ou d'une autre personne constituée en dignité, que celui qui ne commettrait le même crime que contre un homme du peuple. (*a*)

Ces vérités ont fait naître une erreur dans le système des Loix Pénales, qu'il faut rapporter aux temps où les Souverains étaient encore dans la dépendance des grands, où leur autorité chancelante les forçait eux-mêmes à la flatterie : cette erreur fut de classer les peines, en raison inverse de la qualité des coupables.

Les Empereurs Romains établirent la propor-

_____

(*a*) *Aliter enim puniuntur ex iisdem facinoribus servi, quam liberi : & aliter quidquid in dominum, parentemve ausus est, quam qui in extraneum, in magistrum vel in privatum.* Dig. L. 16, § 3.

tion fur trois claffes d'homme. (*a*) Ils nommaient les premiers, *fublimiores* ; les feconds, *medios* ; & les derniers, *infimos.* Pour les premiers les peines étaient très-douces & modérées ; elles l'é-taient moins pour les feconds, & encore moins pour les derniers.

Chez nous cette différence dans les peines n'a été admife qu'entre les nobles (*b*) & les non nobles. Le célèbre Auteur de l'Efprit des Loix la regarde comme très-conforme à l'efprit de la monarchie : quel eft l'Auteur qui n'a dit que des vérités ? Il faut être hors de l'ordre, ne tenir à rien, pour prononcer fur certaines chofes qui excitent facilement nos paffions : ainfi fans me permettre aucunes réflexions fur la nobleffe hé-réditaire, vu que d'ailleurs je n'y fuis point forcé par mon fujet, je dirai que plus on retire d'a-vantages de la fociété, plus on eft repréhenfi-ble de la troubler : c'eft ce que je me fuis efforcé de prouver au Livre cinq. Loin donc qu'il doive y avoir des peines moindres pour les nobles que pour les non nobles, les premiers doivent être rigoureufement châtiés dans les mêmes cas où les

---

(*a*) *Lex. Cornel. de Sicariis.*

(*b*) A fon avenement au trône, Philippe II fit un Edit par lequel il condamnait à une amende pécuniaire le noble qui blafphémerait, & le non noble, coupable du même crime, à être noyé. *Hift. de France par Mézerai*, année 1581.

autres inspirent la pitié, & n'ont besoin que d'être retenus.

Il n'est cependant pas besoin pour cela d'établir des Loix Pénales suivant les différentes classes des citoyens. Au moyen de ce que les peines sont prises des choses, leur rapport à la qualité des personnes s'établit de lui-même, sans de nouveaux soins de la part du Législateur. En effet il n'est point de peine qui n'ait plus de prise sur un homme riche ou noble, que sur le malheureux. S'agit-il de la privation des biens ? Le premier perd plus que l'autre, & la perte de chacun est proportionnée aux avantages dont ils jouissent. S'agit-il de l'honneur ? On sait bien que le premier perd encore plus que l'autre. Si l'un est condamné à l'interdiction des lieux publics, cette peine n'a point de suites pour lui, tandis qu'elle prive l'autre de la participation aux honneurs publics qu'il pourrait attendre : il ne peut plus prétendre aux Magistratures pour lesquelles le pauvre ne se sentait point fait.

Les peines peuvent donc ne point varier suivant la qualité des coupables; mais, quand elles sont destinées à punir des offenses, elles doivent varier suivant la qualité des personnes offensées.

CHAPITRE XXXII.

Des afiles.

Doit-il y avoir des lieux de refuge pour les malfaiƈteurs ? Ces lieux furent imaginés dans les temps où la Loi n'étant pas affez fouveraine, la première précaution était de mettre le coupable à l'abri des vengeances particulières, & de prévenir par-là une chaîne de malheurs. Maintenant que l'empire de la Loi eft abfolu, & que la juftice eft plus prompte à pourfuivre le coupable, que ceux-mêmes avec qui il a été injufte, les lieux de refuge font inutiles ; & envifagés hors de ce rapport, qui ne fubfifte plus, ils font dangereux à la fociété.

Le malfaiƈteur lui doit un exemple & la Loi ne peut pas le protéger contre elle-même.

CHAPITRE XXXIII.

Des graces & abolitions.

En retour des soins que le Souverain prend pour la société, elle lui a donné une légère, mais bien flatteuse indemnité, le droit de faire grace : mais ce droit a ses bornes fixées par l'intérêt de la société & celui du Souverain qui sont les mêmes, quoique ce dernier puisse un instant ne pas reconnaître le sien dans la combinaison de l'un & de l'autre, & ne pas l'apprécier à sa juste valeur. Cet intérêt commun est la sureté publique, *salus populi suprema lex esto.* Nous avons vu que pour l'opérer il fallait enchaîner le malfaicteur & donner un exemple public d'un châtiment. Ainsi le Souverain ne peut pas réclamer le droit de remettre & de conserver dans la société un méchant. S'il supprime l'exemple, le cœur des citoyens est oppressé ; ils sentent qu'il manque quelque chose d'essentiel à l'ordre. L'impunité d'un coupable arme souvent toute une famille contre une autre ; du moins en l'assurant, c'est faire naître la haine, sans s'inquiéter de ses suites. D'un autre côte l'homme du peuple pour lequel, ainsi que nous l'avons fait voir, il faudrait adoucir les peines, voit avec aigreur que lui feul y eft expofé, car ce n'eft pas pour lui que les graces font faites, il ne fait ni ne peut les demander, l'accès du trône lui eft fermé de toutes parts.

Le Souverain ne doit donc accorder grace au malfaicteur qu'après qu'il a donné l'exemple public, & néceffaire du châtiment, & après qu'on s'eft affuré, autant qu'il eft poffible de le faire, que le châtiment qu'il a fubi, a été un remède efficace contre fes paffions. Les graces ne doivent donc être qu'une abbréviation, & non une fuppreffion totale de la peine.

Telles qu'elles font aujourd'hui, on leur conferve affez l'apparence de ce qu'elles devraient être, pour que les réflexions que je viens de faire foient favorablement accueillies. En effet le rémiffionnaire defcend en prifon, & paraît enfuite en public chargé de fers, pour affirmer la vérité des motifs fur lefquels fa grace lui a été accordée, motifs qui, fans détruire la certitude de l'action qu'il a commife, le juftifient fur fon intention.

Cette juftification qui intéreffe la fureté publique doit être le fruit de l'infcrmation, & l'exemple ne doit pas être d'un moment, ou bien il eft à craindre qu'il ne foit que ridicule : la grace ne peut donc être accordée qu'après le

jugement, & après l'épreuve du châtiment. Prin-
ces de la terre! que l'humanité ne vous aveugle
pas. Le plaisir de sauver un coupable ne vaut
pas celui d'opérer la sureté & la tranquillité publiques, & d'entretenir le repos entre plusieurs
millions d'honnêtes gens qui vous sont dévoués.
Faites grace à celui qui a satisfait à l'exemple, &
que son châtiment à corrigé; mais n'en faites
point avant le jugement; & sur-tout n'esperez
pas de pouvoir accorder votre sureté & celle de
vos sujets avec l'abolition des crimes.

F I N.

TABLE
DES CHAPITRES.

LIVRE V.

*De la différence qu'il y a entre les sociétés ac-
tuelles & les sociétés primordiales , dans ce
qui constitue les obligations du citoyen, &
de la différence que cela doit occasionner dans
les Loix pénales.*

FIN DE LA TABLE.

APPROBATION.

J'AI lu par ordre de Monseigneur le Garde des Sceaux un manuscrit intitulé *LOIX PÉNALES*. Je pense que l'impression en peut être permise. A Paris, le 20 Mars 1783. CAMUS.

PRIVILEGE DU ROI.

LOUIS, par la grace de Dieu, Roi de France & de Navarre : A nos amés & féaux Conseillers, les Gens tenans nos Cours de Parlement, Maîtres des Requêtes ordinaires de notre Hôtel, Grand-Conseil, Prévôt de Paris, Baillifs, Sénéchaux, leurs Lieutenans Civils & autres nos Justiciers qu'il appartiendra : SALUT. Notre amé le Sieur DUFRICHE DE VALAZÉ, Nous a fait exposer qu'il desireroit faire imprimer & donner au Public un Ouvrage de sa composition, intitulé *Loix pénales*, s'il Nous plaisoit lui accorder nos Lettres de Privilege à ce nécessaires. A CES CAUSES, voulant favorablement traiter l'Exposant, Nous lui avons permis & permettons de faire imprimer ledit Ouvrage, autant de fois que bon lui semblera, & de le vendre, faire vendre par-tout notre Royaume. Voulons qu'il jouisse de l'effet du présent Privilege, pour lui & ses hoirs à perpétuité, pourvu qu'il ne le rétrocede à personne ; & si cependant il jugeoit à propos d'en faire une cession, l'Acte qui la contiendra sera enregistré en la Chambre Syndicale de Paris, à peine de nullité, tant du Privilege que de la cession; & alors par le fait seul de la cession enregistrée, la durée du présent Privilege sera réduite à celle de la vie de l'Exposant, ou à celle de dix années à compter de ce jour, si l'Exposant décede avant l'expiration desdites dix années. Le tout conformément aux articles IV & V de l'Arrêt du Conseil du 30 Août 1777, portant Réglement sur la durée des Privileges en Librairie. FAISONS défenses à tous Imprimeurs, Libraires & autres personnes de quelque qualité & condition qu'elles soient, d'en introduire d'impression étrangere dans aucun lieu de notre obéissance; comme aussi d'imprimer ou faire imprimer, vendre, faire vendre, débiter ni contrefaire ledit Ouvrage, sous quelque prétexte que ce puisse être, sans la permission expresse & par écrit dudit Exposant, ou de celui qui le représentera, à peine de saisie & de confiscation des exemplaires contrefaits, de six mille livres d'amende, qui ne pourra être modérée, pour la première fois, de pareille amende & de déchéance d'état en cas de récidive, & de tous dépens, dommages & intérêts, conformément à l'Arrêt du Conseil du 30 Août 1777, concernant les Contrefaçons. A la charge que ces Présentes seront enregistrées tout au long sur le Registre de la Communauté des Imprimeurs & Libraires de Paris, dans trois mois de la date d'icelles; que l'impression dudit Ouvrage sera faite dans notre Royaume & non ailleurs, en beau papier & beau caractere, conformément aux Réglemens de la Librairie, à peine de déchéance du présent Privilege; qu'avant de l'exposer en vente, le manuscrit qui aura servi de copie à l'impression dudit Ouvrage sera remis dans le même état où l'Approbation y aura été donnée ès mains de notre très-cher & féal Chevalier, Garde des Sceaux de France, le Sieur HUE DE MIROMENIL, Commandeur de nos Ordres; qu'il en sera ensuite remis deux exemplaires dans notre Bibliotheque publique, un dans celle de notre Château du Louvre, un dans celle de notre très-cher & Féal Chevalier, Chancelier de France, le Sieur DE MAUPEOU, & un dans celle dudit Sieur HUE DE MIROMENIL. Le tout à peine de nullité des Présentes; du contenu desquelles vous mandons & enjoignons de faire jouir ledit Exposant & ses hoirs pleinement & paisiblement, sans souffrir qu'il leur soit fait aucun trouble ou empêchement. VOULONS que la copie des Présentes, qui sera imprimée tout au long au commencement ou à la fin dudit Ouvrage, soit tenue pour duement signifiée, & qu'aux copies collationnées par l'un de nos amés & féaux Conseillers-Secrétaires foi soit ajoutée comme à l'original. COMMANDONS au premier notre Huissier sur ce requis, de faire pour l'exécution d'icelles, tous Actes requis & nécessaires, sans demander autre permission, & nonobstant clameur de Haro, Charte Normande, & Lettres à ce contraires. Car tel est notre plaisir. Donné à Paris, le quatorzieme jour de Mai, l'an de grace mil sept cent quatre-vingt-trois, & de notre Regne le dixieme. Par le Roi en son Conseil, *Signé*, LE BEGUE.

Registré sur le Registre XXI de la Chambre Royale & Syndicale des Libraires de Paris, No 2892, fol. 878, conformément aux dispositions énoncées dans le présent Privilege; & à la charge de remettre à ladite Chambre les huit exemplaires prescrits par l'Article CVIII du Réglement de 1723. A Paris, ce 29 Mai 1783. LE CLERC, Syndic.

ERRATA.

Page 14, *ligne* 18, fixe, *lisez* fixent. P. 15, *lig.* 21,
action, *lisez* actions. P. 24, *l.* 3, ce font les actions, *lisez*
ce font donc les actions. P. 73, *l.* 14, de ce genre, *lisez* de
cette claffe. *Ibid. l.* 21, d'un nouveau genre, *lisez* d'une nouvelle claffe. P. 93, *l.* 4, que celui n'a fait, *lisez* que celui qui
n'a fait. P. 137, *l.* 17, la dernière divifion politique, *lisez*
les dernières divifions politiques. P. 144, *l.* 21, l'art. 10,
lisez l'art. 11. P. 145, *l.* 13, *lisez* opinion. P. 146, *l.* 9,
de l'art. 10, *lisez* de l'art. 11. P. 184, *l.* 22, à & ce qu'il,
lisez & à ce qu'il. *Ibid. l.* 24, des idées, *lisez* les idées. P. 190,
l. 2, dès qu'ils eurent, *lisez* dès qu'ils virent. p. 193, *l.* 3,
c'eft leurs, *lisez* ce font leurs. *Ibid. l.* 11, l'échange, *lisez* le
change. P. 205, Chapitre 5, *lisez* Chapitre 6, & le numéro
de tous les Chapitres fuivans de ce Livre, doit augmenter d'une
unité. P. 214, Moyens de prévenir &c. du fecond genre, *lisez*
Moyens de prévenir &c. du cinquième genre. P. 217, *l.* 17,
où elles ferait établis, *lisez* ou elle ferait établie. P. 235, *l.* 14,
c'eft elles, *lisez* ce font elles. P. 261, *l.* 23, leurs facrifices,
lisez les facrifices. P. 264, *l.* 9, plus parfait, *lisez* parfait.
P. 315, *à la note*, iniqua, *lisez* iniqux. P. 319, *l.* 19, ne
forme, *lisez* ne forment. P. 330, *l.* 20, de fe, *lisez* de fa.
P. 342, *à la dernière ligne*, que procure, *lisez* que procurent.